메이로쿠잡지明六雜誌

【상】

메이로쿠잡지【상】明六雜誌 上

1판 1쇄 발행　2025년 3월 27일

—

편저자 ｜ 메이로쿠샤 동인
역주자 ｜ 김도형·박삼헌·박은영
발행인 ｜ 이방원

—

발행처 ｜ 세창출판사
　　　　신고번호·제1990-000013호 ｜ 주소·서울 서대문구 경기대로 58 경기빌딩 602호
　　　　전화·02-723-8660 ｜ 팩스·02-720-4579
　　　　http: / /www.sechangpub.co.kr ｜ e-mail: edit@sechangpub.co.kr

—

ISBN　979-11-6684-361-7　94910
　　　　979-11-6684-360-0　(세트)

—

—

이 번역서는 2016년 대한민국 교육부와 한국연구재단의 지원을 받아 수행된 연구임 (NRF-2016S1A5A7019019).

메이로쿠잡지 明六雜誌

제1호~제13호

The Translation and Annotation of "**Meiroku Zasshi**"

【상】

메이로쿠샤 동인 편저

김도형·박삼헌·박은영 역주

세창출판사

해제

　『메이로쿠잡지明六雜誌』는 1874년(메이지 7) 4월 2일 창간호를 시작으로 1875년(메이지 8) 11월 14일 정간 시까지 모두 43호가 발행된 잡지다. 이 잡지는 1873년(메이지 6) 7월에 미국에서 귀국한 주미대리공사 모리 아리노리森有礼가 유럽과 미국에서의 체험을 기초로, 일본의 교육개혁을 목표로 하여 같은 해 8월에 동지들과 함께 설립한 학술결사 메이로쿠샤明六社가 만들어지면서 시작되었다고 말할 수 있다. 메이지 유신 이후 근대국가 건설을 위해 국민 전체의 지적 수준 향상과 그것을 위한 교육개선의 필요를 통감한 모리는 해외의 학회에서 학자 및 지식인들과 교류한 경험을 바탕으로 일본 지식인들의 고립성과 폐쇄성을 타파하고, 지식인 간의 학문적 교류를 촉진하기 위해 학술결사를 설립하려고 했던 것이다. 모리가 귀국 후 이 메이로쿠샤의 설립을 위해 어떤 활동을 벌였는지는 메이로쿠샤 회원 중 하나였던 니시무라 시게키西村茂樹 만년의 회고록을 통해 엿볼 수 있다.

　미국에서 학자는 각기 배우는 바에 따라서 학사를 일으킴으로써 서로 학술을 연구하고, 또 강담講談을 나누면서 세상 사람들을 이롭게 합니다. 우리 나라의 학자는 모두 고립되어 서로 왕래가 없으므로 세상에 도움 되는 일이 매우 적습니다. 저는 우리 나라의 학자도 저 나라의 학자들처럼 서로 학사學社를 만들어 모이고 강구講究하기를 희망합니다. 또 우리 나라 근년 국민 도덕의 쇠퇴함이 그 바닥을 모를 지경이니, 이를 구제할 것은 노학사老學士 이외에 또 누가 있겠습니까. 그러므로 지금 먼저 모임을 만들어 학문의 높은 진전을 도모하고 도덕의 모범을 세우고자 합니다.[1]

모리의 상담을 받은 니시무라는 "내가 그 일의 마땅함을 찬성하니, 이로써 두 사람이 서로 의논하여 도하의 명가들을 모을 것을 약속"한다고 응답했다. 여기에서 말하는 '도하의 명가'에는 후쿠자와 유키치福澤諭吉, 나카무라 마사나오中村正直, 가토 히로유키加藤弘之, 쓰다 마미치津田真道, 니시 아마네西周, 미쓰쿠리 슈헤이箕作秋坪 등의 이름이 거론되었고, 이렇게 니시무라의 소개로 모리의 구상이 사람들에게 전달되면서 일본 최초의 '학술결사'가 설립되었다는 것이다. 다만 이 회고는 니시무라 본인의 입장인 만큼, 본인이 구성원을 모으는 중심적 역할을 했으며 특히 "도덕의 모범을 세우고자" 한다는 식으로 모리가 이야기했다는 내용은 그대로 받아들이기에는 의문이 남는다. 유교도덕을 중심으로 한 국민 만들기의 기획은 만년의 니시무라가 가장 힘을 쏟았던 필생의 작업이었던 점에서 위 회고록의 관점은 당시 니시무라의 주관이 들어갔을 가능성을 배제하기 어렵고, 무엇보다 두 사람은 1885년 모리가 문부대신을 맡았을 때 도덕교육의 방식을 두고 유교 중심의 전통적 방식으로 할지, 서양의 근대윤리학 방식으로 할지를 두고 대립했던 사이라는 점을 생각하면 더욱 그렇다.

1   니시무라 시게키, 『往事錄』, 1905.

또 이 결사는 모리의 니시무라 방문(1873년 7월)으로부터 거의 한 달 이내에 첫 모임(8월 21일)을 가졌는데, 이 결사의 성원들은 이미 '도하의 명가'들로서 각자의 분야에서 활동하던 지식인들이었던 만큼, 위 제안만으로 즉각 모임이 이루어졌다는 것도 쉽사리 이해하기 어렵다. 도리어 생각해 볼 만한 것은 위 성원들 다수가 특히 막부의 연구기관인 가이세이쇼開成所에서 이미 활발한 교류가 있는 인물들이었다는 점이다. 즉 막부가 1856년에 설치한 서양연구기관 반쇼시라베쇼蕃書調所에 당시 일본의 서양 연구자들이 모여들었고, 이것이 이후 가이세이쇼로 개편되는 가운데 네덜란드, 영국, 프랑스, 독일 등 각종 서양의 정치, 제도 관련 지식들을 흡수하며 학문적 역량을 축적하고 교류하는 네트워크가 만들어졌으며, 이들이 서양의 학문을 연구하고 보급하고자 하는 의지를 이미 품고 있던 상황에서 모리의 제안과 니시무라의 소개가 뒷받침되어 빠르게 모임이 이루어졌다고 생각하는 편이 보다 타당하게 여겨진다.

이렇게 결성된 모임은 매월 1-2차례 정도의 정기집회를 가졌고, 이 모임이 1873년에 발족했기 때문에 메이지 6년明治六年(메이지 로쿠넨)에서 따 메이로쿠샤라는 이름을 붙이게 되었다. 모임 설립의 목적은 「메이로쿠샤제규明六社制規」[2]에 따르면 "우리 나라의 교육을 진보시키기 위해 뜻이 있는 자들이 회동하여 그 수단을 상의함"에 있다고 밝히고 있는데, 여기에서 회동 이외에 '교육의 진보'라는 목적을 위해 '수단을 상의'한다는 점에 주목할 필요가 있다. 이들 대부분은 자신들이 학습한 내용을 널리 세상에 알리고 지식을 보급하는 것으로 세상의 진보를 가져올 수 있다고 믿는 낙관론자들이었다. 이 시대 서양에는 자연과학적 지식을 확대하고

2   「메이로쿠샤제규明六社制規」, 1873.

그것을 사회에 적용하여 '문명'을 '진보'시킬 수 있다고 믿는 낙관주의적 목적론이 유행하였고, 그것이 서양의 문명을 표준으로 하는 것이었던 만큼, 그것을 일본에서 가능케 하는 데 필요한 지식과 방법은 무엇인지가 이들 지식인의 최대 관심사였다. 그것은 흔히 '문명개화'라는 단어로 표현되었으며, 이 단어 자체가 메이로쿠샤의 지식인들이 공통적으로 공유하고 추진하는 목표가 되어 있었다고 말해도 좋을 것이다.

메이로쿠샤 지식인들이 그 '교육의 진보'를 위해 지식을 보급한다는 목표를 달성하기 위한 수단으로서 추진했던 것은 크게 두 가지였는데, 그중 하나는 '연설회 개최'였고, 다른 하나는 '잡지의 발행'이었다. 실제 잡지의 창간호가 모임 결성으로부터 반년 남짓한 기간이 지난 이듬해인 1874년 4월 2일에 발행되었던 것을 보면 이 잡지는 모임의 결성과 동시에 구상되고 추진되었던 것으로 볼 수 있을 것이다.

이런 결사의 목적은 잡지 제1호의 권두사에서도 동일하게 표명되고 있다.

최근 우리는 모여서 사리를 논하거나 새로 들은 것을 이야기하고 학업을 연마하며 정신을 맑게 하고 있다. 거기에서 나눈 이야기를 필기한 것들이 쌓여서 책을 만들 만큼이 되었으니, 이를 출판하여 뜻을 함께할 여러 동지와 나누고자 한다. 보잘것없는 소책자이긴 하나, 여러 사람을 위해 지식을 알리는 데 조금이나마 도움이 된다면 더없이 기쁠 것이다.

이런 동일한 목적을 공유한 성원들이 스스로 획득한 지식을 사람들에게 소개하고 보급함으로써 이른바 '문명개화'를 촉진하는 수단으로 삼고

자 했던 것인데, 그러나 목적과 수단은 공유되었을지언정, 그 '문명개화'의 내용에 대해서는 다양한 이견이 제시될 수밖에 없었고, 이런 논의의 다양성과 논쟁이 분출되었던 것이 이 잡지의 특징이 되었다. 그렇기 때문에 이 잡지는 어떤 단일한 논의나 의도를 가진 것으로 읽어 내기보다는, 그 안에 어떤 종류의, 얼마나 다양한 '문명'의 궁리들이 존재했는지를 읽어 내는 방식으로 접근하는 것이 보다 유효한 독해법이 될 것이다. 가령 야마무로 신이치山室信一와 같은 연구자는 거기에서 수행되었던 논의들을 카테고리별로 분류하여 결사結社, 존이尊異, 상의商議, 논총論叢, 직분職分, 세무世務, 신의信疑, 친시고험親試考驗, 과학科學, 욕망欲望, 교법敎法, 문명文明이라는 내용으로 이루어지고 있고, 이것들이 당시 일본에 부족하였던 것을 보충하거나 구습을 타파하고자 하는 목적으로 제시된 것들이라고 분석했는데,[3] 이것은 당시 일본에서 펼쳐진 '문명개화'의 내용 그 자체였다고 말해도 무리는 아닐 것이다.

또 이 잡지에는 당대 일본뿐 아니라 서양에서 유행하던 지식이나 사상들이 다채롭게 소개되고 있어서, 우리에게 현재 '상식'이나 '교양'으로 정착해 있는 지식의 기원과 전파의 양상을 살펴보는 데 흥미로운 단서들을 제공해 준다. 가령 칸트, 밀, 몽테스키외, 홉스, 루소, 기조, 버클, 버크, 블룬칠리, 스펜서 등 다양한 시간대와 공간의 사상가들이 이 잡지 안에서 혼재되어 소개되고 있는데, 다만 그 소개되는 정도와 방식 역시 그것을 소개하는 학자의 역량에 따라 천차만별이어서 실제 자신의 의도를 완전히 대변하는 인물로서 서양의 학자를 끌어들여 소개하고 있는 경우가 있는가 하면, 막상 자신의 의도와는 다른 효과를 초래하여 이후에 이

---

3   야마무로 신이치, 「『明六雜誌』の思想世界」, 『明六雜誌』(下), 岩波書店, 2009, 447-517쪽.

를 다시 부정하게 되는 경우도 존재하는 등, 그 지식의 전파양상 자체가 매우 흥미롭게 펼쳐지고 있었다는 점도 주목할 만하다.

앞에서 언급한 다양성과 논쟁의 분출이 전개되는 양상을 잠시 살펴보자. 가령 이 잡지의 제1호의 첫 번째 기사 제목은 「서양 글자로 국어를 표기하자」(니시 아마네)였고, 두 번째 기사 제목은 「개화의 정도에 따라 문자를 개량해야 한다」(니시무라 시게키)였다. 히라가나 표기를 알파벳으로 대체하자는 이 대담한 주장은 사실 메이로쿠샤의 발기인이었던 모리가 미국에 체류할 때 발간한 자신의 저서 *Education in Japan*(1872)에서 언급했던 것으로, 다가오는 시대에 일본어가 문명의 언어로 적합하지 않은 만큼 인민의 교육을 위해서는 영어를 모국어로 하자는 내용이었다. 모리의 소위 '영어공용화론'은 이후 많은 비판을 받았는데, 이에 관한 니시 자신의 주장을 잡지 창간호의 첫 번째 기사로 싣고, 그 반대 논의를 함께 게재하였다는 것은 이 잡지가 지향하였던 문명개화의 대담함과 포부를 보여 주기에 충분했다고 말할 수 있을 것이다. 이 논의는 여기에서 끝나지 않고, 이후 제7호에서 시미즈 우사부로의 히라가나 전용론[4]이나 제10호 사카타니 시로시의 논의[5]로 이어지기도 하고, 이후 잡지 바깥에서도 수많은 논쟁을 일으켜 이후 한자와 히라가나를 섞어 쓰는 일본어의 '국어' 형태가 정착되는 데까지 연결되는 거대한 지적, 학술적 흐름의 일단을 구성한 것이었다.

또 제3호에서는 인민계몽의 수단으로 기독교를 선택하여 보급할 것을 제안[6]하는 쓰다 마미치津田真道와, 표트르 대제의 유훈遺訓을 소개하면

---

4   시미즈 우사부로, 「히라가나의 설」, 『메이로쿠잡지』 제7호 6.
5   사카타니 시로시, 「질의일칙」, 『메이로쿠잡지』 제10호 4.

서 "세상에서 성행하는 선한 종교를 선택하여 이에 따르고, 우리 지식을 밝히"[7]면서 기독교를 넘어서야 할 것을 주장하는 스기 고지杉亨二가 직접 서로를 호명하지는 않지만 다른 입장의 논의를 전개하고 있다. 쓰다가 제기한 종교를 교화의 수단으로 이용할지 어떨지의 문제는, 니시의 「종교론」[8]과 거기에 대한 가시와라 다카아키柏原孝章의 「종교론 의문」[9]의 논쟁으로 이어졌으며, 이 외에도 가토 히로유키의 「미국의 정치와 종교」[10]나 쓰다와 니시의 논의를 이은 모리의 번역 기사 「종교」,[11] 그리고 나카무라의 「인민의 성질을 개조하는 것에 대한 설」[12] 등으로 활발하게 이어진다. 이러한 논의는 당시 일본의 사상적, 문화적 지형 안에서 서양의 'religion' 개념을 이해하고 수용하는 문제가 얼마나 까다로운 것이었으며, 이후 천황제의 강화와 함께 그 배경으로 후퇴할 수밖에 없었던 일본의 독특한 '종교' 개념 성립을 이해하는 데 필요한 단서들을 제공해 준다.

이 외에도 잡지가 간행되는 내내 여성문제, 민선의원 설립 문제, 외국인의 일본 거주 및 여행 문제, 타자와의 공존 문제 등등 다양한 당대의 주제들에 대한 회원 간 직간접적인 논쟁들이 잡지의 정간 때까지 계속되었다.

이렇듯 잡지 자체도 이미 이름이 널리 알려진 지식인들 다수가 참가

---

6   쓰다 마미치, 「개화를 진전시킬 방법에 대해 논하다」, 『메이로쿠잡지』 제3호 5.
7   스기 고지, 「러시아 표트르 대제의 유훈」, 『메이로쿠잡지』 제3호 4.
8   니시 아마네, 「종교론」, 『메이로쿠잡지』 제4호 4, 제5호 2, 제6호 2, 제8호 5, 제9호 3, 제12호 1.
9   가시와바라 다카아키, 「종교론 의문」, 『메이로쿠잡지』 제29호 3, 제30호 3.
10   가토 히로유키, 「미국의 정치와 종교」, 『메이로쿠잡지』 제5호 5, 제6호 3, 제13호 1.
11   모리 아리노리, 「종교」, 『메이로쿠잡지』 제6호 4.
12   나카무라 마사나오, 「인민의 성질을 개조하는 것에 대한 설」, 『메이로쿠잡지』 제30호 4.

했던 데다, 이런 논쟁의 양상이 잡지를 통해 전개되었을 때 독자들은 더욱 많은 관심을 가졌으며, 그런 만큼 판매도 호조였고 영향력도 적지 않았다. 당시 각종 신문의 투서란에는 메이로쿠샤의 연설 활동 및 잡지 내용과 관련한 의견들이 등장하였고, 잡지의 판매 수익 역시 제법 이문을 남길 정도가 되어서 실제 메이로쿠샤 회의의 결산보고 이후에 회원들 간에 연설 장소로서 건물을 얻는 등의 운영구상 등이 논의되기도 할 정도였다.[13] 이렇듯 회원들의 논쟁이 전개되고 이를 통해 다양한 지식과 정보를 제공하는 장으로 활용되었던 이 잡지는, 애초에 내세웠던 지식의 보급과 전파, 이를 통한 교육의 보급이라는 목적을 충실히 달성해 가고 있었던 것으로 보인다.

그러나 이 잡지는 흥행이나 목적의 달성과는 별개로, 불과 1년 반 정도의 기간밖에 존속하지 못했다. 여기에는 1875년(메이지 8) 이후 본격화한 메이지 정부의 언론단속 강화 움직임이 영향을 준 사실을 부정하기 어렵다. 메이지 정부는 1874년(메이지 7)에 나온 민선의원 설립 논쟁을 계기로 격화되고 있던 소위 '자유민권운동'과 언론의 움직임을 억누를 필요를 느꼈고, 그 결과로 6월 28일 「참방률讒謗律」과 「신문지조례新聞紙條例」를 발포하게 되었다. 이를 두고 회원들 사이의, 특히 『메이로쿠잡지』의 기사들에 나타나는 '정치논의'를 둘러싼 입장의 차이가 표면화하게 된다. 그러나 이 문제는 사실 정부의 언론정책 변화 이전에 이 '결사society'의 성

<hr>

13   모리 아리노리, 「메이로쿠샤 제1년 차 역원 개선(役員改選)에 대한 연설」, 『메이로쿠잡지』 제30호 1. 여기에서 나온 보고에 따르면 메이로쿠샤의 1년 수입액은 잡지 판매, 헌금, 이자를 합하여 717엔 65센 7린, 지출액은 식비, 인쇄비 등을 합하여 262엔 17센 6린으로 상당한 흑자를 보고 있었다. 또 이 수입액 중 잡지 판매 수입은 632엔 82센 5린으로, 전체 수입액의 약 88%가량을 차지하고 있었음이 확인된다.

격을 둘러싼 정체성의 문제, 나아가 당시 일본 내 '문명개화'의 내용을 둘러싼 첨예한 입장 차이와 갈등에서 야기된 것이라고 보는 편이 타당하다.

앞서 언급한 잡지상에서 벌어진 '논쟁' 가운데 가장 유명한, 그리고 결사의 정체성과 연관된 것은 잡지 제2호에서 전개된 이른바 '학자직분논쟁'이라고 일컬어지는 논전이었다. 이것은 흔히 지식인의 민간활동 참여를 강조한 후쿠자와 유키치와 관직에 있으면서 메이로쿠샤에 참여하고 있던 다른 성원 간의 갈등에서 비롯된 것이었다. 이미 저술가, 번역가, 언론인, 교육자로 크게 성공했던 후쿠자와가, 관직에 있으면서 민간에 대한 지식보급 및 교육활동에 종사하려고 했던 회원들을 베스트셀러 저서『학문의 권장(学問のすすめ)』의「학자의 직분을 논함(学者の職分を論ず)」이라는 제목의 논설에서 은연중에 비판하면서부터 논쟁은 촉발되었다. 그런데 여기서 흥미로운 점 하나는, 원래 후쿠자와의 이 논설은『메이로쿠잡지』제2호에 동인들의 반론과 함께 실리기로 예정된 기사였다는 점이다. 이에 대해 당시 회장을 맡고 있던 모리 아리노리는『메이로쿠잡지』제2호 속표지에 아래와 같은 글을 적어 두었다.

후쿠자와 선생의 '학자직분론'은 게이오기주쿠慶應義塾에서 출판한 『학문의 권장』제4편에 나온다. 이것은 선생이 이 모임을 위해서 저술한 것으로, 원래 이 잡지에 실어야 하지만 이미 출판되었으므로 여기에는 싣지 않는다. 독자들께서는 본론과 함께 읽어 보시기 바란다.

이 글에는 모리의 후쿠자와에 대한 섭섭함이 묻어 나온다. 이 모임의 동인들, 이를 두고 함께 글을 싣기로 한 약속, 이제 막 시작한 잡지의 흥행 등 여러 가지를 생각했을 때, 후쿠자와의 처사는 그다지 유쾌한 일이 아니었을 것이기 때문이다. 게다가 문제는 그 내용에 있었다.

> 지금 우리로부터 사립私立의 실례를 보이고, 인간의 사업은 홀로 정부의 임무가 아니라 학자는 학자로서 민간에서 일을 수행해야 한다. … 학술 이하 세 가지도 스스로 그 소유에 귀속하여 국민의 힘과 정부의 힘을 상호 간에 균형을 맞춤으로써 전국의 독립을 유지해야 한다.[14]

후쿠자와가 동 시기 '지식인'을 비판한 배경에는 또 후쿠자와의 '일신 독립하여 일국 독립한다'는 유명한 명제가 있다. 이런 지식인에 대한 입장 차이 이외에도 여기에서는 학문의 자립적 가치(사립)와 학자의 역할이 정부와 균형을 맞출 정도의 인민을 만들어 내는 일에 관여하는 것임을 분명히 언급하고 있다. 여기에서 후쿠자와가 강조한 '학문의 자립'과 그 것을 위한 학자의 역할이라는 것은, 사실 당시로서는 매우 앞서 나간 이야기였던 것도 사실이다.

애초에 일본은 무관 중심의 사회로, 메이지 시대 이전에 지식인들 즉 '유자儒者'는 사회적으로 그다지 영향력을 가지는 존재가 아니었다. 조선이나 중국의 유학자들이 위정자이자 때로는 조정에 대한 비판자일 수 있었던 것에 비한다면, 일본의 지식인이 하는 역할은 미미한 것이었다고 말할 수 있을 것이다. 와타나베 히로시渡辺浩의 논의[15]에 따르면 다도가나 꽃꽂이 전문가와 같은 특수한 직업적 예능인과 견주어지는 그런 존재였

---

14   후쿠자와 유키치, 『学問のすすめ』, 福澤諭吉全集 第三卷, 岩波書店, 1971, 53쪽.
15   와타나베 히로시, 『東アジアの王権と思想』, 1997, 13쪽.

다. 몇몇 특수한 사례를 제외하면 지식인이 정치에 관여하는 경우는 극히 드물었고, 비판한다고 해도 어디까지나 나랏일을 근심하고 걱정하는 차원의 충정 어린 조언일 뿐, 정권 자체의 모순을 적극적으로 지적하는 사례는 거의 없었다고 해도 과언이 아닐 것이다. 그것은 위정자의 '교양'일 수는 있지만, 애초에 그것을 이념으로 하는 정치는 거의 불가능했다. 후쿠자와는 맹렬한 유교 비판으로 유명하지만, 거기에는 이러한 '무기력한 지식인'에 대한 비판의식도 존재했다고 말할 수 있다.

> 고래 세상의 유자나 한학자 등이 말한 것은 떠받들고 귀히 여길 만한 것이 아니다. 고래 한학자 가운데 집안을 잘 다스리는 자도 적고, 와카和歌를 잘하거나 상업을 잘하는 조닌町人도 드물다. … 필경 그 학문이 실로 멀어서 일용日用에 맞지 않는 증거이다. 그렇다면 지금 이러한 실없는 학문은 우선 뒤로 돌리고, 오직 인간 보통의 일용에 가까운 실학에 힘써야 한다.[16]

미국에서 이미 민간 교육의 중요성과 효과를 직접 보고 돌아온 후쿠자와에게 '관官'에 얽매여 있는 전통적인 지식인의 형태는 세상을 문명으로 나아가게 하는 데 그다지 미덥지 못한 존재였을 것이다. 그래서 그는 '사립'의 중요성을 강조하고, 관으로부터의 지식의 독립, 나아가 국가에 얽매이지 않는 자유로운 '지식'의 독립과 활성화야말로 문명개화로 나아가는 첩경이라고 생각했다. 이를 위해서는 기존 지식인들이 추구하던 유학이나 한학이 아닌 새로운 지식, 즉 '실학'에 힘써야 하며, 자신의 동료

---

16   후쿠자와 유키치, 『学問のすすめ』, 福澤諭吉全集 第三巻, 岩波書店, 1971, 30쪽.

들, 즉 메이로쿠샤 회원들이 '관'에 몸을 담고 있는 한 이런 지식의 추구
는 불가능하다고 보았던 것이다. "정부는 여전한 전제의 정부, 인민은 여
전한 무기력의 우민일 뿐"이라고 개탄하며, "인민의 기풍을 일신하고 세
상의 문명을 진전시키기 위해서는, 지금의 양학자류에게도 역시 의뢰할
수 없"[17]다고 단정한 후쿠자와는, 정부로부터 독립한 '학자의 직분'을 명
확화하고, '외부로부터의 자극'으로서의 역할, 즉 비판자로서의 지식인의
역할을 온전히 함으로써 구 막부 이래의 침체한 '기풍'의 쇄신이 도모되
며, 진정한 문명화가 달성된다고 제언했던 것이다.

하지만 이런 후쿠자와의 논의에 대해 여타 메이로쿠샤 회원들은 반론
을 제기했다. 가령 가토 히로유키는 다음과 같이 후쿠자와의 논의를 반
박한다.

제 어리석은 견해로는 내양內養과 외자外刺가 모두 대단히 중요하지
만, 요즈음과 같은 때에는 내양이 더욱 중요하다고 생각합니다. 따라
서 양학자가 마땅히 그 뜻하는 바에 따라 관리가 되는 일도 반드시 불
가하지는 않을 것입니다. 선생의 논의는 리버럴liberal에 해당합니다.
리버럴은 결코 불가한 것은 아닙니다. 유럽 각국이 요사이 세상에서
진보를 보완한 것은 무엇보다도 리버럴의 공입니다. 하지만 리버럴
의 입장이 지나치게 된다면 국권은 마침내 쇠약해지고, 국권이 쇠약
해지면 국가 또한 결코 바로 설 수 없습니다.[18]

17   후쿠자와 유키치, 『学問のすすめ』, 福澤諭吉全集 第三巻, 岩波書店, 1971, 49-52쪽.
18   가토 히로유키, 「후쿠자와 선생의 논의에 답하다」, 『메이로쿠잡지』 제2호 1.

가토는 일단 '내양과 외자가 모두 대단히 중요'하다며 논의의 전제는 인정하면서도, 후쿠자와가 말하는 것처럼 민간으로부터의 '외부 자극'에 역점을 두는 것은 "내양을 가볍게 여기고 외부 자극을 중시"하는 리버럴에 지나지 않는 것이라 하고, "나랏일도 민간의 일도 모두 중요하므로, 양학자가 그 재능과 학문에 따라서 어떤 이는 나랏일에 종사하고, 어떤 이는 민간에 종사하기도 하면서 치우치지 않을 수 있다"라고 주장했다. 그리고 이 가토의 반론, 즉 내양과 외부 자극은 두 가지 모두 중요하지만, 그렇다고 해서 논의가 어느 한편으로 기울어서는 안 된다는 주장은 학자가 관직에 나아가는 행위의 정당성을 역설하는 다른 논자에게도 공통되는 것이었다.

가령 모리 아리노리는 원래 정부와 인민을 도식적으로 대립시켜서 배치한 점이 후쿠자와의 오류이며 "관리도 인민이고 귀족도 인민이며 평민도 인민이다. 일본 국적에 속한 자는 한 사람도 일본 인민이 아닌 자가 없으며, 그 책임을 담당"해야 한다고 언급하고, '관'도 '민간'도 모두 인민인 이상 "관직에서 일하는 것의 공익公益이 사적으로 행하는 세상의 이로움에 미치지 못한다면, 학자는 모두 관직을 떠나고 학자 아닌 자들에게만 정부의 일을 맡겨야 비로소 세상의 이로움이 흥한다는 말이 된다"[19]라며 반론을 펼쳤다. 또 쓰다 마미치도 "국가를 인체에 비유할 수 있다. 하지만 정부는 생명력과 같고 인민은 외부의 자극과 같다고 함은 비유가 잘못된 듯하다"[20]라면서 후쿠자와가 말하는 '국가', '인민'의 신체적 비유 표현에 이론을 제기하는 형태로 "관에 있든 그렇지 않든 상관없이 각

19   모리 아리노리, 「학자직분론에 대하여」, 『메이로쿠잡지』 제2호 2.
20   쓰다 마미치, 「학자직분론에 대한 평」, 『메이로쿠잡지』 제2호 3.

각의 지위에 따라서 그 사람의 상황에 맞게 진력함이 마땅할 것"[21]이라고 반박했다. 니시 아마네 역시 "사람들은 장점도 취지도 모두 다르다. 그러므로 같은 양학자라 해도 정부에서 일을 돕든 민간에서 일을 성사시키든 모두 안 될 것이 없다"[22]라며 중간적 입장을 취하는 형태로 다른 논자들과 결론을 같이하고 있었다. 이들은 모두 관과 민간의 협조라는 표면상의 이유 위에서 현실론을 기반으로 학자가 관직에 나아가는 것이 정당하다는 논지를 자기 변호하듯이 전개한 점에서 일치한다.

이상과 같은 지식인론, 즉 당대 일본에서 '학자'의 역할이란 어떠해야 하는가에 대한 견해의 차이는 생각보다 큰 것이었고, 결정적으로 정부가 언론에 대한 통제를 강화하는 국면에서 '관직에 있는 자가 정치적인 사안에서 자유로이 정부를 비판할 수 있는가?'라는 치명적인 문제를 제기하게 만든 것이다.

메이로쿠샤의 초대 회장을 맡고 있던 모리 아리노리는 1875년(메이지 8) 2월의 모임에서 "지금 시대의 정치에 관해서 논하는 것 같은 일은 본래 우리가 모임을 만들 때 내세웠던 주의는 아닙니다. 또 그것은 힘만 들고 효용이 없을 뿐만 아니라, 이로 인해 어쩌면 불필요한 어려움을 초래할지도 모르는 일입니다"[23]라며 비정치적 입장을 분명히 밝힌 바 있다. 이는 당시 비등했던 정치적 논쟁을 보고 자신도 관료의 입장에서 이른바 '문명개화'를 위해 어디까지 이야기할 수 있는지 고민한 끝에 취한 입장이었을 것이다. 그러나 앞에서 살펴본 후쿠자와를 위시한 사립 중시파

---

21   쓰다 마미치, 「학자직분론에 대한 평」, 『메이로쿠잡지』 제2호 3.

22   니시 아마네, 「비학자직분론」, 『메이로쿠잡지』 제2호 4.

23   모리 아리노리, 「메이로쿠샤 제1년 차 역원 개선(役員改選)에 대한 연설」, 『메이로쿠잡지』 제30호 1.

와 관직에 몸을 담고 있던 몇몇 회원들 간 갈등은 1875년 9월 1일의 모임에서 결국 본격화되었다. 미쓰쿠리 슈헤이가 정치적 비판 기사를 게재할 수 없는 잡지의 성격에 대해 문제를 제기했고, 이에 정간론을 제안하면서 모리와 논쟁이 일어났다. 이를 보고 후쿠자와가 잡지의 폐간을 제안하면서, 잡지의 문제가 아닌 결사 자체의 존립에 관한 문제로까지 사안이 발전해 버린 것이다. 이 사태는 역시 '문명개화'의 보급 및 교육 수단으로서의 잡지의 효용성에 대한 문제 제기보다는, 애초에 관과 민간을 둘러싼 회원 간의 갈등, 나아가 '문명개화'란 어떻게 가능한가에 대한 회원 간의 생각의 차이가 심화하면서 야기되었다고 보아야 할 것이다. 결국 결사의 존폐를 건 중대 회의는 투표로 이어졌고, 후쿠자와의 제안에 찬성 12명, 반대 4명의 결과가 나오면서 잡지 폐간이 결정되었다. 동시에 이 결정은 단지 잡지만의 문제가 아닌, 결사 자체의 사실상 활동 정지 즉 해산이라는 방향의 결정이나 다름없었다. 찬성한 회원들은 이미 언론이 폭발적으로 증가하던 시기에 굳이 『메이로쿠잡지』에 의거하지 않고 보다 자유롭고 개별적으로, 정치적 발언의 규제 등에 구애받지 않는 공간을 선택해 활동하는 것을 선호했던 것이다. 이후 잡지는 10월과 11월에 2회를 더 발행하고 제43호로 중단되었다. 별다른 종간 표명이 없는 정간의 형태를 취한 것이었다. 메이로쿠샤의 또 하나의 수단, 즉 연설회 역시 당연히 중단되었다. 메이로쿠샤의 제안자였던 모리 아리노리는 11월에 청나라 공사로 부임했고, 이에 모임을 이끌어 갈 동력이 상실된 상태였다. 다만 모임 자체가 '해산'했는가 하면 그렇지는 않았고, 이들은 여전히 각자의 개인적 인연 등을 이어 가며 회합을 지속하고 있었다. 그리고 1879년(메이지 12) 1월에 문부성 직할 학술기관으로 설립된 도쿄학사회원東京學士會院에 메이로쿠샤의 회원들이 그대로 참가했다. 마치 민간의 메이로쿠샤가 관설 학술기관으로 모습을 바꾼 (혹은 흡수된) 형태가 되었던 것이다. 다만 거기에서는 『메이로쿠잡지』에서처럼 다채로운 영역에서의 활동은 이루어지지 않았고, 대개 '학술' 분야에서의 활동에 집중하게 되었다. 엄밀한 의미에서 민간에 대한 '지식의 보급'과 '교육'은 이루어지지 않게 되었던 것이다.

이 도쿄학사회원의 설립과는 별개로, 메이로쿠샤의 사원들은 잡지의 정간 이후 각자의 분야에서 많은 활동을 했고, 근대 일본의 학술계, 지식계에 큰 영향을 끼쳤다. 가토 히로유키는 도쿄대학 총장으로 재직하면서 자신의 제자들을 내세워 보다 '학술'에 충실한 학회를 만들고 학술지 [『東洋學藝雜誌』(1881), 『哲學會雜誌』(1887)]를 발간했으며, 대학에서 근대적 체제의 '학과' 설치와 조정에 깊이 관여했다. 모리 아리노리는 문부대신으로 학제의 개혁과 학술 내용의 서양화에 진력했고, 니시무라 시게키는 전통적인 '도덕'을 사회에 보급하고 활성화시키는 것으로 또 다른 근대 일본의 모습을 만들어 냈다. 어쩌면 이들은 아직 모든 것이 명확하지 않았던 시기에 『메이로쿠잡지』 활동을 통해 찾아낸 시행착오와 미숙함을 보완하며 자신들의 입장을 정리하고, 이후 일본의 현실을 만들어 내는 역동성을 찾았던 것이라고도 말할 수 있을 듯하다. 이 잡지에는 다양한 사람들이 참여했다. 지적 배경으로 보자면 서양학자부터 한학자까지, 연령대로 보아도 당시 27세의 모리 아리노리부터 52세의 사카타니 시로시까지, '남성'이라는 공통점 이외에는 모두 다른 환경과 입장에 처한 이들이었다. 그러나 이들은 모두 새로운 시대에 적합한 '지식'에 대한 왕성한 욕구를 지니고 있었고, 당면한 과제로서 '문명개화'라는 목표를 공유했다. 메이로쿠샤라는 모임과 그 결과물로서의 잡지는 오래 지속되지 못했지만, 그 경험과 시행착오가 이후 근대 일본의 지식계, 학술계를 구축하는 데 중요한 자양분이 되었던 것은 분명하다.

　이러한 지식인들의 활동에 대해 이후 철학자 오니시 하지메大西祝는 "우리 나라 유신 이후로 십수 년간은 오직 계몽적 사조의 정신으로 돌진"[24]하였다고 평가했다. 이것이 일본에서 '계몽'이라는 단어의 첫 사용 사례이자 번역 사례[25]임을 생각하면, 앞에서 살펴본 일련의 움직임들이 근대 일본에서 전개되었던 초기 '계몽'의 양상들이며, 『메이로쿠잡지』는 이런 양상들을 생생하게 담아 전해 주고 있는 것이다.

24　오니시 하지메, 「啓蒙時代の精神を論ず」, 1897, 『大西祝選集 Ⅱ』, 岩波書店, 2014, 486쪽.
25　오니시는 여기에서 독일어 'Aufklärung'을 기준으로 삼아 일본에서의 문명개화사조를 비교하여 '계몽시대'라고 평가하였다.

참고문헌

『메이로쿠잡지』, 1874-1875.

大久保利謙,『明六社』, 講談社, 2007.

大西祝,「啓蒙時代の精神を論ず」, 1897,『大西祝選集 Ⅱ』, 岩波書店, 2014.

渡辺浩,『東アジアの王権と思想』, 東京大学出版会, 1997.

福澤諭吉,『福澤諭吉全集』, 第三巻, 岩波書店, 1971.

山室信一,「『明六雑誌』の思想世界」,『明六雑誌』(下), 岩波書店, 2009.

河野有理,『明六雑誌の政治思想—阪谷素と「道理」の挑戦』, 東京大学出版会, 2011.

차례

전체 차례

음을 논한다 (간다 다카히라)
3. 존이설 (사카타니 시로시)
4. 인간 공공의 설 ③ (스기 고지)

제20호

1. 신문지론 (쓰다 마미치)
2. 처첩론 ④ (모리 아리노리)
3. 호설에 대한 의문 (사카타니 시로시)
4. 호설의 넓은 뜻 (사카타니 시로시)
5. 지설 ③ (니시 아마네)

제21호

1. 정대화의에 대한 연설 (후쿠자와 유키치)
2. 삼성론 (쓰다 마미치)
3. 인간 공공의 설 ④ (스기 고지)
4. 여성의 치장에 대한 의문 (사카타니 시로시)

제22호

1. 지설 ④ (니시 아마네)
2. 부부유별론 (쓰다 마미치)
3. 정교에 대한 의문 (사카타니 시로시)
4. 화학 개혁의 대략 (시미즈 우사부로)
5. 지폐인체간원록 (화폐론 첫 번째) (간다 다카히라)

제23호

1. 내지 여행 (니시 아마네)
2. 정금외출탄식록 (화폐론 두 번째) (간다 다카히라)
3. 서학 일반 ⑥ (나카무라 마사나오)

제24호

1. 내지여행론 (쓰다 마미치)
2. 무역개정론 (스기 고지)

제25호

1. 지설 ⑤ (니시 아마네)
2. 정교에 대한 나머지 의문 (사카타니 시로시)

3. 괴설 (쓰다 마미치)

제26호

1. 내지 여행에 관한 니시 선생의 설을 반박한다 (후쿠자와 유키치)
2. 무역균형론 (쓰다 마미치)
3. 지폐성행망상록 (화폐론 세 번째) (간다 다카히라)

제27호

1. 처첩론 ⑤ (모리 아리노리)
2. 민선의원 변칙론 (사카타니 시로시)

제28호

1. 민선의원 변칙론 (사카타니 시로시)
2. 정체삼종설 (상) (니시무라 시게키)
3. 정체삼종설 (하) (니시무라 시게키)

메이로쿠잡지 하권

제29호

1. 망라의원의 설 (니시 아마네)
2. 자유교역론 (니시무라 시게키)
3. 종교론 의문 ① (가시와바라 다카아키)

제30호

1. 메이로쿠샤 제1년 차 역원 개선에 대한 연설 (모리 아리노리)
2. 인재론 (쓰다 마미치)
3. 종교론 의문 ② (가시와바라 다카아키)
4. 인민의 성질을 개조하는 것에 대한 설 (나카무라 마사나오)

제31호

1. 부부동권 유폐론 ① (가토 히로유키)
2. 부부동권 유폐론 ② (가토 히로유키)
3. 수신치국비이도론 (니시무라 시게키)

일러두기

1. 본문의 각주는 역자가 독자의 이해를 위해 설명을 단 것이다.

2. 일본어 표기는 국립국어원의 표기법을 따랐다.

3. '지나'는 중국을 멸시하는 명칭이지만, 원문에서 중국과 지나
   를 혼용하고 있으므로 그대로 번역하였다.

메이로쿠
잡지

明六雜誌

메이로쿠잡지
제1호
(4월 2일)

—

1. 서양 글자로 국어를 표기하자
   (니시 아마네)

2. 개화의 정도에 따라 문자를 개
   량해야 한다 (니시무라 시게키)

최근 우리는 모여서 사리를 논하거나 새로 들은 것을 이야기하고 학업을 연마하며 정신을 맑게 하고 있다. 거기에서 나눈 이야기를 필기한 것들이 쌓여서 책을 만들 만큼이 되었으니, 이를 출판하여 뜻을 함께할 여러 동지와 나누고자 한다. 보잘것없는 소책자이긴 하나, 여러 사람을 위해 지식을 알리는 데 조금이나마 도움이 된다면 더없이 기쁠 것이다.

　　　　　- 1874년(메이지 갑술明治甲戌) 2월 메이로쿠샤 동인 씀

❀
1. 서양 글자로 국어를 표기하자

니시 아마네西周

평소 우리 몇몇이 함께 모여 이야기를 나눌 때, 화제가 지금 국가 간의
흥망과 정치 득실의 이유 등 모든 세상일에 관한 담론에 이르면, 걸핏하
면 저 유럽 각국과 비교하는 일이 많은데, 끝내는 저들의 문명을 부러워
하고 우리의 개화하지 못함을 탄식하면서, 결국 인민의 어리석음은 어쩔
수 없다고 결론을 내리고는 또다시 흐느껴 울며 크게 탄식하지 않을 수
없었다.

무릇 유신 이래 현명한 인재도 나왔고 개혁도 수없이 거듭하여 중앙
관청에서 60여 현縣에 이르기까지 이미 과거의 일본이 아니다. 그중 좋
은 정치와 잘한 일도 이루 다 헤아릴 수 없을 정도로 많다. 그런데도 잠
시 물러나 곰곰이 이를 생각해 보면, 세상의 온갖 일들은 아직 구습의 때
를 벗지 못하였으니, 좋은 정치가 있어도 인민은 그 은택을 입지 못하고,
잘한 일이 있어도 이롭지 못한 경우가 허다하다.

왜냐하면, 유신 이래 시간이 아직 오래되지 않아, 외면의 규모가 아무

리 성대해도 내실은 아직 널리 미치지 못하고 있기 때문이다. 이는 마치 원숭이에게 옷을 입히고 하녀에게 무도복을 입히는 격이다. 그리하여 위의 뜻은 아래로 전해지지 못하고, 아래의 마음은 위로 도달하지 못하니, 마치 전신불수와도 같다. 이런 탓에 우연히 영웅호걸 한두 명이 나와서 이를 고무하고 진작시키려 해도, 여전히 잠을 탐하는 어린아이를 깨우고, 술에 취해 쓰러진 사람을 부축하려는 모습과 같다. 손은 지치고 힘은 다하니, 본인마저 덩달아 넘어질 지경이다. 내로라할 유력자나 주창자라 하더라도 끝내 굴복하여 진심을 토로하지 않고 일단 적당히 얼버무려 두며, 본의가 아닌데도 모호하게 머리를 숙이고 따르는 것과 다르지 않다. 내가 보건대, 이것은 온 세상의 큰 근심거리로, 그 결과 현명하고 지혜로운 이는 적어지고 어리석고 불초한 무리는 많아지니, 그 기세가 중과부적이다. 앞에서 말한 인민의 어리석음이란 이처럼 어찌할 도리가 없다. 이는 생각해 보건대, 윗사람이 정치를 베풀고 명령을 행하는 데에만 있는 근심거리가 아니다. 오늘날 사람들이 교제함에 있어서 간혹 여러 사람이 힘을 합해 무언가를 도모하려고 해도, 반드시 우선적으로 이 곤란을 넘어서지 못하는 경우를 볼 수 있다.

하지만 이와 같은 인민의 어리석음에 대해 중요한 지위에 있는 권력자들이 서로 협력하고 권면하여 그 싹은 뽑지 말고 그저 잡초만 제거하면서 적절한 때를 잘 살펴서 점차 개명의 영역으로 나아가게 하는 것이 본래 그들의 임무이니, 그렇게 하지 않는다면 그것은 실로 권력자의 죄라 하겠다. 그러나 이러한 폐해로 이 세상의 인민이 불행해지고 쇠퇴와 피폐가 극에 달하여 구제할 수 없는 지경에 이른 것은 오직 정부의 죄일 뿐만 아니라, 애당초 인민들 자신의 세도世道[1]상의 죄이니, 만일 현명하고 지혜로운 자가 앞장서서 이를 구제하지 않는다면 이 또한 세도상의 죄가 없다고 말할 수 없을 것이다. 지금 모리[12] 선생이 이처럼 學학, 術술, 문장 文章의 결사를 맺고자 하는 것도 여기에 그 목적이 있을 것이다.

대저 소위 학이니, 술이니, 문장이니 하는 것은 모두 저와 같은 어리석음을 깨뜨려 큰 곤란을 제거하는 도구이기 때문에, 내가 생각하기에는 만일 인민들 각각이 세도상에서 저 어리석음의 대군을 물리치고자 한다면 이것보다 좋은 길은 없을 것이다. 비록 우리가 재주는 없고 용렬하지만, 감히 힘을 모으고 발을 맞추어 나아가기를 원하는 바이다. 그런데 왠지 내가 의심되는 바 있으니, 이제 학·술·문장으로 원대한 뜻을 품는다 하더라도, 만일 함께 움직이는 사업이 없다면 모처럼의 뜻도 허사로 돌아가고 말 것이다. 무릇 친구들이 함께 모여서 절차탁마하고, 혹은 자기의 견해를 말하며, 혹은 문제를 제기하면, 그 토론하고 강구하는 바에 이로움이 적지 않으리라는 점은 말할 필요도 없다. 하지만 함께 움직이는 사업이 없으면, 분명 강고한 어리석음을 깨뜨리려는 큰 목적을 달성할 수 없을 것이다. 이것이 내가 가장 두려워하는 바이다.

그러므로 자신의 비루함을 개의치 않고 기기괴괴한 한 가지 제안을 해서 모임의 여러 선생을 조금 놀래 보고자 한다. 그런데 이 제안이 실로 놀랍고 괴이하여 마치 보물을 쓸모없게 만드는 것과 같은 일이 될지라도, 내가 생각하기에는 이 모임에서 이 사업을 완수한다면 저 어리석음을 깨뜨리는 선봉장이 될 것이 분명하다.

지금 잠시 모임의 요점인 학·술·문장, 세 가지를 논해 보면, 이른바

---

1   여기에서는 사회(social)의 의미이다.
2   메이로쿠샤 동인 중 한 명인 모리 아리노리[森有礼, 1847-1889]. 메이로쿠샤의 최초 제안자로서 초대 회장을 맡았다.

학이니, 술이니 하는 것은 문장이 있어야 비로소 성립한다. 만일 문장이 없으면 무엇을 학이라 하고, 무엇을 술이라 하겠는가. 옛사람 또한 문장은 관도貫道³의 그릇이라고 말하였다.

그런데 지금 우리가 말하는 문장은 말하는 법과 쓰는 법이 서로 달라서 말할 수는 있으나 쓸 수 없고, 쓸 수는 있으나 말할 수 없다. 이것은 문장 가운데 어리석음이자 가장 큰 곤란함이다. 생각해 보건대, 세상 사람들은 이미 이러한 문제를 알고 있다. 그렇기 때문에 오늘날 이 문제를 고치려는 움직임이 없지 않다. 한자 수를 줄여 그 수를 정하자고 말하기도 하고, 일본 글자(和字)만 쓰고 일본어 사전(和字書)을 제작하여 일본어 문법(和文典)을 만들자고 말하기도 한다.⁴ 그 외에도 여러 가지 논의가 있을 수 있으나 이런 것들이 최근 가장 두드러지는 견해이다.

무릇 한자를 줄여 그 수를 정하자는 설은 편협한 견해에 불과하다. 지금 소와 양, 여우와 너구리가 함께 한 연못에서 물을 마시려고 한다면 각자가 그 배를 채우면 그만이다. 어찌 그 연못의 크기를 애석해하겠는가. 그 사람들은 대개 말하기를, 소나 양은 배가 크지만 큰 것은 그 수가 드물고, 여우와 너구리는 배가 작지만 작은 것은 그 수가 많으니 작은 것을 큰 것과 동등하게 여겨 달라고 한다. 이 소식량小識量⁵은 유럽에서 몇 개 국어를 말하면서 게다가 라틴어, 그리스어, 히브리어, 산스크리트어 등

---

3   도(道)를 꿰는 일. 문장의 역할이 도를 꿰는 것인가, 도를 담는 것인가의 논쟁에서 비롯된 용어이다.

4   예컨대 후쿠자와 유키치[福澤諭吉]는 『문자지교(文字之教)』(1873)에서 한자 수를 2, 3천 자로 정할 것을 주장하고, 마에지마 히소카[前島密]는 1866년의 건의서 이래 한자의 폐지를 전제로 히라가나의 용법을 정해 문법서와 사전 편집을 주장하였다.

5   지식의 양이 적음. 여기서는 소수의 한자밖에 알지 못하는 사람을, 유럽에서 다수의 언어에 통하는 사람에 대비해서 말하고 있다.

사어死語까지 아는 사람들과 다르다.

또 어떤 이는 일본 글자만을 쓰자고 하는데, 이는 제법 일리가 있어 보인다. 그런데 일본 글자는 자음과 모음의 구별이 없이 서로 합쳐져 있다. 그 불편은 이루 말할 수 없다. 이는 이후에 더 상세하게 논하고자 한다.

이 두 가지 설에, 나는 결코 찬성할 수 없다. 무릇 지금의 세상은 대단히 많은 유럽의 습속이 우리에게 쏟아져 들어오는 추세이다. 그 기세는 지붕 위에서 쏟아져 내리는 물과도 같다. 의복, 음식, 주거, 법률, 정치, 풍속, 그 외 백공학술百工學術에 이르기까지 저들에게서 취하지 않는 바가 없다. 그리하여, 소위 외국인의 잡거雜居이든, 기독교이든, 이것도 또한 늦고 빠름의 차이만 있을 뿐이다. 이를 먼 안목으로 보면 잡거는 반드시 행하지 않을 수 없고, 기독교 또한 도입하지 않을 수 없다. 지금은 사람들이 설탕을 먹는다. 만일 먹지 않았다면 그것으로 그만이겠으나, 이제 아름다운 경치를 보고 멈추려고 한다면, 어찌 멈출 수 있겠는가. 그 기세는 이미 막을 수 없으니 일곱을 취하고 셋을 남길 수 없다면, 내가 생각하기에는 문자를 합하여 이를 취하는 것이 상책이다.

무릇 우리 나라의 문자는 선왕先王이 처음에 중국(漢土)에서 취한 것을 가져와 사용하였다. 그때 문헌 또한 모두 중국에서 취하였다. 지금 다시금 세상의 흐름 속에서 이 문헌은 이미 유럽에서 취하고 있다. 어째서 다만 문자만은 취하지 말자는 설이 있을 수 있겠는가. 무릇 지나支那[6]의 경우는 토지는 광대하고 인민은 번성하며, 국세가 이미 드높고(巍然) 문물과 제도(典章) 또한 찬란하였다. 이를 옛날로 거슬러 올라가면 그 문명이 일찍이 유럽에 비해 부끄러울 것이 없었다. 설령 누추하다고 해도 그 누추

6   중국을 낮춰 부르는 용어이지만, 여기에서는 그대로 번역하였다.

함을 지키는 것으로 충분할 것이다. 어찌 다른 것에 눈을 돌리겠는가?

그런데 우리 나라의 경우, 이를 종래의 경험에 입각하고 국민의 성질에 비추어 보건대, 답습에 능하고 모방이 교묘하나 스스로 기초를 세우는 데에는 미숙하다. 이를 옛날의 문학文學[7]의 사례에 비추어 보면, 중고中古 시대에는 백씨白氏[8]를 존경하고, 라잔羅山,[9] 안사이闇齋[10] 등은 송유宋儒를 종조宗祖로 삼았으며, 나카에中江,[11] 구마자와熊澤[12] 등은 양명에서 연원을 찾았고, 겐엔蘐園[13]은 왕씨王氏와 이씨李氏[14]에 뿌리를 두었으며, 내려와서는 원袁, 종鍾[15] 등도 답습하기에 이르렀다. 지금껏 일찍이 한 사람도 새로운 기축을 세운 일이 없었다. 그러므로 우리의 새로움은 저들의 낡은 것

---

7   여기서는 학문과 문예를 가리킨다.

8   당나라 시인 백거이(白居易, 772-846)를 가리킨다.

9   하야시 라잔[林羅山, 1583-1657]. 에도 시대 초기의 주자학파 유학자. 도쿠가와 가문의 선생으로 발탁되어 유학을 교수하였고, 이후 주자학이 막부의 관학(官學)으로 자리매김하는 데 중요한 역할을 하였다.

10 야마자키 안사이[山崎闇齋, 1619-1682]. 에도 시대 전기의 유학자. 주자학의 일파인 기문학(崎門學)의 창시자이자, 신도(神道)의 교설인 스이카신도[垂加神道]의 창시자로서 알려져 있다.

11 나카에 도주[中江藤樹, 1608-1648]. 에도 시대 전기의 유학자로, 일본 양명학의 시조로 알려져 있다.

12 구마자와 반잔[熊澤蕃山, 1619-1691]. 나카에 도주의 제자로, 오카야마번[岡山藩]에 등용되어 실제 정치에 참여하면서 일본에서 양명학이 보급되는 데 큰 역할을 했다.

13 오규 소라이[荻生徂徠, 1666-1728]. 일본 에도 중기의 유학자·사상가·문헌학자. 주자학에 입각한 고전 해석을 거부하고 고대 중국의 고전을 독해하는 방법론으로서의 고문사학(古文辭學)을 확립했다.

14 왕세정(王世貞, 1526-1590)과 이반룡(李攀龍, 1514-1570). 명나라 사람으로, 시문의 복고를 주창하여 이들을 고문사파(古文辭派)라 일컫는다.

15 원굉도(袁宏道, 1568-1610)와 종성(鍾惺, 1574-1625). 명나라 말기의 시인으로 고문사파에 반대하는 시풍을 일으켜 일본에도 큰 영향을 주었다.

임은 말할 것도 없다. 무릇 이와 같은 인민과 이와 같은 나라에서 타인의 장점을 취해 나의 장점으로 삼는 데에 대체 무슨 거리낌이 있을 것인가. 하물며, 자기를 버리고 타인을 따르는 것은 대순大舜[16]의 미덕이요, 의義를 들고 즉시 따르는 것은 공자의 가르침(尼訓)의 대의이며, 일이 반드시 자기에게서 나와야만 마음에 흡족하게 여기는 것은 지혜로운 사람의 취할 바가 아니니, 이제 다시금 어찌 그 비루함을 지키려 하는가. 생각하건대, 우리 인민이 스스로 기초를 세울 수 없다고 하지만, 선한 것을 보면 따르고 장점을 취해 쓰는 것 또한 미덕이 아니겠는가?

하지만 함부로 이러한 설을 주장하면, 누군가는 또한 그렇지 않다고 할 것이다. 사람들은 틀림없이 말할 것이다. 저들의 장점을 취하여 저들의 문자를 사용하는 일은 원래 가능하다. 그러나 천하의 사람들로 하여금 갑작스럽게 이를 배우게 하기는 어렵다. 그대는 이를 어찌할 셈인가. 혹 어떤 이는 그들의 문자를 사용하는 것은 원래 가능한 일이니, 결국에는 영어나 프랑스어를 사용하도록 하는 것이 상책이며, 옛날에 러시아의 관청에서 모두 프랑스어를 사용하고, 지금은 곧 약간만 자국의 언어를 사용하는 것과 같은 사례를 보면 또한 불가능하지 않다고도 말할 것이다.

하지만 내가 생각하기로는 그렇지 않다. 대저 인민의 언어는 천성天性에 기초한다. 풍토, 한열, 인종의 근원이 조화를 이루면서 생겨난다. 절대 변하지 않는 것이다. 옛날의 우리 나라는 중국의 음에서 배웠다. 옛 관습에 오랫동안 따르면서 그 사실을 잊어버렸다. 이를 오음吳音이라 한다. 그리고 시간이 지나면서 다시 한음漢音을 익혔고, 그 관습이 오래되어

---

16   순(舜)임금의 경칭이다.

다시 그 사실을 잊어버렸다. 한음이라 하였기에 지금의 당음唐音과는 다른 것을 낳았고, 마침내 진짜가 아닌 두 가지 음이 전해져 제거할 수 없게 되었다. 동시에 옛 왕조와 관청도 역시 한어漢語를 사용했기 때문에 그 문화가 국한되어 온 나라로 퍼지지 못하였다. 그것이 결국 변해서 소로문候文[17]이 되어 일본어에서도, 奉る(たてまつる), 致す(いたす), 爲め(ため), 如し(ごとし) 등을 문자 위에 표기하는 것이다. 대개 이와 같은 일은 천성의 언어를 없애고 다른 언어를 쓰려는 폐해의 교훈으로 삼아야 할 사례일 것이다.

그렇다면 서양 글자인 로마자를 쓰자는 당신의 설은 무엇이냐고 묻는다면, 나의 주장은 로마자를 가지고 일본어를 쓰고 발음을 정하며 그것을 이용해서 읽는 것일 뿐이라고 대답할 것이다. 그렇다고 해서 그 일을 엄명을 내려 행하도록 하는 것이 아니며, 금지하고 벌을 주면서 배우도록 할 것도 아니다. 점차적으로 배우게 하고, 세월을 들여서 시행하여 과寡[18]에서 중衆[19]에 이르게 하고, 소에서 대에 이르게 한다. 같은 뜻을 가진 이들이 모임을 만들고, 같은 흥미를 가진 사람들이 의기투합하지 않으면 안 된다. 이것이 모임을 만들 필요가 있는 이유인데, 이 또한 여러 선생의 명망을 빌리지 않으면 성공할 수 없다.

또 이로움이 열 가지가 되지 않으면 일을 바꾸지 말고, 해악이 백 가지가 되지 않으면 법을 고치지 말라고 하였는데, 지금 로마자로 일본어를 쓰는 것의 이해득실이 과연 무엇이냐고 묻는다면, 나는 이 법을 행하면

---

[17] '候(そうろう)'라는 말을 붙여 사용하는 근세 일본어 문어문(文語文)의 일종이다(주로 편지에 쓰는 문어체).
[18] 사람의 수나 세력이 적은 것을 가리킨다.
[19] 사람의 수나 세력이 많은 것을 가리킨다.

우리 나라의 어학이 확립된다고 대답할 것이다. 그것이 첫 번째 이로움이다.

아이가 처음 학문을 배울 때, 먼저 국어를 익히고 일반 사물의 이름과 이치가 통하면, 그런 다음에야 각국의 말을 배울 수 있는데, 이때 같은 로마자라면 그것을 봐도 이미 이상하지 않을 것이다. 종류가 다른 언어, 발음이 다른 언어 등이 이미 국어에 있어서, 여기에 통하면 다른 언어는 다만 사물을 기억하는 것에만 힘이 들 뿐이다. 이렇게 하면 학문을 시작하기 쉬워지는 것이 명백하다. 이것이 두 번째 이로움이다.

말하는 법과 쓰는 법이 같다. 그러므로 쓸 수 있으면 이로써 말할 수 있다. 즉 렉처lecture, 토스트toast부터 회의의 스피치speech, 종교가의 설법까지 모두 쓰고 암송할 수 있으며, 읽고 쓸 수 있으니, 그것이 세 번째 이로움이다.

알파벳 26자를 알고, 적어도 철자법과 발음법을 배우면, 아녀자도 남자의 글을 읽고, 범인도 군자의 글을 읽으며, 또한 저절로 그 의견을 제시할 수 있게 된다. 그것이 네 번째 이로움이다.

지금은 서양의 계산법을 시행해서 종종 사람들이 이를 잘 쓰고 있다. 이와 함께 가로쓰기의 편리함을 알 수 있다. 그리하여 대장성, 육군 등은 이미 북키핑bookkeeping 법을 시행하면서 이와 함께 가로쓰기 글자를 사용하고 있다. 곧장 그 법을 취하기만 하면 된다. 그것이 다섯 번째 이로움이다.

최근 헵번[20]의 사전이나 프랑스인 로니[21]의 일본어 회화책이 있기는 하

---

20   제임스 커티스 헵번(James Curtis Hepburn, 1815-1911). 미국 장로파 교회의 의료 전도 선교사이자 의사. 성경의 일본어 번역 작업에 관여했고, 또한 최초의 일영사전인 『화영

지만, 곧장 지금의 일상을 기록하기에는 아직 부족함이 많다. 지금 이 법을 일단 세우면 이러한 것들 역시 일치시킬 수 있다. 그것이 여섯 번째 이로움이다.

이 법이 정말로 확립된다면 저술과 번역이 대단히 편리해진다. 그것이 일곱 번째 이로움이다.

이 법이 정말로 확립된다면, 인쇄의 편의가 모두 그 법을 따르게 되니 그 손쉽고 편리함이 이루 말할 수조차 없다. 유럽의 나라에서 인쇄 기술에 관해 발명한 것이 있으면 그대로 이용할 수 있다. 그 편리함이 여덟 번째 이로움이다.

번역 가운데 학술상의 말과 같은 것은 지금의 자음을 사용하는 것처럼 번역하지 않고도 이를 사용할 수 있다. 또 기계, 사물의 명칭 등에 이르러서는 억지로 번역어를 만들지 않고 원 글자 그대로 쓸 수 있다. 이것이 아홉 번째 이로움이다.

이 법이 정말로 확립되면, 대개 유럽의 모든 것이 우리 소유가 된다. 자국에서 쓰는 문자를 폐하고 타국의 장점을 취하는 일은 겨우 복식을 바꾸는 일 정도에 비할 수 없으니, 우리 나라 인민의 성질이 선함을 따라 흐르는 것처럼 아름다워져 세계에 자랑거리가 되고, 자못 저들의 간담을 서늘하게 만들기에 충분할 것이다. 이것이 열 번째 이로움이다.

이렇게 열 가지의 이로움이 있는데도, 또 무엇을 망설여 결행하지 못한다는 말인가.

어림집성(和英語林集成)』을 편찬했다.
21   레옹 드 로니(Léon Louis Lucien Prunol de Rosny, 1837-1914). 프랑스의 민속학자, 언어학자, 일본학자이다.

그렇다면 과연 해로움은 없겠냐고 묻는다면 나는 다음과 같이 답할 것이다.

첫 번째 해로움으로, 필묵가게가 없어질 것이다. 그런데 이른바 필묵가게는 삼도三都[22]를 비롯하여 그 밖에 아주 일부의 숫자만 있을 뿐이다. 또 이 법은 점차적으로 행할 것이니, 저들 또한 사업을 전환할 시간이 있어서 걱정할 만한 것이 아니다.

종이 제조 역시 개선하지 않으면 안 될 것이다. 이것이 두 번째 해로움이다. 그런데 최근 이미 서양 종이 제조소를 세울 준비를 하고 있다. 이러한 기세는 점차적으로 전국에 미칠 것이다. 그런데 우리 종이가 참으로 많으니, 맹장지[23] 창으로 바르는 데 써서 세계의 쓸모가 되도록 해야 할 것이다. 이것은 해로움을 이로움으로 바꾸는 일이 될 것이다.

다만 한학자류, 국학자류는 이 설을 전해 들으면 대단히 싫어하고 질투하는 자가 있다. 이것이 세 번째 해로움이다. 그런데 소위 국학의 입장에서 보자면, 이를 기반으로 국어의 학이 비로소 성립될 수 있다. 이는 기뻐할 일이지, 싫어할 일이 아니다. 하물며 우리 입장에서 한자와 서양 글자는 원래 다를 바가 없다. 그리고 로마자는 표음문자이고 한자는 표의문자이니, 우리와 상반되는 것도 아니다. 그러므로 저들도 그 이로움과 편리함을 알면 진실로 따르게 될 것이다. 한학과 같은 것은 우리 나라에서는 또한 서양의 라틴어와 같다. 아동은 처음에 국어를 배우고, 그 다음에 한어를 배우게 하니, 이는 중학 과정 이상의 과목이 된다. 그 경계는 자연스레 명확하다. 이른바 한학자류도 중학 이상의 교사로서, 역시

22   도쿄, 교토, 오사카이다.
23   빛을 막으려고 안과 밖에 두꺼운 종이를 겹 바른 장지. 원말은 맹장자(盲障子)이다.

유럽의 라틴어, 그리스어 선생과 같다. 이는 그 학문의 급에 따라서 올라가게 된다. 이 또한 걱정할 일이 아니다. 다만 견식이 좁고 완고한 학자, 수습手習 선생, 촌구석 관리들은 이를 들으면 그다지 기뻐하지 않을 것이다. 그렇다고 해서 명령해서는 안 된다. 이를 시행하는 데 있어 '점漸'이라는 한 글자를 가지고 저들로 하여금 곤란함에 빠지지 않게 함으로써 급작스러운 우환이 없음을 알게 해야 한다.

이로써 세 가지 해로움이 이미 더 이상 해로움이 아니며, 이른바 열 가지의 이로움은 진정한 이로움일진데, 어찌 열 가지 진정한 이로움으로 하나의 보잘것없는 해로움에 맞서게 한다는 말인가.

또 어떤 사람은 그 이로움과 해로움이 이미 명백하나, 다만 이를 시행할 때 어려움을 깊이 고려하지 않으면 안 된다고 말하기도 한다.

내가 답하자면, 시행하는 요점에는 세 가지 어려움이 있다.

첫 번째, 어학의 어려움. 지금 일본어를 확립하여 쓰는 것을 어느 누가 바라지 않겠는가. 그런데 국학자류는 헛되이 고문법을 사용할 줄만 알지, 그것이 실용에 적합한지는 알지 못한다. 실용에 적합한 것은 소로문인데, 그것은 말하는 바와 다르고, 최근에는 이 글과 같이 가타카나를 섞어 쓰는 문장이 제법 일정한 문체를 이루었다. 그러나 간혹 이 글처럼 한어법을 쓰기도 하고, 또한 어떤 때는 일본어법을 사용하기도 하여, 그 체제가 또한 일정하지 않다. 때문에 국학에 저항하는 자는 결국 지금의 속어俗語를 그대로 써서 소위 데니오와テニヲハ[24]의 법까지도 모두 없애려고 한다. 이 두 파의 다툼이 서로 멈추지 않는다면 무엇을 가지고 어법을 확립할 수 있겠는가. 이것이 큰 어려움이다. 그런데 이를 화해시키는 기

---

24   일본어의 조사로 접속사류의 총칭이다.

술이 없다고는 말할 수 없다.

그 기술이 무엇이냐고 묻는다면 나는 이렇게 대답할 것이다.

철자(스펠링)의 법과 발음(프로넌시에이션)의 법을 세움으로써 이를 화해
시킨다. 지금 영어를 사례로 들자면, 철자와 발음이 왕왕 다르게 나타나
는데, 생각해 보면 이 또한 우리 국어와 같이 어쩔 수 없는 현상이다. 따
라서 일본어의 아雅와 속俗이 서로 다른 것 또한 대체로 이와 같다. 이제
시험 삼아 아래에서 그 한두 가지 예를 들겠다.

「·」는 읽지 않는 글자의 표기. 「ヘ」는 운자韻字, 운韻이 변한 것. 위의 가나
는 철자.
아래의 가나는 읽는 법. 「＿＿＿」는 목적으로 내는 말.

く·し·き가 붙는 형용사, 형용사.

イカサマ	ヲモシロシ	コレ	ハ	ヨロシシ
ikasama	omosirosi	kore	wa	yorosisi
イカサマ	<u>ヲモシロイ</u>	コレ	ハ	<u>ヨロシイ</u>

ヲモシロキ	コト	ウツクシキ	ハナ
omosiroki	koto	utskusiki	hana
<u>ヲモシロイ</u>	コト	<u>ウツクシイ</u>	ハナ

アツク	ナル	サムク	ナル
atuku	naru	samuku	naru
<u>アツウ</u>	ナル	<u>サムウ</u>	ナル

마지막 두 열은 교토의 읽는 법이다. 에도의 읽는 법은 글자 그대로이다.

명사 그 밖의 단어를 형용어로 사용할 때.

キタイ ナル	ヒト	フシギ ナル	コト
kitai – naru	hito	husigi – naru	koto
<u>キタイナ</u>	ヒト	<u>フシギ</u> ナ	コト

여기에서 ナル는 ニアル의 축약으로, 부사와 동사가 중첩된 것이므로 일단 본래 그런 것으로 함.

대명사

カレ	イヅレ	イヅコ
kare	idure	idoko
<u>アレ</u>	<u>ドレ</u>	<u>ドコ</u>

접속조사

コレ	ニテ	ヨシ	ソレ	ニテモ	ヨシ
kore	nite	yosi	sore	nitemo	yosi
コレ	<u>デ</u>	ヨシ	ソレ	<u>デモ</u>	ヨシ

동사

イマ	キカム	ユワム	ユメ	ヲ	ミタリ	イマ
ima	kikamu	yuwamu	yume	vo	mitari	ima
イマ	<u>キカウ</u>	<u>ユワウ</u>	ユメ	ヲ	<u>ミタ</u>	イマ

イキツ	キルル	モユル
ikitu	kiruru	moyuru
<u>イッタ</u>	キレル	モエル

이런 종류는 대단히 많음.

1. 서양 글자로 국어를 표기하자   49

ナニ	ニテモ	カ	ニテモ	ベンキョウ	ヲ
nani	nitemo	ka	nitemo	benkiyau	vo
ナニ	デモ	カ	デモ	勉強	ヲ

セズ	バ	ナルマジ
sezu	ba	narumazi
セズ	バ	ナルマイ

위에서 보았듯이, 대체로 아와 속, 양측의 논쟁은 서로 타협을 도모하고 있다. 그러나 이러한 것들뿐만 아니라, '아루ㄷㄴ'를 '고자루ㄷㅅㅁ'라 말하기도 하고, '마스座ᄀᄆ>ㅈ', '모스申ㅈ' 등을 비롯한 기타 각종의 경어 등을 버리려 해도 버리지 못하며, 취하려 해도 취하지도 못하여 타협이 안 되는 경우가 많지만, 이것들은 아문雅文을 지지하는 사람들도 속어俗語를 주장하는 사람들도 서로 양보하여, 지나치게 고상한 어법은 평소에는 쓰지 않고, 또한 그 대신에 언어도 되도록 뜻을 풀이하여 즉시 문자로 쓰일 수 있을 정도로 말하는 것을 연구하면, 자연스레 습관도 천성이 되어 백 년도 지나기 전에 유럽의 찬란함에도 근접하게 될 것이다. 앞에서 일본 글자는 자모음의 구별이 없이 합쳐져 있어 불편하기에 서양 글자를 쓰자고 말했던 것은 이 때문이다.

또 두 번째 어려움은, 정치적인 어려움이다. 천자가 아니면 글에 대해서 생각하지 않는다고 하였다.[25] 지금 우리가 모두 어떤 글자를 좋아한다

---

25   천자만이 문자를 연구할 수 있다는 말이 『중용(中庸)』 제28장에 나온다. "천자가 아니면 예를 의논하지 않고, 법도를 제정하지 않으며, 문자를 고찰하지 않는다[非天子, 不議

고 해도, 정부의 허가를 받지 못하고 문부성이 이를 금지하면 모조리 헛된 일이 될 것이다. 그러나 바야흐로 유신의 시기를 맞이하여 공경公卿, 대신大臣들이 모두 변화를 중시하는 사람이기 때문에, 만일 이 일을 이치에 맞게 말하고, 또 도리를 가지고 청하여 그것이 국가에 이로움이 되고 해가 없는 일임을 알게 한다면 허가를 받을 수 있을 것이다. 그렇게 되면 두 번째 어려움 또한 제거될 것이다.

세 번째는 비용의 어려움이다. 그렇지만 이 일은 대단히 큰 비용을 필요로 하는 것이 아니다. 첫째로 모임의 비용. 이것은 자기 부담으로도 충분할 것이다. 둘째로 서기의 급료. 셋째는 인쇄의 밑천. 처음에 필요한 것은 단지 이뿐이다. 그러나 일이 점차 본궤도에 오르기 시작하면 사전, 문법책을 비롯한 그 밖의 여러 가지 문서를 인쇄하는 비용이 들게 된다. 이 비용을 충당하는 방법으로는, 모임에서 결의하고 시행하게 되면 지금 있는 사람들을 모임의 정회원으로 정하고, 모든 모임에 들어오는 자들은 입사 시에 3엔씩 갹출하고 이 돈을 모아 후일의 자금으로 쓰면, 열 명이면 30엔, 백 명이면 300엔, 차차 천 명에 이르면 3,000엔으로 비용을 점차로 충당할 수 있을 것이다. 그렇게 해서 정회원 외에 입사한 사람들에게 의결을 통해 문법의 규칙을 세우고 인쇄할 일이 있으면 2~3매씩의 인쇄물(摺物)을 배부하여 그 규칙을 따라 지키게 하매, 혹시 규칙이 분명하지 않은 부분이 있다면 질문을 허락하고, 새롭게 생각해 낸 것이 있다면 모임의 정회원에게 보여서 채용, 불채용의 논의에 부치는 등의 특권을 주어야 한다. 그렇게 하여 모임 안의 사람들은 주고받는 편지로부터 학, 술, 문장에 관해 글을 쓰는 일이 있다면 이 법칙을 따라 지키면서 익숙하

禮, 不制度, 不考文].”

게 하는 것을 요점으로 한다. 다만, 세간에 내는 저술서, 번역서 등은 예외로 한다.

이렇게 해서 모임의 범위를 점차로 넓힌다면, 3년 후에는 국내에서 2만~3만의 회원을 얻을 수 있을 것이다. 그렇게 되면 3만 명으로 보아 9만 엔의 자금이 생길 것이다. 이런 때가 오면 인쇄든, 저술이든, 번역이든, 사내 신문이든, 무슨 일이라도 이루지 못할 것이 없다.

그런데 다만 모임을 결성하는 데 가장 중요한 요결은, 우선 모임의 정회원을 뽑는 법을 정하고, 힘껏 여기에 종사하면서 억지로 남에게 권유하지 않고, 억지로 사람을 부르지도 않으며, 특히 백면서생 등을 꺼려서 아주 빈틈없을 정도로 엄격히 하는 것이 필요하다. 대개 사람의 본성에는 큐리아서티curiosity(호기심)가 없을 수 없다. 그러므로 그 본성을 불러일으키는 방법은 숨기면 점점 더 왕성해진다. 이와 같이 하면 모임은 더욱 견고해지고 뜻이 있는 사람들이 모여들 것이다.

그리고 또 다른 이익이 한 가지 있다. 만약 정말로 이 모임이 세워진다면, 입회하는 사람은 한학자류이든 국학자류이든, 혹은 범인일지라도 모두 뜻이 있는 사람으로, 서양식을 지향하는 부류일 것이다. 그렇다면 이른바 영웅의 마음을 사로잡는다는 말처럼 천하의 인재를 한 모임 안에 망라하게 되므로, 방법만 적절하다면 사이언스science든, 아트arts든, 리터러처literature(문학)든, 모럴morals(도덕)이든, 대략 일치하지 않을 것이 없으니, 저 어리석고 완고한 이들을 여기에서 비로소 남김없이 섬멸하고 우리 문명의 개선가를 부르게 될 것이다. 대략적으로 시간을 계산해 보면, 1년 정도에 대강의 법칙을 정해야 하고, 2년 안에는 도시로 전파할 수 있어야 하며, 3년 정도에는 일정한 성과를 내고, 7년이 되면 천하에 널리 전하여 10년이 되면 아녀자와 아이들도 이를 외우고 소학생이 이를 입문의 학으로 삼도록 해야 한다.

그렇게 되면 이른바 세 가지 어려움은 바야흐로 제거되고, 한 가지 어려움이 비로소 나타날 것이다. 그 한 가지 어려움이란 무엇인가 하면, 모임 안에서 이 사업에 종사하는 자는 자기 사적인 이로움과 조금의 손익도 관계되지 않으므로, 생각하건대, 손해만 있고 이익이 없다고 생각할 것이다. 그 뜻은 오로지 천하의 민생을 위해, 이른바 천하의 근심거리를 가장 먼저 걱정하고 천하의 즐거움을 가장 뒤늦게 즐거워하는 것으로,[26] 그 시작은 물론, 처음, 중간, 나중 모두 기뻐할 수도 없고, 싫증 날 만한 일들도 생길 것임에 틀림없다. 이러한 어려움을 제거하려면 다만 여러 선생의 분발, 부담, 공부, 인내, 이 네 가지 위에 머물러야 하고, 만일 이 네 가지 중에서 하나라도 모자르다면 결코 이루어질 수 없음은 말할 필요도 없다. 내가 이상하게 여기고 우려하는 바는, 이러한 일은 너무 성급하게 보면 경솔하게 시세를 쫓아서 천하를 이끌고 서양화의 길로 향하게 하는 사람처럼 보이고, 또한 너무 소극적으로 보자면 세상 물정에 어둡고 때를 알지 못하며 세태에 가깝지 않은 것처럼도 보인다는 것이다. 그러므로 또한 이 일을 분발하여 융성시키려는 것은, 국경 최전선에서 나라를 지키는 어려움이나 임금 앞에 나아가 시비를 가려야 하는 곤란함보다 못하지 않을 것이다.

내가 예전부터 생각하건대, 유럽 인종은 오늘날 세계의 으뜸이다. 그리하여 이것을 성리性理상에서 논해 보자면, 저 인종은 사물을 한층 더 세

---

26 북송의 정치가 범중엄(范仲淹, 989-1052)의 『악양루기(岳陽樓記)』에 나오는 "천하 사람들이 근심하기에 앞서 근심하고, 천하 사람들이 즐거워한 후에 즐거워진다[先天下之憂而憂, 後天下之樂而樂]"에 의거한 말이다.

밀하게 보고 그 미세한 부분을 축적하여 오늘날의 거대함을 이루었다. 우주의 광대함을 관찰하는 일도 사과 하나가 땅에 떨어짐에서 시작한다. 백만의 군중을 좌우하는 것도 병사 한 명을 연습시키는 데서 시작한다. 기선이 세계를 누비며 다니는 것도 증기 팽창의 힘에 다름 아니다. 전기가 온 대륙을 종횡무진하는 것도 극히 작은 종이 연 1장에서 시작된 데 지나지 않는 것도 마찬가지다.[27] 그러므로 문예, 학술이 세계에서 으뜸가는 것도, 알파벳 26자의 전후가 이어지는 것에 지나지 않는다. 그러니 지금 만일 여러 선생께서 나의 논의에 동의한다면, 우선 A라는 글자서부터 시작해야 할 것이다. 내가 전부터 이 일에 관해 순서를 생각해 둔 것이 다음과 같다.

1. 알파벳과 우리 나라의 음을 서로 배당하여 정한다.
2. 우리 음에는 사성四聲의 구별이 있으니,[28] 그 법을 정한다.
3. 어語의 성질을 몇 가지로 정한다.
4. 어語에 선천적인 것과 후천적인 것의 구별이 있으니, 이를 정한다.
5. 철자법을 정한다.
6. 발음법(呼法)을 정한다.
7. 활용법을 정한다.
8. 동사의 활용과 시제時制를 정한다.

---

27   벤저민 프랭클린(Benjamin Franklin, 1706-1790)은 1752년 연(鳶)을 이용한 실험을 통하여 번개와 전기의 방전은 동일한 것이라는 가설을 증명하고, 전기유기체설(電氣有機體說, electric fluid theory)을 제창하였다.
28   성조 구별은 한자의 특징이지만, 여기서는 그것을 일본에서 쓰는 한자 발음에 적용시킨 듯하다.

9. 한자의 음²⁹을 사용하는 법을 정한다.

10. 서양어를 사용하는 법을 정한다.

이 외에도 어격語格과 같은 것은 후일에 또한 논의해야 할 것이다. 지금까지 어리석은 견해를 밝혔으니, 이제 여러 선생의 가부를 청해 보고자 한다. 감히 채용되기를 바라는 것은 아닐지라도, 여러 선생께서 한번 살펴봐 주신다면 대단히 다행이라고 여길 것이다.

---

29   오음(吳音), 한음(漢音), 당음(唐音), 관용음(慣用音) 등의 음독법을 말하는 듯하다.

✿

2. 개화의 정도에 따라 문자를 개량해야 한다

니시무라 시게키西村茂樹

　　니시 선생[1]의 문자개량론을 여러 번 숙독했는데, 그 논설이 통쾌하고 치밀하여 전혀 유감이 없다. 과연 말씀과 같이 된다면 실로 학문의 큰 진보로, 우리 학문하는 자들이 가장 유쾌히 여기게 될 것이다. 다만 지금은 인민이 우매하여 학문이 어떤 것인지 잘 알지 못한다. 옛 문자를 배우게 하는 일조차 숱하게 타이르지 않고서는 불가능하다. 하물며 지금까지 가나假名[2]로 하던 48자를 버리고, 언뜻 보기에는 지렁이가 기어가듯 구불구불한 외국 문자를 익히도록 하는 것은 어려운 일 중에서도 가장 어려운 일이라고 말할 수 있다. 니시 선생은 문자를 고쳐 인민의 어리석음을 깨우치자고 하지만, 내가 보기에는 먼저 인민이 어리석음을 깨우치지 않고서는 문자를 개량할 수 없다고 생각한다.

1　　니시 아마네[西周]를 가리킨다.
2　　이·로·하(い·ろ·は) 47문자에 「ん」 또는 「京」를 더한 것이다.

대개 식견을 지닌 이가 일을 깊이 생각할 때에는, 반드시 그 이해득실을 따진다. 서양의 문자를 사용하는 이로움은 니시 선생의 논의에서 이미 자세하게 밝히고 있으므로 새삼 말을 덧붙일 필요가 없을 것이다. 다만 그 해로움은 아직 다 밝히지 않은 듯하니 내가 여기에서 보충하고자 한다.

일반적으로 사람들은 간이명백簡易明白함을 좋아하고, 번용혼잡繁冗混雜함을 싫어하게 마련이다. 지금은 야마山나 가와川라고 쓰는데, 그 획수가 간이하고 뜻은 명백하다. yama, kafa라고 쓴다면 그 획수가 조금 번용하고 모양도 약간 명료하지 못하다. 또 가와川, 가와革, 가와側라고 쓸 때는 글자의 모양을 보면 단번에 그 뜻을 알 수 있지만, kafa, kafa, kafa라고 쓰면 세 단어 각각의 다른 뜻을 구별하기가 대단히 어렵다. 이것이 첫 번째 불리함이다.

옛날에 우리 나라에서 종래의 기존 글자를 없애고 지나의 문자를 사용한 것은, 그 당시가 아직 학문이 발달하지 못했던 시대였으므로 쉽게 성공을 거둘 수 있었다. 우리 나라의 기존 글자가 어떤 것이었는지 이제는 알 수 없게 되었지만, 아마도 변변치 못한 것이어서 문명이 발달한 지나의 문자에 비한다면 그 편리함과 불편함에서 반드시 하늘과 땅만큼의 차이가 있었을 것이다. 그렇기 때문에 당시의 식견 있는 자들이 빨리 이것을 버리고 저것을 취하면서 전국의 인민들도 또한 쉽게 그 구습을 바꿀 수 있었다. 오늘날의 경우는 이와 달라서, 우리 나라가 지나의 언어와 문자를 받아들이고 정리하여 사용한 지 천여 년이 지났고, 지금 개화의 정도에서는 그 문자 용법의 편안함이 극에 달하였다. 그런데 한자와 가나를 모두 버리고 오로지 서양 글자만을 사용하려는 것은 과거에 기존의 글자를 없앤 것과는 비교할 수 없을 만큼 어려운 일이다. 이것이 두 번째 불리함이다.

지금은 위로는 조정의 법령에서 아래로는 민간의 서한에 이르기까지 화한和漢의 문자를 사용하지 않는 것이 없다. 그 밖에도 도리를 논하고, 인민을 가르치며, 사적을 기록하고, 예술을 논하는 등 문필 활동 대부분이 모두 그렇다. 만약 단연코 화한의 문자를 폐지하고 서양의 글자만을 사용하게 된다면, 학문이 얕은 사람들의 경우에는 지금보다 이전의 도서들은 전혀 읽을 수 없게 되어 2천 년간 화한으로 작성된 결과물들이 마치 암흑과도 같이 애매해진다. 그렇게 되면 이후에 서양 글자를 가지고 화한의 결과물을 기록하는 학자도 나오겠지만, 요컨대 이중의 수고로움을 피할 수 없을 것이다. 이것이 세 번째 불리함이다.

이런 세 가지 불리함을 무릅쓰고 종래에 없던 진기한 법을 행하고자 하니, 그 어려움은 삼척동자라도 알 수 있을 것이다.

그렇다면, 문자 개량은 끝끝내 불가능한 것인가?

말하자면, 그렇지 않을 것이다. 앞에서 말한 이른바 세 가지 불리함은, 지금 우리 나라의 인민이기에 해당하는 것이다. 문명개화한 인민의 경우는 앞의 세 가지 불리함 중 단 한 가지도 해당되지 않는다. 그렇다면 지금 우리 나라에서 문자를 개량하려고 할 때, 그 일에 착수하는 순서는 어떠해야 할까.

이른바 현재의 급무는 국학, 한학, 양학의 차별 없이 다만 한 사람이라도 많은 국민이 학문에 뜻을 두게 하는 것이다. 학문에 뜻을 둔 사람이라면 우리 나라의 문자와 언어에 불편함이 많다는 사실을 알게 될 것이다. 이미 알고 있다면 반드시 이것을 고치려는 생각을 할 것이다. 이런 상태에서 화한의 문자를 폐지하고 서양 글자를 쓰자는 말을 한다면, 순조롭게 그 뜻을 이룰 수 있을 것이다. 이것이 내가 인민의 어리석음을 깨우치지 않으면 문자를 개량하는 것이 불가능하다고 말하는 이유이다. 이미 문자를 개량시키는 정도에 이른다면, 그로부터 학문(文學)[3]을 진보시키는 것은 니시 선생께서 논의하신 바처럼 될 것이다.

○ 회사 규칙에 대한 니시 선생의 논의는 매우 지당하다. 이에 관해서는 모리森 선생의 초안이 있다고 들었다. 원컨대 두 선생의 의견을 기초로 여러 선생의 논의를 통해 절충 증보하면 완성될 것이라 생각한다. 대개 무언가를 할 때, 처음부터 엄하게 규칙을 세우면 그 규칙에 얽매여서 여러 일을 자유롭게 할 수 없다. 그렇다고 또 전혀 규칙을 세우지 않으면 여러 번 모이더라도 일진일퇴하며 늘 같은 것만 이야기하여 모임의 진보가 매우 늦어진다. 부디 여러 선생의 고견으로 다음의 사항을 논의하여 정해 주시기 바란다.

1. 회사의 이름
2. 모임의 정원
3. 신규 회원 선발 방법
4. 가입 회비의 정도
5. 모임 대표 선출법
6. 모임 시간, 논의 규칙
7. 서기 및 회계 담당자 선발 방법
8. 일지日誌 출판 방법

○ 우리 나라에서 학술, 문예 모임을 결성하는 것은 오늘을 그 시작으

---

3   넓은 의미의 학문을 의미하므로 학문으로 번역하였다.

로 한다. 그리고 모임을 함께하는 현자 여러분들은 모두 천하의 명사들이다. 모두 탁월하고 훌륭한 논의, 오랫동안 회자될 만한 이야기가 반드시 이 모임에서 나올 것이라고들 말한다. 부디 여러 선생의 탁식과 고견으로 몽매함의 잠을 깨우고 천하의 모범을 세워서 식자의 바람이 헛되지 않게 되기를 기원한다.

알림

하나. 가격은 매호 동일하지 않고 매호마다 결정하지만, 선금으로 발행호부터 우선 20호까지는 10%, 50호까지는 15%, 100호까지는 20% 할인하며, 부족분은 추후에 계산해서 알려 드리겠습니다.

하나. 도쿄부 거주자는 신청서에 주소와 이름을 적어서 제출하면 매호마다 배달하고, 이 외 지역은 도쿄부 거주자를 수령인으로 정하여 선금과 우편료를 지불하지 않으면 받아 볼 수 없습니다.

1873년 3월   도쿄 야겐보리초藥研堀町

발매소 호치샤報知社

도쿄 니혼바시구기다나日本橋釘店

대리점 이즈미야장조和泉屋壯造

메이로쿠잡지
제2호

—

후쿠자와 선생의 '학자직분론'은 게이오기주쿠慶應義塾[1]에서 출판한『학문의 권장学問の勧め』[2] 제4편에 나온다. 이것은 선생이 이 모임을 위해서 저술한 것으로, 원래 이 잡지에 실어야 하지만, 이미 출판되었으므로 여기에는 싣지 않는다. 독자들께서는 본론과 함께 읽어 보시기 바란다.

---

1   현재 일본의 게이오기주쿠대학[慶應義塾大學]이다.
2   후쿠자와 유키치가 저술한 계몽서. 1872년 초판이 발행된 이래 대단한 인기를 얻으면서 1876년 제17판까지 시리즈로 간행되었다. 당시 일본 최고의 베스트셀러로 계몽사상의 보급에 큰 역할을 담당했다.

✿
1. 후쿠자와 선생의 논의에 답하다

가토 히로유키加藤弘之

선생에 따르면, 내양內養[1](선생이 논한 바, 즉 정부 관리의 다스림)과 외자外剌[2](즉 인민이 정부를 자극하는 것)가 서로 균형을 이루지 않을 수 없다 하더라도 특히 외자를 중요하다고 여기는 것처럼 보인다. 그 때문에 말씀 가운데 "지금의 양학자들은 글을 읽고 그 뜻을 이해하지 못하는 것인지, 아니면 뜻을 이해한다고 해도 실제에 적용할 의사가 없는 것인지, 오직 정부가 있음을 알고 개인이 있음을 모른다, 정부가 없다면 아무것도 할 수 없다고 생각한다"는 등, 양학자들이 관리가 돼서는 절대 안 된다고 말한다. 어리석은 견해로는 내양과 외자 모두 대단히 중요하지만, 요즈음과 같은 때에는 내양이 더욱 중요하다고 생각한다. 따라서 양학자가 마땅히 그

---

1   후쿠자와 유키치가 『학문의 권장』에서 "정부는 마치 생명력과 같다"라고 한 표현에 대한 가토의 해석이다.
2   후쿠자와의 '인민은 마치 외부의 자극과 같다'라는 표현에 대한 가토의 해석이다.

뜻하는 바에 따라 관리가 되는 일도 반드시 불가하지는 않을 것이다.

선생의 논의는 리버럴リベラル, liberal에 해당한다. 리버럴은 결코 불가한 것은 아니다. 유럽 각국이 요사이 세상에서 진보를 보완한 것은 무엇보다도 리버럴의 공이다. 하지만 리버럴의 입장이 지나치면 마침내 국권國權은 쇠약해질 것이고, 국권이 쇠약해지면 국가 또한 결코 바로 설 수 없다. 프란츠Constantin Frantz(1817-1891)[3]라는 사람의 『피지올로지 폰 스타트』(도서명, 국가의 궁리窮理라는 뜻)[4]에서 "리버럴당과 코뮤니스트コムムニスト, communist당의 논의는 서로 완전히 다르지만, 양쪽 모두 오류가 있다. 리버럴당은 가능한 한 국권을 축소시키고 민권을 확장시키길 바란다. 따라서 교육이나 전신이나 우편 등과 같이 공중公衆과 관련된 것도 모두 인민에게 위탁하고, 결코 정부가 관여할 수 없도록 하는 것이 가장 좋다고 주장한다. 그러나 코뮤니스트당은 가능한 한 국권을 확장하고 될 수 있는 한 민권을 축소시켜 농공상의 제반 사업도 모두 국가가 담당하는 것이 좋다고 한다. 이렇게 말하는 것은 무릇 두 당이 각각 국권과 민권이 서로 나뉘는 이유를 모르기 때문이다"라고 말한다. 내양을 가볍게 보고 외자를 지나치게 중시하다 보면 결국 리버럴당의 주장으로 귀착될 우려가 있다.

그러므로 국무國務와 민사民事가 모두 중요하다면, 양학자는 그 재능과

---

3   독일의 철학자, 국가학자. 생물학적 국가유기체설을 주장했다.

4   정식 서명은 *Vorschule zur Physiologie der Staaten*, Berlin, 1857. 가토는 여기에서 Physioligie von Staat라고 약칭하여 '국가의 궁리'라고 번역하고 있지만, 이후 이 책은 1882년 문부성에서 "국가생리학(國家生理學)"이라는 제목으로 번역 출간되었다. 책의 번역자는 특정되어 있지 않으며, 당시 문부소보(文部小輔)였던 구키 류이치[九鬼隆一, 1852-1931]가 서문을 붙였다.

학문에 따라 관무官務에 종사할 수도 있고 사업私業에 종사할 수도 있으므로 어느 한쪽에 치우쳐서는 안 된다고 생각한다.

✿
2. 학자직분론에 대하여

모리 아리노리森有礼

　　민권을 확립하자는 후쿠자와 선생의 글은 그 뜻이 분명하고 논리가
정교하여 독자에게 감명을 주기에 충분하다. 그렇지만 그 주장하는 바에
온당치 않다고 여겨지는 부분이 있다.

　　○ 첫째, "한 국가의 모든 것이 잘 운영되려면 인민과 정부가 양립해
야만 비로소 성공할 수 있다"라는 부분이다. 이것은 도대체 무슨 말인가.
인민의 공무도 국가가 요구하는바, 문무의 구별이 있을 수 없다. 각각 그
힘을 다해 종사해야 함에 무슨 논의가 필요할까. 무엇을 인민이라 할 것
인가. 그 의무를 행할 권리와 그 책임을 담당해야 한다는 뜻을 지니는 존
재를 가리킨다. 그러므로 관리도 인민이고, 귀족도 인민이며, 평민도 인
민이다. 일본 국적에 속한 자는 한 사람도 일본 인민이 아닌 자가 없으
며, 그 책임을 담당해야만 한다. 그리하여 정부는 모든 인민의 정부로서
인민을 위해 설립되고, 인민에 의해 성립하는 것이다.

　　그러므로 나는 정부와 인민이 양립해야 한다는 논리를 알지 못하고,

그런 상황 또한 본 일이 없다. 유럽의 여러 나라 가운데 전제군주정(王威無限)의 경우는 정권을 잡은 일가一家가 정부의 명령을 임의로 시행하니, 인민들이 이를 좋아하지 않아 그 사이에서 불화가 생기고 소란이 일어나, 마침내 그 위력이 한계에 이르러 정권을 다수에게 나누어 소위 입헌군주정(定律王政) 혹은 공화정(共和民政)으로 바뀐 나라가 많이 있지만, 아직 정부와 인민 사이에 내외의 대립, 자극과 조화의 사례나 주장이 있음을 들어본 바가 없다.

○ 둘째, "세상의 문명을 발전시키려면 오직 정부의 힘에만 의지해서는 안 된다"라는 부분이다. 세상의 문명을 발전시키는 것은 정부의 본래의무라 하기 어렵다. 무릇 그 책임은 이를 알고 주장하는 사람에게 있다. 이를 주장하는 사람은 각자가 그 지위에 따라 세상일을 실행해야 하므로 각자 자기 뜻에 걸맞은 곳으로 나아가 인민의 의무를 다하고 세상의 공리公利를 발전시켜야 한다. 그리하면 관직으로 나아가든 사적으로 행하든 별로 차이가 없다.

후쿠자와 선생이 사적으로 일을 도모하여 천하 인민에게 그 방향을 제시하려는 생각은 선생의 뜻이니 가상하고, 또한 이를 기꺼워하는 사람들은 받아들일 만한 것이다. 그러나 사적으로 실행하는 것과 관직에서 일하는 것을 비교해서 세상의 이해를 논하는 것은 분명 여전히 그 편벽偏僻함을 면할 수 없을 것이다. 만약 관직에서 일하는 것의 공익公益이 사적으로 행하는 세상의 이로움(世利)에 미치지 못한다면, 학자는 모두 관직을 떠나고 학자 아닌 자들에게만 정부의 일을 맡겨야 비로소 세상의 이로움이 흥한다는 말이 된다. 물론 선생의 고견이 꼭 그러한 뜻만은 아니고, 무릇 나라를 걱정하는 마음에서 나온 것이리라. 부록¹ 같은 부분만 없앤다면 한층 그 아름다운 뜻이 살아나지 않을까 생각한다.

1   후쿠자와의 『학문의 권장』 학자직분론 뒤편에 부록으로 실린 글을 가리킨다. 후쿠자와는 여기에서 자신의 학자직분론을 둘러싼 네 가지 문제 제기에 대해 강한 어조로 반박하고 있다. 특히 네 번째 질문으로 "사업에 종사하려는 자가 관직을 버린다면 달리 생계를 꾸려 나갈 길이 없다"라는 문제 제기에 대해 "재주가 없고 무능하며 요행으로 관직에 들어서 함부로 급료를 낭비하고 사치를 부리면서 소일거리 삼아 천하의 일을 입에 올리는 자는 우리의 벗이 아니다"라는 문장으로 글을 끝맺는데, 사실 후쿠자와를 제외한 대부분이 관직에 종사하고 있던 메이로쿠샤 구성원들의 입장에서 보면 충분히 불쾌하게 여길 만한 글이었을 것이다. 모리의 본문에서 마지막 문장은 이에 대한 항의성 권고의 의미를 담고 있는 것이었으리라 생각된다.

✿
3. 학자직분론에 대한 평

쓰다 마미치津田眞道

　국가를 인체에 비유할 수 있다. 하지만 정부는 생명력(生力)과 같고 인민은 외부의 자극과 같다고 함은 비유가 잘못된 듯하다. 원래 인민을 몸 바깥의 자극으로 비유하는 것은 국가 외부의 존재로 비유하는 것이다. 그러나 인민은 국내의 인민으로, 국내의 존재이다. 모름지기 외부의 자극은 외국과의 교제로 비유해야 한다. 정부는 마치 정신과 같고 인민은 마치 몸과 같다고 생각한다. 정신과 몸이 서로 결합하여 인체를 구성하고, 정부와 인민이 서로 결합하여 국가를 이룬다. 몸은 있어도 정신이 없다면 죽은 자이다. 정신만 있고 몸이 없으면 사람이 아니다. 또 인민이 있을지라도 정부가 없다면 국가가 될 수 없다. 다만 정부만 있고 인민이 없으면 더더군다나 국가가 될 수 없다. 그렇게 하면 몸은 그저 정신이 명하는 대로 따라야 한다고 생각하겠지만, 사실 그렇지 않다. 몸에는 그 자체의 자연법칙이 있다. 이 법칙을 벗어나서 지나치게 강제로 몸을 사역한다면 정신도 따라서 피로해져서 인체는 쇠약해지고 결국 죽음에 이를 것이다. 만약 저 자연법칙에 따라 몸을 사역하면 신체는 점점 건강해질 것이다.

그런데 지금 우리 나라의 상황은 어떠한가. 인민 가운데 스스로 무언가 하려는 기개가 있는 자는 매우 부족하고, 아니 부족할 뿐만 아니라 거의 전무한 상태라 할 수 있다. 심히 우려할 만하다. 이는 예로부터 내려오는 전제군주(無限君主)의 전통으로 인해 정부의 명령이면 설령 무리한 것이라 해도 따를 수밖에 없었기 때문이다. 사람들은 모두 우는 아이와 마름에게는 못 당한다고 생각했다.[1] 이런 양상이 아주 극심하여 탄식을 금할 길이 없다. 국력이 융성할 수 없는 원인이 모두 여기에 있다. 그러므로 있는 힘껏 인민 자유 자주의 설을 주장하여, 가령 정부의 명령일지라도 무리한 것이라면 거부할 권리가 있음을 알게 하고, 우리 인민으로 하여금 자주 자유의 기상을 기르게 하는 것은 우리가 실로 바라는 바이다. 이 일은 관에 있든 그렇지 않든 상관없이 각각의 지위에 따라서 그 사람의 상황에 맞게 진력함이 마땅할 것이다. 그러므로 우리 모두 관직을 버리고 민간(私)으로 뛰어들지 않으면 안 된다고 말하는 것은 지나치게 극단적이라 할 것이다.

---

1   "도리를 모르는 사람이나 권력자에게는 이치가 통하지 않는다"는 일본 속담 "우는 아이와 마름에게는 당할 재간이 없다(泣く子と地頭には勝てぬ)"에 해당한다. 지토[地頭]는 헤이안[平安] 가마쿠라[鎌倉] 시대에 장원을 관리하고 세금을 징수했던 관직명이다.

4. 비학자직분론非學者職分論

니시 아마네

　본론의 입장은 명쾌하나 지적할 결점이 몇 가지 있다. 이제 그 내용을 상세히 밝히고자 한다.

　첫째, 후쿠자와 선생의 주장은 우리 나라의 독립이 의심할 만하고 걱정할 만한 것이라는 전제하에, 결국 학자가 민간에서 독립을 유지해야 한다는 것이다. 이른바 의심할 만하고 걱정할 만하다는 생각은 실증을 거치지 않은 주장으로, 다음 단락에서 논하고 있는 기풍氣風[1]과 같은 것이다. 따라서 하나도 사실에 근거한 것이 없다. 그러므로 독립이 의심스럽다고 말하는 것은 그 근거가 불명확한 주장으로, 이렇게 불명확한 주장을 가지고 모든 학자가 민간에서 일을 도모하기 위해 관직을 그만두길 바라는 것은 증기를 고체로 바꾸려는 것과 같은 일이다. 일리가 없지는

1　후쿠자와가 말하는 'spirit'을 의미한다.

않지만 논리학²에서 보자면 궤변에 속할 만하지 않은가.

둘째, 정부는 여전히 전제적 정부, 인민은 여전히 무기력한 우민이라 말하고 있다. 이 말은 실로 현 상황의 핵심을 찌르는 말이다. 그러나 유감스럽게도 이것이 단기간에 이루어진 결과가 아니라면, 이것을 고치려 해도 필시 하루아침에 이루어질 수는 없을 것이다. 생각해 보면 우리 나라는 제정일치(神敎)의 정부로 시작해서 진시황의 제도³에 도움을 받고, 무사 통치(武治)⁴로 이어지길 2,500년, 억압과 비굴을 밥 먹듯이 해 왔다. 유신 이후 서양의 제도를 많이 참고했다고는 하지만 이제 그래 봐야 내년에 7년밖에 안 되고, 하물며 그 유신의 처음도 존왕양이로 시작했으니, 억압과 비굴이 다반사가 아니었는가. 지금 갑작스럽게 날로 채찍을 가해서 훌륭해지려고 해도, 그것은 마치 우물가에서 숭늉을 구하는 격이니, 매우 경솔한 생각이 아니겠는가. 게다가 이것은 특히 우리 나라만이 아니라 히말라야산맥과 파미르고원의 동북쪽에도 해당되는데, 예나 지금이나 아직 이 풍습을 버린 정부와 인민이 있음을 본 적이 없다.

셋째, 학술·상업·법률이 외국에 미치지 못하며, 이 세 가지를 갖추지 않으면 나라의 독립을 얻을 수 없음은 유식자가 아니라도 분명히 알 수 있는 일이라고 말하고 있다. 이것은 참으로 그러하다. 그렇지만 그 이유를 고찰하지 않고서 함부로 이를 분통해하는 것도 소용없는 일이다. 소

---

2   본문은 치지학(致知學). 니시는 1874년(메이지 7) 논리학(logic)에 대한 해설서를 『치지계
      몽(致知啓蒙)』이라는 제목으로 출판했는데, 이것이 일본에서 최초로 서양의 형식논리
      학을 소개한 저술이다. 당시 이 책을 두고 『유빙호치신문』에 "우리 나라에 이전에 없
      었던 진기한 책[本邦未曾有の珍書]"이라는 광고가 실리기도 했다(「郵便報知新聞」明治 7年 12月
      23日).
3   진시황제가 채택한 법치주의에 의한 중앙집권제를 말한다.
4   가마쿠라 시대 이래의 무사 정권을 의미한다.

위 학술이라는 것도 7~8년 전까지 사서오경의 범주를 벗어나지 않았다. 그리고 그 사자육경四子六經[5]조차도 그저 유희의 도구에 불과해서, 이를 낮게 보자면 다도茶道나 꽃꽂이에 비견하고, 높게 봐도 창검술과 서로 백중지세를 이룰 뿐이다. 그런데 지금 갑작스레 서양의 학술과 어깨를 겨루려고 한들 어렵지 않겠는가. 내가 보기에 소위 서양 학술의 경우, 세상의 대가라 칭하는 자도 아직 그 깊은 뜻을 끝까지 탐구했다고 할 수 없다. 그러므로 지금 그것을 도모하는 일은 입문하는 정도로도 충분할 것이다. 소위 어느 정도 갖춰지려면 일단 후대를 기약해야만 한다. 상업과 법률도 이와 같다. 더군다나 법률과 같은 것은 당唐과 명明의 오래된 법령을 참조하여 겨우 서양의 뜻을 가져올 뿐이니, 재판관이든 변호사이든, 구지카타토메야쿠公事方留役[6]와 구지야도公事宿[7]의 구태를 벗어나려면 훗날을 기약해야 할 것이다. 어찌 이것을 지금 서양과 비교해서 그 갖춰지고 갖춰지지 못하고를 따질 수 있겠는가.

넷째, 청년 서생들이 불과 몇 권의 책만 읽으면 곧 관직으로 나아가기를 바라는 것이 명망을 얻은 선비 군자들의 모양을 흉내 내는 꼴이라고 말하고 있다. 이 말이 나온 원인을 미루어 생각해 보면, 꼭 그렇지만은 않은 듯하다. 그 원인을 따져 보면, 공부할 학비가 전혀 없고 생활에 쫓기거나, 위에서 서양 책을 공부한 사람을 원하는 등의 이유 때문에 일어나는 일이다. 거기에 좀 더 생각해 보면, 옛 막부 시대에는 독서인을 가리켜 광인이나 정신병자로 간주했다. 독서인 또한 스스로 안주하며 관

---

5   사자는 『대학(大學)』, 『중용(中庸)』, 『논어(論語)』, 『맹자(孟子)』를 가리킨다. 육경은 『역경(易經)』, 『시경(詩經)』, 『서경(書經)』, 『춘추(春秋)』, 『예기(禮記)』, 『악경(樂經)』을 가리킨다.
6   에도 시대에 소송을 담당하던 관직이다.
7   에도 시대에 소송인의 주선을 겸한 숙박소이다.

직에 나아가지 않고 정사와 관련된 일은 말하기를 꺼렸다. 겨우 도필리
刀筆吏[8] 정도가 관직에 나아갔다. 지금은 서생들이 등용된다. 이것이 잘못
된 풍습이라 해도, 이전과 비교하면 세상이 조금은 진보한 것이 아니겠
는가.

다섯째, 신문을 출판하고 정부에 의견을 제출하는 자는 대개 모두 세
상의 양학자류들이라고 하였다. 이것 또한 그렇지 않은 듯 보인다. 아첨
하는 말들을 늘어놓으며 비굴한 모습을 보이는 자들은 대개 국학자나 신
도가 중에서 나온다. 이것을 가지고 양학자들에게 그 탓을 돌리는 것은
무척이나 큰 누명을 씌우는 일이라고 생각된다.

여섯째, 정부는 인체의 생명력과 같고, 인민은 외부의 자극과 같다고
한 것. 이 생명력과 자극을 논하는 것은 즉 논의 속의 맥락이기는 하나,
나는 이 논의에 의문을 갖지 않을 수 없다. 소위 자극이라는 것이 말 그
대로 적당하다면 좋겠지만, 혹시라도 자극이 지나치다면 생명력과 원기
가 본래 쇠약한 곳에 더해져 도리어 다른 병증이 발생할 위험이 있다. 가
령 눈병이 있는 사람에게 광선의 자극이 특히 심해지면 그 해가 적지 아
니할 것이다. 소위 이 자극이라는 것이 인민의 개명진보에 따라 점진적
으로 나온다면 좋을 것이다. 만일 무리해서 억지로 자극을 일으키려 한
다면 아마도 과격해짐을 면치 못할 것이다. 대개 이러한 것들은 인위적
으로 할 수 없는 일이다. 일단 자극의 발단이 작동하기 시작하면 이 또한
어찌할 수 없기도 하다. 이를테면 민간이 기개를 떨치고 사회가 성립하
게 되면 매우 좋은 일이지만, 붕당이 일어나고 나아가 잇키一揆[9]의 발단이

8   기록을 필사하는 관리이다.
9   중·근세 일본에서 일어났던 농민의 폭동을 말한다.

되면 지극히 좋지 않은 일이다. 때문에 소위 자극의 옳은 방법을 취하면 영국이나 미국처럼 되겠지만, 만일 그 방법을 취하지 못하고 그 도가 지나치면 프랑스나 스페인처럼 될 것이니, 이 또한 귀감으로 삼지 않으면 안 된다. 대개 이러한 일들은 세상의 기세와 관련되는 것이다. 한 사람의 힘이나 정책 하나 정도로 가능한 일이 아니다. 한 무리가 일어서면 또 다른 무리가 반드시 일어선다. 이렇게 기세가 만연하게 되어 셋이 되고, 넷이 되고, 다섯이 되어 그 끝을 알 수 없게 되어 곧 모두 지리멸렬하게 된다. 스스로 경계해야 할 실패의 사례가 멀리 있지 않으니, 저 덴구렌天狗連[10]과 같은 것이 그렇지 않을까 한다.

앞에서 정부를 생기라고 말했는데, 그 생기를 고동시킬 퀴닌quinine[11]이 있어야 한다. 이를 위해서는 정부에 종사하는 학자가 없으면 안 된다. 앞에서 인민을 자극이라고 했는데, 그 자극과 이완을 적당히 조정하는 온도가 있어야 한다. 이것 또한 학자가 민간에서 하지 않으면 안 될 일이다. 하지만 지금 오로지 민간만을 중시하여 저 생기를 보살피지 않는다면, 가령 피부가 이완되어 있는 사람이 혹한을 만나 가벼운 감기가 악화되어 악성 유행병이 되는 것과 같지 않겠는가.

내가 말하고자 하는 바는, 사람들은 장점도 취지도 모두 다르다는 것이다. 그러므로 같은 양학자라 해도 정부에서 일을 돕든 민간에서 일을 성사시키든 모두 안 될 것이 없다. 다만 나처럼 별것 아닌 번역의 재주를 가지고 정부에 종사하는 자는 전혀 민간에 도움이 되지 않음을 알기 때문에 오랫동안 선생[12]의 고풍을 흠모해 왔다. 이제 와서 갑자기 관직을

---

10   1864년 쓰쿠바산에서 존왕양이를 주장하며 거병한 덴구당[天狗黨]을 말한다.
11   키나나무의 수피에 함유된 키나알칼로이드의 대표적인 것. 자양제로 사용된다.

그만둘 수는 없다 하더라도, 조만간 진실로 선생의 옷 끝자락이라도 붙잡고 따라가고자 한다.[13]

12   후쿠자와 유키치를 가리킨다.
13   못난 사람이 훌륭한 사람의 뒤를 따라 분에 넘치는 일을 한다는 의미이다.

메이로쿠잡지
제3호

—

1. 개화開化 제1화

모리 아리노리

　어느 학자가 주장하길, 개벽 이래 모든 나라에는 흥망성쇠가 있지만 세계의 문명이 발전하는 기운(門運)은 이제껏 한 번도 쇠퇴하지 않았다고 한다. 고금의 사적을 통해 보면, 실로 인간이 만들어 온 사업은 점점 나아지면서 발전(改進)하는 듯하다. 무릇 본래 인간의 생활습속은 야만이라고 하는데, 야만의 일이 거의 다른 짐승의 무리가 하는 일과 별다를 바가 없다. 그런 야만 상태에서 진보하여 수렵의 방법을 알고, 시간의 순환을 기억하여 씨를 뿌리고 거두는 기술을 깨달으며, 조금 더 나아가면 소와 말을 길러서 그 노고를 줄이는 법을 알게 된다. 이것을 개화 초보의 업業이라 한다. 그리고 일해서 얻은 것을 사유私有로 인식하고, 노고는 복을 더하는 근본이고, 업을 이룩함은 처세의 편의이며, 교제를 넓히는 일은 즐거움을 더하는 실질이라고 깨닫게 되면, 이것을 일컬어 '문명이 반개半開한 상태에 있는 풍속'이라고 한다. 대개 역사를 살펴보니, 개화가 여기에 이르게 되면 한동안 진보를 멈추는 경우가 많다. 이는 모름지기 사람의 사고력이 직감력과 조화를 이루지 못하여 때로는 믿고, 때로는 미혹되며, 혹은 용맹하고, 혹은 두려워하다가 결국 그 지능을 활발히 할 수 없기 때문이다. 종종 그 미혹됨과 두려움(迷怯)을 억누르고, 어떤 경우에도 굴하지 않으며, 점차 앞으로 나아가는 자는 사물의 이치와 자연의 섭리를 깨닫고 사랑이 풍부해지며 지식에 도달하여 마침내 그 재덕才德이 눈부시게 아름다운 광채를 발하게 된다. 이들은 개화開化의 영역에 도달한 사람이라고 부를 수 있다. 우리 나라의 습속이 다소나마 여기에 이르러서 이제 능히 기계를 제작하고, 건물을 지으며(造營), 광산을 개발하고, 선박을 만들며, 선로를 열고, 거마車馬를 확충하며, 도로를 개량하는 등, 온갖 기술과 사업(千工万藝)을 계속해서 번창하게 하고 있다. 이로부터 통상이 점점 열리고, 사람들이 교류함에 그 의義를 두텁게 하며, 점점 기계가 정교함을 더하여 공업의 수준이 높아지고 이윽고 사람들이 문명의 진정한 가치(眞利)를 맛보게 되면, 나라는 비로소 그 지위를 유지하여 크게 번성하는 훌륭한 경지(佳境)에 도달할 수 있을 것이라 하겠다.

✿
2. 진언일칙陳言一則

니시무라 시게키

　내가 서양의 역사를 읽고 깊이 느낀 바가 있다. 또 깊이 두려운 바도 있다. 먼 옛날 그리스가 처음 일어났을 때에는 그 인민들이 강건하고 강의剛毅하며 나라를 사랑하는 마음이 깊었다. 그리하여 대적 페르시아를 깨고 그 위명威名을 사방에 떨칠 수 있었다. 이때부터 그 나라는 부강하며 왕성해지고, 인민의 지력과 기술은 나날이 진보하여 기예의 정묘함이 극에 달하였다. 그런데 인민의 기풍이 점차 파괴되어 사치하고 음탕하며, 경박하고 교활한 풍조가 널리 유행하여 나라 당초의 강건하고 강의한 기운이 모두 소멸해 버리면서 결국 로마인에게 나라를 빼앗기게 되었다. 로마가 처음 일어났을 때에는 그 인민도 역시 검박儉樸하고 강의하며, 호탕하고 의지가 굳세어 비굴하지 않은 기운이 있었다. 그렇기에 능히 동쪽으로 공격하고 서쪽으로 정벌하며 강토를 널리 넓혔고, 천하 모두가 우러러 그 위엄을 두려워하게 만들었다. 국력이 매우 부강하고 왕성해진 뒤에 그 인민이 또한 지교智巧를 다투고 기술을 연마하며 개화의 영역으로 나아갔다. 그런데 이때부터 인민의 기풍이 크게 어그러지고, 검박하고 강의한 풍조가 일변하여 음탕하고 사치하며, 게으르고 거짓말하는 풍조가 일어나 결국 게르만족 인민에게 그 나라를 멸망당했다.

　이로부터 보건대, 검박하고 강의한 것은 나라를 일으키는 좋은 약이고, 사치하고 경박한 것은 나라를 멸망시키는 맹독임에 분명하다. 옛날부터 내려오는 우리 나라 인민의 기풍 역시 그리스와 로마의 인민에 비해 뒤쳐지지 않는다. 근래 들어 인민의 지식은 나날이 열리고 공예 기술은 크게 그 수준을 올렸다고 하는데, 옛날부터 본래 갖고 있던 강직하고 질박하며 정직한 기풍은 점점 쇠멸하여, 요사이에 이르러서는 그 폐풍이 자못 그리스나 로마의 말세와 비슷하다. 어찌 심히 두려워할 만한 일이 아니겠는가. 무릇 공예 기술은 태평성세를 장식하는 도구이지, 나라를 유지하는 도구는 아니다. 나라를 잘 유지하는 것은 오직 인민의 마음가짐과 행동거지에 달려 있을 뿐이다. 옛사람이 말하건대, 천리와 인욕은 한쪽이 쇠하면 한쪽이 성하는 것이라 하였으니, 한 푼의 사치를 늘리면 한 푼의 검박함을 잃고, 한 푼의 경박함을 늘리면 한 푼의 성실함을 잃는 것이다. 호시탐탐 계속해서 자기 욕심을 좇는 자들이 우리 나라를 둘러싸고 늘어서 있는 지금, 나라를 근심하는 선비여, 어찌할 것인가.

✿

3. 민선의원설립건언서民撰議院設立建言書에 대한 평

모리 아리노리

　　인민이 널리 국정을 의논하게 되는 것이 국가의 독립을 충실히 하고 인민의 영화를 진전시키는 징조임은 논할 필요조차 없다. 지난 18일 『닛신신지시日新眞事誌』에 소에지마副島 씨를 필두로 하는 8명이 좌원左院에 제출한 건언서가 실렸다.[1] 이것을 읽어 보니 민선의원을 세우자는 주장이었고, 그 논의가 국정과 관련되지 않은 것이 없어 모두 이 나라의 독립과 인민의 번창(昌永)을 목적으로 한 것이었다. 그러나 그 취지가 아직 분명하지 않고, 그 글의 뜻이 온당하지 않다고 여겨지는 데가 있으므로 몇 가지 사항을 논평해 보고자 한다.

　　첫째, 건백서에 이르기를 "지금 민심이 흉흉하여 상하 간에 서로를 의

1　1874년(메이지 7), 전직 참의원 소에지마 다네오미[副島種臣] 등 8명은 태정관(太政官) 정부의 준(準)입법기관이었던 좌원에 건백서를 제출했고, 다음 날 영국인 J. R. 블랙이 경영하는 신문 『닛신신지시』에 게재되었다.

심하고 나아가서는 토붕와해_{土崩瓦解}의 조짐이 없다고 말하기 어려운 형세에 이른 듯합니다. 이것은 필경 공론을 함께 의논하고자 하는 여론을 봉쇄하기 때문일 것입니다"라고 하였다. 지금이 정말 그런 형세인가 아닌가, 여기에서는 잠시 제쳐 두고 논하지 않겠다. 만일 진짜 그런 형세라고 인정한다 치면, 이런 형세를 기르고 만들어 낸 책임은 누구에게 있는 것인가? 단지 이를 지금 관직에 있는 이들의 탓으로 돌리기만 하면 되는 것인가? 애초에 건언하신 군자들께서 관직에 계셨을 때와 지금을 비교해 보면 그 차이가 과연 무엇인지 묻고 싶다. 듣자 하니, 예전에 정한론²을 주장한 사람들 다수가 바로 군자들이셨다고 하던데, 만일 그 주장이 실행되었다면 지금처럼 공론을 함께 의논하고자 하는 여론을 봉쇄하는 폐해는 없었을 것이라고 말씀하신들 도저히 믿겨지지 않는다. 작년 10월의 포고령³에 신문지 발행에 관한 조목 중 "국체를 비방하거나, 국법을 논함에 외국의 법을 선전하고 주장하여 국법을 방해하는 행위를 금한다." "정사·법률 등에 관한 사항을 기재할 때 함부로 비평을 덧붙이는 행위를 금한다." "멋대로 종교를 개입시켜 정치와 법률을 방해하는 행위를 금한다" 등의 개별조항들이 있다. 이 포고령은 군자들께서 관직에 계셨을 때에 만들어진 것이다. 건언서 처음 부분에 "별지에 건언 드리는 것은 평생 지녀 왔던 지론들로서 저희가 관직에 있을 때 종종 건언 드렸던 것입니다"라고 되어 있는 것을 보면, 저 신문지 발행에 관한 조목은 만족스럽지 않았으나 어쩔 수 없이 동의해서 발포한 것들인 듯하다. 그렇다면

---

2   1873년(메이지 6) 사이고 다카모리[西鄕隆盛]를 중심으로 하여 벌어진 정한(征韓) 논쟁을 말한다. 이때 소에지마를 비롯한 건백자 4인의 참의원이 정부를 떠났다.

3   1873년(메이지 6) 10월 19일 태정관 포고 제352호 「신문지발행조목」을 가리킨다.

이렇게 민심이 흉흉하여 상하 간에 서로를 의심하고, 토붕와해하는 형세, 공론을 함께 의논하는 여론을 봉쇄하는 것도 방금 말한 신문지 조목과 마찬가지로 마음에 들지 않으면서도 군자들께서 조성하여 만들어 낸 것이라고 봐도 무리가 아니다. 이렇게 보면 오늘의 형세는 지금 관직에 있는 이들이 갑작스레 만들어 낸 것이 아니라 하겠다.

둘째, 건언서 별지에 보면 "조령모개朝令暮改하고, 정치가 정실에 따라 이루어지며, 상벌이 애증으로부터 나온다"라고 말하고 있다. 이 말씀은 아마도 잘못 넣은 것이 아닌가 싶다. 건언하신 군자들처럼 유명한 식자들께서 하신 말씀이라고는 도저히 생각되지 않기 때문이다.

셋째, 소위 '민선의원'은 과연 어떻게 만들어지는가? 정부가 인민에게 명령을 내려서 만드는 것인가? 혹은 정부에 신고하고 이를 통해 인민의 뜻에 따라 회의를 일으키는 것인가? 아니면 정부의 허가를 얻어서 만드는 것인가? 건언서에 "이 단계에서 부디 평의評議를 만들어야 할 줄로 아룀"이라고 쓰여 있는 것을 보면, 정부가 인민을 위해서 의원을 만들어야 한다는 뜻인 듯하다. 만약 이처럼 된다면, 이는 인민의 의원이 아니라 단지 정부의 의원일 뿐이다. 아마도 '민선'이라는 글자도 민간의 인물을 정부에서 선출하여 설치하는 의원이라는 의미가 될 것이다. 정부가 좋아서 두는 의원이기 때문에, 혹시 기꺼워하지 않을 경우에는 이미 설립된 의원이라고 해도 이를 폐지하는 것 또한 정부의 뜻에 따라야만 한다. 만일 그와 같은 경우가 발생한다면 의원은 기탄없이 정사를 논의할 수 없게 될 뿐만 아니라, 자연스레 정부에 유순해지지 않을 수 없게 되는 것이 당연한 일임은 더 말할 필요조차 없을 만큼 명약관화하다. 이렇게 유순해지면 논의하는 바도 따라서 정부의 행위를 칭양稱揚하게 되어 결국 정부의 나팔수라는 세간의 비평을 듣게 될 것이다.

✿
4. 러시아(峨國) 표트르 대제(彼得王)[1]의 유훈遺訓

스기 고지杉亨二

제1조 러시아의 인민은 언제나 전쟁하는 나라의 형세에 처해 있도록 해야 한다. 이는 병졸을 강건히 하여 항상 전쟁에 이용할 수 있도록 대비하기 위해서이다. 그리고 국내의 화폐를 개혁하고, 군대를 숙련시키며 공벌攻伐의 좋은 기회를 기다리는 게 아니라면, 인민을 휴식하게 놓아서는 안 된다. 즉, 평시에는 전쟁의 준비를 하고, 전시에는 평화의 준비를 하게 해야 한다. 이러한 일들은 모두 러시아를 점점 확대시키고, 융성하게 하는 데 필요한 것이다.

제2조 전쟁이 발생하면 힘써 유럽 강성한 나라의 장군을 초빙해야 한다. 평화 시에는 마찬가지로 학사를 초빙하고, 다른 나라의 이익이 있는

---

1   러시아 로마노프 왕조의 제4대 황제 표트르 1세(Пётр I Алексеевич, 1672-1725)를 가리킨다. 강력한 서구화를 추진하여 러시아를 강국으로 이끌었고 본격적인 러시아 절대왕정을 수립하였다.

것은 우리 인민에게 전하고, 우리 국시는 조금도 잃어버리게 해서는 안 된다.

제3조 유럽 각국에 사건과 쟁론이 일어날 때는, 우리 나라는 반드시 이에 간섭해야 한다. 특히, 독일은 근린국가이기 때문에 사건이 있을 때는 더더욱 간섭할 필요가 있다.

제4조 폴란드는 항상 그 인민을 선동하고 서로 시기하는 마음을 일으켜서 분열시켜야 한다. 토착민 중에 권세를 가진 자는 돈으로 회유하여 그 마음을 빼앗아야 한다. 국회에서 합의하여 왕을 선출하는 데 특히 간섭하여 러시아가 그 회의를 관리하고, 또 나라 안에 도당을 모아서 이를 보호해야 한다. 또 우리 군대를 파견하여 우리 뜻을 달성하지 못한다면, 이를 놓아주어서는 안 된다. 또 만약 옆 나라가 방해하려 할 때는 폴란드 영토를 분할하여 저들에게 주고 그 뜻을 만족시킨 후, 다시 그 땅을 약취할 때를 기다려야 한다.

제5조 스웨덴은 거기서 얻을 수 있는 것이 있다면 즉시 남김없이 취하고, 결국에는 전 영토를 정복해야 한다. 이를 위해서 스웨덴과 덴마크의 연합을 해체시키고 각자 독립시켜서 서로 싫어하는 마음을 품게 하는 것이 좋은 방책이다.

제6조 러시아 왕의 혼인은 독일의 왕가에서 골라 배우자로 맞고, 이렇게 친족들을 늘리고 그 이익을 통일해서 독일로 하여금 우리 뜻에 따르게 해야 한다.

제7조 러시아와 영국의 동맹을 고치는 것은 오직 교역의 이용을 꾀하는 데 그 목적이 있다. 영국이 해군을 사용하는 데는 우리 나라의 생산물을 빠뜨릴 수 없고, 우리 해군을 사용하는 데는 또한 영국 해군의 기술과 교역을 빠뜨릴 수 없다. 즉, 배를 만드는 데 쓰는 우리 나라의 목재 같은

산물은 영국의 돈으로 바꿀 수 있다. 우리 나라의 상민商民·선원은 영국의 상민·선원과 항상 서로 친하게 하여, 우리 나라 상민은 그 상법에 숙달하고 우리나라 선원은 그 해군 기술을 잘 훈련하게 할 필요가 있다.

제8조 러시아는 북으로는 발트해를 따라서, 남으로는 흑해를 따라서 항상 그 경계를 확대해야 한다.

제9조 우리 나라의 경계는 콘스탄티노플과 인도에 접근하도록 힘써야 한다. 콘스탄티노플과 인도를 손에 넣는 자는 진정으로 세계의 주인이 될 것이다. 때문에 튀르키예와 싸우고 혹은 페르시아와 싸워 이 양국과의 전쟁을 잠시도 멈춰서는 안 된다. 흑해에는 많은 조선소를 운영할 필요가 있다. 그리고 흑해와 발트해에서는 우리 권세를 펼치고, 혹은 재빨리 페르시아를 약화시키고 우리 위력을 페르시아만에 미치게 하며, 혹은 시리아의 길로부터 예전의 동방무역²을 부활시키는 데 힘쓰고, 또 전 세계의 보물창고 인도에 이르러야 한다. 일단 인도를 근거로 삼으면, 영국의 부를 모조리 빼앗을 수 있다.

제10조 오스트리아와의 동맹은 부디 영구히 지속되도록 주의를 기울여야 한다. 전全 독일국의 망령된 구상은 겉으로는 이를 도우며, 뒤로는 소국의 군주들로 하여금 오스트리아를 미워하게 만들고, 혹은 그 소국에게 우리와 협력토록 하며, 혹은 오스트리아를 보호해야 한다. 그렇게 하

---

2   북이탈리아의 도시상인들이 10세기경부터 15~16세기에 걸쳐 알렉산드리아·콘스탄티노플 등에 상관(商館)을 설치하고, 아랍인 등이 가져오는 동방상품인 향료·보석·상아·견직물 등의 사치품과 유럽 쪽의 고급 모직물·마직물, 남부 독일산 은·구리 같은 금속을 교역하였다. 융성했던 이 무역도 비잔틴 제국의 멸망(1453)과 오스만튀르크의 발흥으로 흔들렸으며, 특히 1498년 동인도항로 발견을 계기로 시작된 동서 직접무역의 개막으로 타격을 입어 점차 쇠퇴하였다.

면 그 나라를 평정하기란 매우 쉽다.

제11조 오스트리아의 황실은 튀르키예인을 유럽에서 쫓아내어 토벌하는 것을 그 소임으로 하지 않을 수 없다. 우리가 일단 콘스탄티노플을 공격해 취한다면, 그들이 반드시 시기하는 마음을 품을 것이다. 그럴 경우에는 오스트리아로 하여금 유럽의 다른 나라와 교전케 하던가, 혹은 우리가 침략한 지방에서 후일 수복하기에 용이한 한 지역을 떼어 그들에게 주어서 시기하는 마음을 단념케 한다.

제12조 헝가리와 남폴란드에 널리 퍼져 있는 그리스정교도들을 불러모아 결집하는 일을 결코 게을리해서는 안 된다. 그리고 우리가 그 종교의 주춧돌이 되고 호칭하여 법왕法王[3]이라 하여 그 전권을 장악해야 한다. 그리하여 적국 안에 우리 당黨을 심어야 한다.

제13조 스웨덴을 공략하여 점령하고, 페르시아를 격파하며, 폴란드를 분할하고, 튀르키예를 취하는 데는 우리 나라 사방의 여러 군대를 하나로 집결하여 흑해와 발트해는 우리 전함이 지키게 하고, 세계를 나누어 서로 그 대권을 쥐는 의안議案을 만들어서 우선 이를 베르사유[4]에 고하고 다음으로 빈[5]에 고한다. 또는 한 곳에만 알려 줄 것인가, 혹은 은밀히 이를 도모할 것인가도 시의時宜에 따라야 한다. 우리가 이를 통해 저들의 위명을 좋아하고 성세를 구하고자 하는 욕심을 만족시키고자 하매, 곧 프랑스, 오스트리아 양국 중에 우리 뜻을 채택하는 편이 있을 것이다. 그럴 때는 이 나라를 시켜서 다른 나라를 멸망케 하고, 그런 다음에 다시 이

---

3   16세기 이반 4세 이래로 러시아 황제는 그리스정교의 수장을 겸임하였다.
4   당시 프랑스의 수도이다.
5   당시 오스트리아의 수도이다.

나라와 불화를 일으켜 역시 멸망시킨다. 이때에 이르면 우리는 이미 동방 각국의 주인으로, 또 유럽의 절반을 영지로 하였기 때문에 반드시 승리하여 이익을 얻으리라는 것은 의심의 여지가 없다.

제14조 프랑스, 오스트리아 양국에서 만일 우리 모의에 응하지 않을 때는 저들이 서로 다투어 소요를 일으키고 마침내 전쟁으로 둘 다 곤란하고 피로한 지경에 이르기를 기다려, 그 기세를 타 우리의 주둔해 있는 대군으로 독일국에 공격해 들어가고, 또 동시에 두 개의 대규모 선대船隊로 나누어 한 부대는 아조프해[6]에서 출발하고 또 한 부대는 아르한겔 항구[7]에서 출발한다. 두 선대는 우리 아시아의 군대를 태우고 흑해의 군함, 발트해의 군함으로 이들을 호송護送하여, 한 면으로는 지중해와 대서양에서 즉시 프랑스로 침입하고, 한 면으로는 우리 육군으로 독일을 정복한다. 프랑스, 독일이 항복하는 데 이르면 그 외의 유럽 각국은 어렵지 않게 평정할 수 있다.

○ 앞의 조목 중에 그리스정교를 이용해 우리 당을 적국 안에 심는다는 말을 보면, 러시아는 그리스정교를 병탄의 도구로 이용하는 것이 분명하다. 내 언뜻 듣기에 그리스정교는 이미 우리 나라에 들어와 있다고 한다. 그 종교는 원래 취하기에 적합하지 않은데도 이미 거기에 물든 지 오래되어서 그 해악이 때로는 입에 담기조차 어려운 경우도 있다. 그렇다면 이것을 방지하는 방법은 무엇인가. 말하자면 우리가

---

6   Азовское море. 러시아 남부, 흑해의 북쪽에 있는 내해(內海). 튀르키예와의 사이에서 쟁탈전이 반복되었다.

7   1698년에 칙명으로 아조프해 북부 해안에 개설되었다. 현재의 타간로크(Таганрог)항이다.

눈을 크게 뜨고 모든 잡교를 금지하고, 세계에 성행하는 좋은 종교를
선택하여 이에 따라 우리 지식을 밝히고, 이를 통해 저 그리스정교의
위로 넘어서는 것뿐이리라.

✿

5. 개화를 진전시킬 방법에 대해 논하다

쓰다 마미치

　오늘날 사람들은 입만 열면 개화를 이야기한다. 개화는 마치 어두운 밤이 대낮으로 옮겨 가듯 서서히 이루어지는 것이다. 그 근간은 오로지 나라 안에 유행하는 종교(法敎)와 학문에 있다. 학문은 크게 두 가지로 나눌 수 있다. 고상하고 원대한 공리空理를 논하는 허무적멸虛無寂滅,[1] 오행성리五行性理,[2] 혹은 양지양능良知良能의 설[3]과 같은 허학虛學[4]과, 실물에 비추어 증거를 밝히고 실상에 입각하여 따져서 오직 확실한 이치만을 논하는 최근 서양의 천문학, 물리학, 화학, 의학, 경제, 철학과 같은 실학實學[5]이 바

1　도교나 불교 등을 가리킨다.
2　주자학(朱子學)을 가리킨다.
3　양명학(陽明學)을 가리킨다.
4　공리공론의 학, 실제에 도움이 되지 않는 학문. 본래 일용을 중시하고 민생을 책임지는 유학을 실학이라 하는 입장에서 노장의 학이나 불교를 허학이라 칭했다.
5　후쿠자와 유키치는 『학문의 권장』 초편에서 이것을 '인간 보통의 실학'이라 부르고, 이로하 문자의 습득 등 '인간 보통 일용에 가까운 실학'과는 구별하고 있다.

로 그것이다. 이와 같은 실학이 나라 안에 널리 유행하여 각 사람이 모두 도리에 명달해야만 진정한 문명의 세계라고 말할 수 있을 것이다. 그러나 일반 국민들이 진보하여 이러한 단계에 도달하려면 제아무리 유럽 각국이라 하더라도 앞으로 수많은 세월을 보내지 않으면 안 된다. 하물며 동남쪽 바다에 위치한 나라들[6]은 어떠하겠는가. 아아, 우리 인민들이 이러한 단계에 도달할 날은 언제쯤이란 말인가. 고개를 숙이고 곰곰이 이를 생각해 보자니 망연히 하늘만 우러러보게 될 따름이다. 그렇다면 무엇으로 이제껏 이러한 단계에 다다르지 못한 국민 일반의 개화를 도울 수 있을까. 바로 종교이다. 종교의 목적은 대체로 개화하지 못한 국민을 이끌어 바른길로 나아가게 하는 데 있다.

　종교에는 여러 종류가 있다. 지금까지 국내에서 유행하는 것은 신토神道와 불교, 두 가지이다. 국외에서 유행하는 것은 그 수를 헤아리기 어렵지만, 그중에서도 특히 유명한 것은 몇 가지뿐으로, 즉 불교와 배화교拜火敎,[7] 그리고 회교回敎[8]와 기독교이다. 그중에서도 특히 기독교를 최고로 꼽는다. 기독교 역시 세 가지로 나뉜다. 그리스정교와 구교舊敎,[9] 신교新敎[10]가 그것이다. 이 중에서 신교를 최고로 친다. 신교 역시 몇몇 파로 나뉘어 루터파, 칼뱅파 등이 있고, 이 또한 신구新舊의 두 파로 나뉜다. 그중에서도 신파新派는 자유를 중시하여 문명의 설에 가장 가깝다 하겠다.

6　여기서 쓰다는 유럽을 중심으로 하는 방향 지리 감각으로부터 일본을 포함한 아시아 국가들을 '동남쪽 바다에 위치한 나라들'로 표현하고 있다.

7　조로아스터교를 가리킨다.

8　이슬람교를 가리킨다.

9　로마 가톨릭을 가리킨다.

10　종교개혁 이후의 프로테스탄트교(개신교)를 가리킨다.

무릇 교화敎化가 세상에 유행하게 되면 상등한 것이 언제나 하등한 것을 누르고, 새로운 것이 대개 낡은 것을 이기니, 그 기세는 흐르는 물과 같다. 해외 여러 나라의 역사를 살펴보면 그러한 사례는 이루 다 헤아릴 수 없으리만치 많다. 이런 사례는 잠시 제쳐 두고, 우리 역사 속 한 가지 사례를 통해 시험 삼아 이를 논해 보고자 한다. 옛날 지나의 문자가 아직 우리 나라에 유입되지 않았을 때는 이른바 신인혼교神人混交,[11] 제정일치의 신정신교神政神教[12]가 행해지고 있었다. 아직기阿直岐가 『논어』와 『천자문』을 바치자[13] 지나의 문자와 학문이 신속하게 조정에 퍼져 나갔다. 그 후에 불법佛法이 동쪽으로 전해지자 나카토미노 가마코中臣鎌子, 모리야노 오무라지守屋大連 등이 사력을 다해 이를 배격하고자 하였으나[14] 어찌해 볼 도리가 없었고, 결국 불교 또한 조정과 백성들에게 신속하게 퍼져 나갔다. 그 후로 선禪, 정토淨土, 법화法華 등 여러 종파가 유입되거나 흥하였다. 때로는 이것을 방해하려는 자도 적지 않았지만 아무도 이를 막을 수 없었다. 다만 근세(近古)에 천주교에 대해서만 무가武家가 무단으로 십수만 생명을 시마바라島原에서 일거에 섬멸하고서야[15] 비로소 겨우 이를 금

---

11   신과 인간의 경계가 구별되지 않고 공존함을 의미한다.

12   종교와 정치가 분리되지 않은 사회나 제도를 가리킨다.

13   아직기는 백제 13대 근초고왕(近肖古王) 때의 학자로, 4세기 말경 일본에 건너가서 태자(太子)의 스승이 되었고, 이후 백제의 박사 왕인을 초빙하여 본격적으로 일본에 한자와 유교가 전해졌다.

14   6세기 중엽 일본에 전래된 불교를 배척하려 한 중앙 호족의 동향을 가리킨다. 한편 이를 도입하려는 무리는 소가 우마코[蘇我馬子], 쇼토쿠태자[聖德太子] 등이었으며 결국 후자가 승리를 거두었다.

15   시마바라의 난[島原の亂]. 1637년(간에이 14) 일본 규슈[九州] 북부의 시마바라 지역에서 천주교를 믿는 농민들이 일으킨 봉기 사건. 농민 4만 명이 가담한 큰 농민 봉기 사건으로, 12만 명의 진압군에 의해서 4개월 만에 진압되면서 천주교에 대한 탄압은 더욱

지할 수 있었다. 최근 가로문자(蟹行文字)[16]가 유입되자 처음에는 또한 이를 억제하였으나, 미국 함대가 우라가浦賀에 내항한 후[17] 나라의 형세가 변화하자 그 유행 또한 신속하게 되었으니, 마침내 오늘날에 이르러서는 입만 열면 곧 개화를 논하는 형국에 이르렀다. 그러나 이처럼 입만 열면 개화를 논하는 자는 고작 관원, 서생, 신문 편집자 등 수십 수백 명에 지나지 않는다. 이를 우리 나라 인구 삼천만과 비교하면 기껏해야 수백 수천분의 일일 뿐이다. 전국의 인민은 여전히 구습에서 벗어나지 못한 사람들로, 대부분 지옥극락, 인과응보, 오행방위五行方位 등과 같은[18] 근거 없는 설에 미혹되는 어리석은 자들이다. 결코 이를 반개화半開化한 인민이라고 말할 수 없다.

현금의 상황을 숙고하며 살펴보면 기독교가 우리 나라에 들어온 것은 자연스러운 행보요, 마치 세차게 흐르는 물과도 같아서(沛然) 막을 수 없는 기세가 되었음은 거울에 비춰 보듯이 명백한 일이니, 다시금 시마바라의 난 때와 같은 일이 있어서는 안 될 것이다.

지금 전 세계 모든 인민의 개화를 돕는 데는 기독교만 한 것이 없다. 그러나 그중에도 갖가지 차이와 이해득실이 있음은 분명하다. 그러므로 그중에서 가장 새롭고 훌륭하며, 가장 자유롭고 문명의 설에 가까운 것을 채택하여 우리 개화의 진보를 돕게 하는 것을 오늘날 우리의 상책으로 삼아야 한다. 지금 각 성省에서 많은 서양인을 고용하여 그 학술을 전

가혹해졌다.
16   여기서는 유럽의 문자를 가리킨다.
17   1853년(가에이 6), 페리가 이끄는 미국 동인도 함대가 미우라반도 우라가浦賀에 내항하여 통상을 요구한 사건이다.
18   불교나 음양도 등에서 파생된 속신으로 근거 없는 것들을 의미한다.

수받는 것처럼, 저들 중 가장 훌륭하고 새로운 선교사를 고용하여 널리 우리 인민을 깨우치고 이끌게 하면 어떨까. 이에 대해서 사형들의 고평高評을 청해 들어 보고자 한다.

6. 옛 상공相公[1]들의 주장을 반박한다

니시 아마네

전직 참의, 상공들께서 좌원左院에 건백하길, 민선의원을 세우자고 하는 건의를 읽고, 내가 약간 걱정하는 마음이 들지 않을 수 없었다. 시험 삼아 그 말의 숨겨진 바를 들어 논해 보고자 한다. 생각건대, 그 대의에 말하기를 정부가 강함에 이르는 것은 천하의 인민이 같은 마음에 이르는 것에 있다고 한다. 인민이 같은 마음에 이르는 일은 민선의원을 세우는 데 있으니, 그러므로 소위 의원議院의 법은 서양이 이미 이루어 놓은 것을 취해 이를 우리에게 실시하면 된다. 마치 기차·전신의 법들이 서양의 발명인데 이것을 취하여 우리가 사용하는 것과 같은 일로, 혹 우리 스스로 기차·전신을 발명하는 것을 기다린 후에야 기차를 사용할 수 있고 전선을 가설할 수 있는 것이라고 한다면, 정부는 그야말로 할 일이 없을 것이

---

1   정한 논쟁(征韓論爭)에서 패배하고 하야한 이후 민선의원 설립 건백을 통해 사회적 파장을 일으킨 이타가키 다이스케[板垣退助]를 위시한 구 정부 관료들을 가리킨다.

라고도 하였다.

그러나 그 말은 조리에 맞지 않다. 기차, 전신과 같은 것에 관해 서양에서는 어떤 학문에서 이것을 강의하고, 어떤 책에서 이것을 논하고 있는가. 물리(格物), 화학, 기계와 같은 것들이다. 정치, 법률, 종교와 동일하게 논할 수 있는 것이 아니다. 나는 지금까지 영국의 인력(引力)이 프랑스의 인력과 법칙을 달리하고 일본의 전기와 미국의 전기가 길을 달리한다는 말을 들은 바 없다. 그런데 오직 정치는 이와 달라서 영국의 의원과 프랑스의 의원은 그 법이 같지 않다. 또 영국의 정체는 미국의 정체와 하늘과 땅만큼이나 다른데, 그 이유는 무엇인가. 지금 기차와 같은 것은, 우리나라의 재주와 학문이 있는 자를 선발하여 서양에 보내 수년간 깊이 따져 연구시키면 그 기술을 모두 익히기에 충분할 것이다. 그리고 여기에 자본을 주어서 일을 맡기고 그 공을 이루기까지 훗날을 기약하여 기다리면 된다. 그렇다면 정치에 대해서도 또한 마찬가지로 반드시 공적과 효과(治功)를 보고자 한다면 어찌해야겠는가? 이를 다시 논자의 마음에 묻고자 한다. 그대가 시험 삼아 주먹만 한 돌 하나를 주워 이것을 공중에 던지면 그 돌은 그대의 힘에 비례하여 하늘 위로 올라가다가 이윽고 끝까지 올라가면 반드시 떨어지게 되는데, 그 떨어지는 것은 2승의 속력으로 떨어진다. 이것은 삼척동자도 아는 바일 것이다. 그리고 지금 시험 삼아 그대가 이제껏 평소에 교제가 없던 한 가난한 사람을 고용하여, 그에게 백 엔의 돈을 주고 멀리 3천 리 밖에 가서 물건을 하나 사 오게 시켰다고 하자. 그대는 그 사람이 반드시 물건을 사 오라는 명령을 지킬지, 돌이 공중으로부터 떨어지는 것과 마찬가지의 기대를 할 수 있겠는가. 내가 듣기로 서양 정치학에서는 인민 개화의 정도를 소상히 밝히고, 때와 지역에 맞추는 것으로 그 적절함을 제어할 뿐이라고 하였다. 바로 이것이 원래 물리의 학문들[2]과 이법理法[3]의 학문이 다른 바이다. 지금 이 두 가지를 비교해 하나로 보려고 하는 바와 같으니, 서양에 과연 그런 학문이 있는가.

또 말하길 인민이 정부에 조세를 바칠 의무가 있는 것은, 곧 그 정부의 일에 참여해서 찬성하고 반대할 권리를 갖는다 하고, 그것이 천하의 통론이라고 하였다. 이 통론이라는 두 글자는 무슨 의미인가? 인민이 조세를 냈다면 그 보호를 바랄 권리를 가질 수 있다. 그렇다 해도 정치에 참여해서 찬성하고 반대(參與可否)할 권리란 곧 그 나라가 처음으로 정체를 세울 때 정해야 하는 것이다. 지금 무릇 정부를 국민의 약속[4]으로 이루어지는 존재로 보고 이 문제를 논한다면, 국민은 우리가 일해서 얻은 것(力業)[5]의 절반을 너희 관리에게 내고, 이로써 너희를 먹여 살리니, 너희는 이를 위해서 우리를 다스리라고 말하는 것이다. 이것이 하나의 약속이다. 국민이 또 말하길, 우리가 우리 수입의 반을 너희에게 내고, 이로써 너희를 먹여 살리니, 너희는 이것을 가지고 우리를 다스린다. 이리하여 너희들이 제멋대로 하지 않게 하기 위해서는 우리가 먼저 법을 정해서 이것을 부여하고자 한다. 너희는 이 법으로 우리를 다스리라고 한다. 이것 또한 하나의 약속이다. 그러므로 루소 씨의 설에 따라 정부는 전부 약속으로 이루어지는 것이라도, 정부의 일에 참가할 권리는 조세를 내는 것과 서로 쌍을 이루는 권리가 아니다. 하물며 일국의 정부는 반드시 약

---

2   니시는 「백학연환(百學連環)」에서 「물리상학(物理上學)」으로 격치학(格物學), 천문학(天文學), 화학(化學), 조화사(造化史)를 들고 있다.
3   의원 설립의 원리. 즉 국법학을 가리킨다.
4   여기에서는 사회계약(contract social)을 의미한다.
5   여기에서는 조세(租稅)를 의미한다.

속으로 일어나는 것도 아니다. 고래 역사상의 연혁에서 그 기원을 달리하는 것이 있기 때문이다. 이런 논의를 가지고 천하의 대리大理를 궁구했다고 말하지만, 나는 이제껏 어떤 학문에서도 그것이 어디에서 연원하는지 들은 바가 없다.

또 인민이 배우고 익혀서 개명의 영역으로 나아가도록 하는 길은, 곧 민선의원을 세우는 것에 있다고 말한다. 또 먼저 그 통의通義가, 권리를 보호하고자 자존자중自尊自重 하게 하여 천하와 근심과 즐거움을 함께하는 기상을 일으키는 것이라고 한다. 소위 인민의 권리를 보호하는 길은 어딘가에 있다. 이것을 민선의원에 있다고 할지, 사법의 임무에 있다고 할지는 알 수 없는 일이다. 위로는 억압의 정치를 없애고 이로써 사법이 그야말로 그 공평함을 얻으면 인민의 권리 또한 보전할 수 있다. 저 자존자중 하여 천하와 근심과 즐거움을 함께하는 기상을 가지는 것은 학식이 있는 사람에게 기대해야 한다. 그 학식을 일으키는 일을 문부文部의 정치로 추구하지 않고 의원을 열어 추구하고자 함이, 또한 진실로 그 길을 얻을 수단이라고 말하려는 것인가. 또 무릇 연극의 한 기술과 같은 것도, 이것을 연기하는 것을 배운 이후에 무대를 여는 법인데, 이것도 먼저 무대를 열고, 그런 이후에 연습하자는 말인가.

아아, 연극 같은 것은 일단 열어도 손님이 없으면 곧 그만두면 된다. 그리하여 가령 연기가 그 방법을 잃어도 해가 되지는 않는다. 그러나 지금 천하의 정치와 같은 것을 연습의 무대로 할 수는 없지 않은가.

무릇 이러한 논의들이 공들께서 일찍이 이전 조정에 계셨을 때 스스로 체험한 바라고 한다면, 나는 공들 때문에 개탄하지 않을 수 없다. 무릇 제실帝室이 점차 그 존영尊榮을 잃고 정령을 남발하고, 아침저녁으로 말이 바뀌고, 정치가 정실로 이루어지고, 상벌이 애증으로부터 나온다는 저 말들이 공들께서 관직을 떠난 지 1년 정도 지난 후에 정부가 이것도 고치지 못한다고 말씀하시는 것이라면, 그렇게 말할 수도 있을 것이라 생각한다. 하지만 물러난 지 수개월도 지나지 않아 돌이켜 정부에 책임을 전가하는 것은 또한 제 얼굴에 침 뱉기와 같은 일일 뿐이다. 은밀히 나는 공들 때문에 동의하지 않으려 한다. 그렇다고 해도, 지금의 기세를 보면 정치권력이 귀속하는 바가 위로는 제실에 있지 않고 밑으로는 인민에 있지 않다고 한 지적은 말씀하신 대로이다. 이것을 유지해서 견고하게 하거나, 혹은 의원을 두어 그 권력을 나누는 것 또한 이치에 맞지 않는다고는 할 수 없다. 단 이것을 민선하여 갑작스레 서양 하원의 법처럼 하려는 것은, 때를 살피고 인민 개화의 정도를 살펴서 보자면 아직 급소를 찌른 의견이라고는 말할 수 없을 듯하다. 내가 지금 감히 의원을 설치하는 것의 가부를 논한 것은 아니다. 특별히 그 논의 중에 사람을 속이는 것이 심하게 많음을 두려워하는 것이다. 이러한 위론들이 천하 인민의 이목을 선동하고, 자칫해서 위론가들이 먼저 의원으로 나서는 경우가 있으면, 곧 위론가가 위론가와 상의해서 천하의 일을 위급하게 만들 위험 또한 있지 않을지 우려하는 것이다.

메이로쿠잡지
제4호
(4월 2일)

—

1. 인민의 자유와 토지의 기후는 서로 관련이 있다 ①

미쓰쿠리 린쇼箕作麟祥

부모가 자녀에 대해서, 또 지아비가 아내에 대해서 모두 토지의 기후에 따라 구속력(抑制ノ權)[1]을 달리하는 것이 자연스러운 일인 것처럼, 정부가 인민에 대해서 그 구속력을 달리하는 것 또한 토지의 기후에 따라 자연스럽게 차이가 있다. 모름지기 더운 지방의 백성은 근력이 약하고 용감한 마음이 결핍되어 있지만, 추운 지방의 백성은 마음과 몸이 강건해서 어려움을 견디고 인내하여 큰 사업을 이룰 만한 힘이 있다. 그리고 이러한 차이는 서로 다른 나라 사이에서만 분명히 알 수 있는 것이 아니고, 한 나라 안에서도 남부와 북부 사이에 이런 경우를 찾아볼 수 있다. 예컨대 지나支那 북쪽 지방의 백성은 남쪽 지방의 백성보다 더욱 용감하고, 조선의 경우 또한 그러하다. 즉 더운 지방의 백성은 겁이 많고 용감한 기운이 없어서 대부분 군주에게 예속되어 포악한 명령에 따르지만, 추운 지

---

1   servitude의 번역어이다.

방의 백성은 용감한 기운이 있어 더욱 자유의 권리를 보호할 수 있는 까닭이다. 그러므로 자연의 기세에 따라 이미 아메리카 대륙에서도 과거 멕시코 및 페루처럼 군주독재국은 늘 적도 가까운 더운 지방에 있고, 소부락을 이루어 자유를 얻는 나라는 도리어 남쪽과 북쪽의 추운 지방에 있다.

여기서 다시 아시아 대륙의 기후를 논하자면, 남쪽은 북위 40도부터 북극에 이르고, 서쪽은 우랄산맥에서 동쪽은 태평양에 달하며, 북쪽 지방의 기후는 매우 춥다. 특히 시베리아의 혹한은 무엇보다 가혹해서 그 땅에서는 아주 약간의 관목과 잡초가 자랄 뿐이다. 러시아인이 근면하기는 하지만 일찍이 농사를 지을 수는 없었고, 지역의 토착민(土人)도 시끄러운 야만인에 불과해 본래부터 도회라 칭할 만한 것이 없었다. 그리고 아시아의 지방이 이처럼 한랭이 심한 까닭은 그 토지가 높은 데다 산맥이 남쪽부터 북쪽을 향하면서 차츰 낮아져 북풍을 막을 수 없기 때문이다. 그런데 유럽의 경우, 노르웨이와 라플란드Lapland의 고산은 북풍을 막아 주어서 북쪽 끝(極北)에 있는 나라라 해도 그 한기가 맹렬하지 않고, 스톡홀름의 경우는 북위 61도에 위치하지만 사람들이 은광산을 개척하고 땅을 쉽게 경작할 수 있었다.

이러한 기후 양상을 생각해 보면, 아시아 대륙에서는 소위 한대와 열대 사이에 위치한 온난한 땅이 없으니, 즉 시베리아, 타타르(韃靼)의 추운 지방이 곧바로 지나와 페르시아, 튀르키예의 따뜻한 지방에 접해 있지만, 유럽에서는 이와는 반대로 온난한 땅이 매우 많다. 그래서 스웨덴, 노르웨이 등의 기후와 스페인, 이탈리아의 기후는 큰 차이가 없어서 갑자기 추운 지방에서 더운 지방으로 바뀌는 경우가 없고, 북쪽에서 남쪽에 다다를수록 차츰 온난해진다. 때문에 경계를 접하는 나라 사이에 기후가 크게 차이 나는 곳이 없다. 이렇게 아시아 대륙에서는 추운 지방의 용감한 백성과 더운 지방의 유약하고 태만한 백성이 접해 있었기 때문에, 추운 지방의 백성이 늘 더운 지방의 백성을 정복해 노예로 삼게 되는 형세가 만들어졌다. 그런데 유럽에서는 기후가 비슷하여 강함과 강함이 접하므로 그 힘이 서로 필적하기 때문에 갑국이 을국을 일거에 정복하는 일이 극히 어렵다. 이것이 곧 아시아는 연약하여 인민이 곧잘 남에게 예속되고, 유럽은 강인하여 인민이 모두 자유를 얻게 되는 큰 원인이다. 이 말이 어쩌면 이 시대 사람들의 통론通論에 반한다고 해도 나는 이를 강고하게 주장할 것이다. 생각건대, 아시아에서는 옛날부터 인민 자유의 권리를 증장시킬 수 없었지만, 유럽은 상황에 따라 일시적으로 자유의 권리가 줄어들 수는 있어도 결국 서서히 다시 그 권리를 회복하였다.

그리스의 옛 석학 아리스토텔레스는 대체로 아시아인은 기지機智가 있어 기예에 능하기는 해도 지기志氣가 없어 늘 순종하고 굳이 자유를 바라지 않는다고 하였다.

앞에서 한 말들은 모두 사료를 통해 증명할 수 있는 것들이니, 여기에서 이에 대해 말해 보자면 아시아의 백성은 일찍이 서로 정복한 것이 13회에 달하는데, 그중 11회는 북방 민족이 남쪽을 제압하고, 그중 2회는 남방 민족이 북쪽을 제압했다. 그런데 유럽은 이와 달리 태고의 그리스인 및 페니키아인이 와서 여기에 식민지를 개척한 이래 지금까지 대변혁이라 칭할 만한 것은 고작 4회에 불과했다. 즉 로마의 공격, 게르만의 이주, 샤를마뉴 대제의 승전, 노르만인의 침입 등이 그것이다. 다만 이 4번의 대변혁 때도 유럽 전역의 강약의 세력 간에는 서로 큰 차이가 있지는 않았다. 모름지기 로마인이 아시아를 침범했을 당시에는 굳이 저항하는 자가 없어 쉽사리 정복했다고 하지만, 유럽의 여러 나라를 정벌할 때는 그렇지 않아서 수없는 고전 끝에 겨우 정복할 수 있었다. 또 그 후에 게르만족이 로마를 멸망시키는 일도 쉽지 않았으며, 샤를마뉴 대제의 승전, 노르만인의 침입 또한 극심한 곤란을 겪었다. 이는 즉 유럽에서는 예전부터 항상 나라들 사이의 강약 차이가 심하지 않았다는 증거일 것이다.

지금까지 프랑스의 대학사大學士 몽테스키외의 저서『법의 정신』에서 초역抄譯하였다. 계속 번역해 다음 호에 싣겠다.

2. 블룬칠리 씨『국법범론』발췌 번역 민선의원 불가립의 설

가토 히로유키

    일전에 전직 참의參議들께서 민선의원 설립의 논을 주장한 후 세상의 개혁당들이 연달아 여기에 한패가 되었다. 이들은 시세를 따지지 않고 인정을 살피지 않으면서 제멋대로 공의여론公議輿論이 가능하다며, 국가 치안의 방법으로 공의여론을 펼치는 것보다 나은 것이 없다고 주장한다. 따라서 이하의 글을 발췌 번역하여 지금 개명한 유럽에서조차도 경우에 따라서는 공의여론에 어긋나는 일이 없지 않은 연유를 증거로 제시하고자 한다.

    블룬칠리가 저술한『국법범론』에서는 이렇게 말한다. 만약 대신이 양원兩院 다수의 신망을 잃으면 국가에는 큰 해로움이 된다. 왜 그런가 하면, 형세가 그런 지경까지 이르면 양원은 대신의 처분을 두고 그러한 방법을 인준하기를 원치 않으므로, 설령 그 방법 중 많은 사람들에게 선량하고 도움이 되는 바가 있다 하더라도 이를 방해해서 결국에는 실행하지 못하게 되고 말 것이기 때문이다. 따라서 대신이 다수 양원의 미움을 사서 마침내 사면초가에 이르면 어쩔 수 없이 그 자리를 내놓는 것 외에 다른 방법이 없다. 그렇다고 해도 이것은 결코 국법의 규율로 정해진 것이 아니다. 일찍이 여러 나라에서는 오로지 양원 소수만의 지지를 얻은 대신이 다수의 미움을 살피지 않고 수년간 해 오던 바를 태연히 행하면서도 그 자리를 지킨 사례가 적지 않다.

영국에서는 옛날부터 팔러먼트 정령[1](영국에서는 팔러먼트의 권위가 성행하여 전적으로 정령의 실권을 쥐고 있었다)의 법이 행해져서, 팔러먼트 권위의 강성함이 실로 놀라울 정도였다. 모름지기 여타 입헌국가들에서 팔러먼트의 권위가 지나치게 강성해지면 대부분 치안에 해롭게 되는 일이 불가피했는데, 그럼에도 영국에서는 이러한 법이 도리어 치안에 도움이 되었다. 그렇기 때문에 대신이 팔러먼트에 패배할 경우 자칫하면 그 자리를 내놓게 되는 것이 종래의 관습이 되었던 것이다. 그런데 이러한 나라조차도 옛날부터 몇몇 대신들은 다수 하원下院의 미움을 사고도 여전히 수년간 정권을 문제없이 장악한 경우가 있었다. 예를 들면 현명한 재상이었던 피트[2]가 그러하다.

---

1   Act of Parliament. 국회제정법, 의원 입법을 말한다.
2   소(小) 피트(William Pitt the Younger, 1759-1806). 영국의 수상. 의회 다수파인 휘그당과 대립하면서도 프랑스혁명에서 나폴레옹 전쟁 시기의 어려운 정국을 맡아 이끌었다. 생년은 정확하게는 1759년생으로 잉글랜드 켄트주(州) 헤이스 출생이다. 대(大) 피트의 차남으로 케임브리지대학을 졸업하고 1781년 하원의원이 되었으며, 이듬해 재무장관이 되었다. 1783년 24세의 나이로 수상직에 올라 이듬해 총선거에서 압승을 거두어 정권을 공고히 하였다. 신흥 계급 출신의 청년 수상으로서, 재정의 건전화 및 관세의 경감에 의한 산업 진흥을 실행하였고, 의회제도의 개혁과 노예제도의 폐지를 제창하는 등, 이른바 신(新)토리주의에 의한 토리당으로부터의 탈피에 노력하였다. 프랑스혁명이 발발하자 혁명의 파급을 방지하려는 중심 인물이 되어 대불대동맹(對佛大同盟)을 지도하며 국내에서의 혁명적 태동을 억제하였다. 1800년에 아일랜드와의

생각해 보건대, 만약 유럽 각국에 대신이 한 번 패할 때마다 자리를 내놓는 풍습이 있다면 국가를 위해 대단한 불이익이 될 것이나, 영국의 경우 도리어 그렇지 않았던 것은 어떤 이유에서인가. 영국에서는 군주와 양원의 신망을 동시에 얻는 인걸人傑이 적지 않았다. 또 이 나라에서는 국가의 초석이 되어 강성한 권위를 갖춘 자로, 귀족, 부자 그리고 지식인이 있었다. 귀족들은 조상의 품행을 떨어뜨릴 것을 두려워하고, 부자들은 자신의 이익을 잃을까 걱정했으며, 지식인은 자신의 도리에 위배될까 근심했다. 그리하여 그들은 경거망동하며 감히 정부에 저항하고자 하는 욕심을 품지 않았다.

그런데 유럽 각국은 아직도 영국처럼 참된 안정을 얻지 못하고 있는데다가 평민의 권리가 지나치게 강대하다. 그러므로 설령 대신이 한 번 양원 다수의 미움을 샀다 해도 과감하게 이를 돌아보지 않고 태연하게 그 자리를 지키는 것이 매우 중요하다. 이를테면 비스마르크 백작[3]이 그렇다. 처음 수년 동안 그는 다수 양원의 미움을 샀지만, 과감히 이에 굴하지 않고 의연하게 자리를 지켰기 때문에 프로이센이 오늘날의 강대함을 이루고 나아가 독일 세력이 부흥하게 된 것이다. 다만 대신이 계속해서 다수의 미움을 사게 되면, 결국 그 자리에 있을 수 없는 형세가 되는 것은 이론의 여지가 없다(내가 전에 번역한 『국법범론』의 하첩下帖 제4책[4]에 이 문

합병을 실현하였으나, 종교 문제를 둘러싸고 국왕과 의견이 부딪혀 이듬해 사임하였다가 1804년에 다시 수상이 되었지만 곧 병으로 사망하였다.

3 오토 폰 비스마르크(Otto Eduard Leopold von Bismarck, 1815-1898). 독일 제국의 초대 재상. 군비확충 문제로 의회와 대립했을 때, "독일의 문제는 철(鐵)과 피[血]로 해결해야 한다"라고 연설하여 주장을 관철시켰다.

4 가토는 1872년(메이지 5) 5월 이후 문부성에서 『국법범론』 상하첩 전 11책을 간행했다. 해당 부분은 권7상, 제5관 「輔弼ノ官」이다.

장이 있는데, 지금 번역한 내용과 약간 증감의 차가 있다. 왜냐하면, 이전에 번역한 것은 1864년 간행한 제3판이고, 지금 번역하는 것은 1868년 간행한 제4판이기 때문이다).

지금 이 문장을 번역하는 것은 결코 공의여론을 불가능한 것으로 보기 때문이 아니다. 다만 시세를 보지 않고 인정을 살피지 않으면서 제멋대로 공의여론을 주장해서는 안 된다고 변론하고자 했을 따름이다. 청컨대, 독자들께서는 부디 괴이하게 여기지 않아 주시기 바란다.

✿

3. 프랑스인 '쉴리'[1] 씨의 국가가 쇠미하게 되는 징후를 든 조목은 다음과 같다

스기 고지

하나. 세금을 많이 징수하는 일.

하나. 매점매석하여 가격을 조작하는 행위. 단, 곡물을 매점매석하여
     가격을 조작하는 행위는 가장 해가 크다.

하나. 교역, 공작 혹은 농업을 태만히 하는 일.

하나. 세금을 징수함에 많은 잡비를 부과하는 일.

하나. 필요 없는 관리를 많이 두는 일.

하나. 국비가 많이 드는 일.

하나. 재판이 오래 걸리거나 적당하지 않은 조처를 내리는 일.

하나. 태만하여 공부하지 않는 일.

하나. 사치하는 일.

---

1   막시밀리앵 쉴리(Maximilien Sully, 1560-1641). 앙리 4세의 재무관료로 재정 정리 및 농
     업의 장려 등을 추진하였고 왕권의 강화에 진력하였다.

하나. 무익하게 소비하는 일.

하나. 종교를 멋대로 하여 지키지 않는 일.

하나. 자주 화폐를 바꾸는 일.

하나. 자주 전쟁을 벌이는 일.

하나. 정치를 멋대로 사정에 따라 행하는 일.

하나. 지식을 넓히는 것을 기피하고 싫어하는 일.

하나. 실정을 계속하고 고치지 않는 일.

위와 같은 것들이다.

'쉴리'는 1600년대 사람이다. 이전의 프랑스 재상으로 위그노 전쟁의 여폐를 계승해 나라를 잘 다스렸다. 무릇 당시 영국, 네덜란드 등이 모두 이 '쉴리'의 주장에 따라 개혁을 행했다. 지금 우리 나라 사람들이 이 항목을 보고, 진부하다 할지 여부는 잘 모르겠다. 그런 까닭에 잠시 적어 이것을 우리 모임의 일지[2]에 싣는다.

---

2   『메이로쿠잡지』를 가리킨다.

4. 종교론(敎門論) ①

니시 아마네

종교는 믿음에 기초한다. 믿음은 지식이 미치지 않는 바에 근거한다. 사람이 어떤 것을 알게 되면 그 이理는 곧 자기의 소유가 된다. 그렇지만 능히 알 수 없으면 단지 그 아는 바를 미루어 모르는 바를 믿을 뿐이다. 까닭에 그 이치 또한 자기의 소유가 아니다. 그렇다면 곧, 필부필부匹夫匹婦가 나무나 돌, 벌레나 짐승을 신으로 믿는 것도, 고명박식한 자가 천天을 믿고, 이理를 믿고, 상제上帝를 믿는 것[1]도, 모두 모르고 믿는 것이다. 여기에 차등은 있을지언정, 그 방법(揆)은 곧 동일하다.

이렇게 소위 믿음이라는 것은 사람들 마음속에 있다. 그러므로 용기 있는 자도 힘으로 타인의 믿음을 빼앗을 수 없다. 지식 있는 자도 말로 타인에게 믿음을 강요할 수 없다. 때문에 정부는 종교를 사람들이 믿는

---

1   도리에 어두운 서민이 별 볼 일 없는 것을 신앙의 대상으로 하고, 신분이나 지식이 있는 사람이 유교의 천(天)이나 이(理), 혹은 크리스트교의 신을 믿는 것을 말한다.

바에 맡겨야 하며, 반드시 이것을 믿게 하고 반드시 저것을 믿지 못하게 하기란 불가능하다. 어찌 보면, 소위 정부라는 것 또한 사람이다. 이미 사람인 이상 가령 고명박식하여 우부우부愚夫愚婦보다 뛰어난 바가 많다고 한들, 역시 모르는 바를 믿는 것은 똑같다. 내가 이미 모르는데, 남으로 하여금 내가 믿는 바를 믿게 하려 한다면 그것이 도리가 아님은 명백하다. 그것이 이미 도리가 아니라면 그 권위 또한 없음이 명백하다.

어떤 이가 다음과 같이 물었다.

당신의 말이 옳다. 옳다고 해도, 우리 신神을 버리고 남의 신을 믿는 것, 이는 근본과 본말本末을 그르친 것이 아닌가?

이에 대해 내가 다음과 같이 답했다.

믿음에 본말 따위는 없다. 단지 진실로 믿을 따름이다. 저 필부필부가 나무나 돌, 벌레나 짐승을 믿는 것도, 진실로 믿는 것이다. 만일 그것이 거짓임을 알면, 곧 그 믿음은 거기에서 그칠 것이다. 그러므로 믿음에는 본말이 없고, 옳고 그름도 없다. 단지 그 진실로 여기는 바를 믿을 뿐이다. 어찌 본말, 옳고 그름으로 남의 믿음을 빼앗을 수 있겠는가.

어떤 이가 다시 다음과 같이 물었다.

당신의 말이 옳다. 옳다고 해도, 그것이 국체와 서로 간섭한다면 이것을 어찌 다루겠는가. 당신의 말처럼 정부가 이미 종교를 시비할 권리가 없다 하여, 이렇게 인민의 기호에 맡겨 두면 국체에 해가 되는 것이 아닌가?

내가 이에 다음과 같이 답했다.

저 정치의 권權과 종교의 도道는 원래 근본을 같이하지 않는다. 그러므로 인민이 정부의 법률에 따르는 일은 곧 그야말로 태어난 날에 시작해서 죽는 날에 끝난다. 따를 마음이 있는지 없는지 묻지 않고, 법률에 복종할지 어쩔지 물을 뿐이다. 정치의 주된 목적은 인민을 모으고, 국가를 이루며, 옳지 않은 것이 옳은 것을 침범할 수 없게 함으로써 치안을 지키는 것이다. 이것은 정부의 의무이자 권리이기도 하다. 거기에 어찌 예외를 둘 여지가 있겠는가. 그런데 종교의 도는 그야말로 그것과 상반相反한다. 관련하는 바가 현재 세상에 한정되지 않고, 돌이켜서는 과거에 이르고, 전망해서는 미래에 미치는 것이다. 법도에 복종할지 어떨지 논하지 않고, 그 마음속에 있는지 어떤지 물을 뿐이다. 종교의 주된 목적은 귀의하는 사람을 모으고, 마음속의 선악가부善惡可否를 따져 선에 복종하고 악을 고치며, 이로써 사후의 고락苦樂을 판가름하는 것이다. 어떻게 현세에 있으면서 정령과 법률 밖으로 벗어날 수 있겠는가. 그러므로 정치와 종교는 전혀 근본을 달리하는 것이다. 어떻게 서로 간섭하며 종교로 인해 정치가 해를 입는 일이 있겠는가.

그런데 세상에는 신교정치神教政治, Theocracy라는 것이 있다. 옛 유대국, 옛 이집트, 옛 천축, 지금의 티베트와 같은 나라들이 그러하다. 이처럼 혼돈한 세상에서는 인걸이 고의로 정교의 권리를 한 손에 쥐고 가르치며 다스렸다. 예전에는 그러한 흐름이 어쩔 수 없는 것이었다고 해도, 후세에 인지人智가 융성하여 열리면서 인민이 굳이 그 허망함을 믿지 않았다. 이렇게 낡은 관습은 결국 폐지되는 것이 또한 세상의 흐름이다. 그러므로 정부에서 종교의 도를 통해 정치의 권력에 관여함에 그 인민이 티베트와 같이 어리석고 무지하다면 어쩔 수 없다. 만약 인민 가운데 일단 그 허망함을 분별하여 아는 자가 생기면 그 나라는 반드시 몰락하여 되돌릴 수 없다. 옛날에, 한 야만 왕국이 있었다. 그 왕이 홀로 일식과 월식을 관측하는 법을 알아서 대대로 전하며 왕실의 비밀로 하였다. 이를 보고 인민이 또한 경복敬服하여 왕의 명령이 위엄을 가지며 행해졌다. 그 후에 인민이 진화하여 마침내 일식과 월식을 관측하여 알 수 있음을 깨닫자, 그 왕가는 결국 권력을 잃었다. 대저 의지해야 할 바를 의지하지 않고, 허망한 것이 드러나지 않는 데에만 기댄다면, 결국 멸망하지 않을 수 없다. 그러므로 정부가 혹시라도 신교정치의 모습을 가지고 있다면, 부디 신속히 정교正教가 서로 연결되어 있는 맥을 끊어 종교의 해로움이 정치의 해로움으로 이어지지 않도록 해야 할 것이다.

5. 벽돌 건물(煉火石造)에 관한 설

니시 아마네

　내가 예전에 유럽에서 유학할 때 벽돌로 지은 집을 보았다. 높이가 5~6층이고 넓이는 2~3헥타르 정도였는데, 견고하고 단단하여 흔들리거나 비틀어지지 않는다. 우뚝 선 석벽이 사방을 둘러싸고 있다. 요새 우리나라의 신바시新橋 북쪽 지역 거리도 이런 건축 방법을 사용한다.[1] 견고하고 단단함이 유럽에 비해 모자라기는 해도 역시 볼만하다. 그렇다면 이제 석공들의 기교를 권력자에 비유해 보고자 한다.

　벽돌은 본래 성질이 견고하고 치밀하며 모양이 반듯해서, 굽지도 휘지도 않으므로 석공이 이것으로 겹겹이 층을 쌓아 높고 크게 건물을 지을 수 있다. 그런데 만일 석공이 다루는 돌의 성질이 견고하고 치밀하지 않으며 형태도 반듯하지 못해서 오로지 석회에만 의존하여 강한 압력을

1　1872년(메이지 5) 대화재 이후, 오쿠라쇼[大藏省]와 도쿄부[東京府]가 긴자[銀座] 지구를 벽돌거리로 바꾸려는 계획을 진행하여 1878년에 완성되었다.

견디도록 겹겹이 층을 쌓으려고 한다면, 그 돌이 서로 부딪히고 갈리면서 반듯한 모서리도 닳아 없어지고 뾰족한 모양도 깎여서 둥글게 변해버리고 말 것이다. 그렇게 된다면 석공이 무엇에 의지하여 높고 큰 건물을 지을 수 있겠는가.

만약 관리가 아랫사람에게 강하게 압박을 가하여 각 개인들의 권한(權分)을 훼손한다면, 사람들은 자신의 권한을 보존할 수 없고, 결국에는 소극적인 풍속이 등장할 것이다. 만약 일단 소극적인 풍속이 등장하면, 때때로 의연하고 강직한 자가 나오더라도 다시 세상의 추이에 순응하지 않을 수 없을 것이다. 마치 반듯한 돌 수십 개가 둥근 돌과 서로 부딪혀 갈리게 되는 것과 같으니, 어찌 날카로움을 유지할 수 있겠는가. 하물며 관리가 사람들의 권한을 훼손하고, 또한 잠시 동안만이라도 자신의 의견에 따라 너의 반듯함을 굽히라고 한다면, 마치 석공이 반듯한 돌을 멋대로 망치로 부수고 정으로 깨서 사용하는 것과 같으니, 훗날 다 무너질 것이다.

대저 견고하고 치밀하며 반듯한 것이 벽돌의 성질이다. 인민이 권한을 지키는 것도 사람의 성질이다. 지금 혹시라도 그 성질을 바꾸어서 벽돌을 둥글게 만들고 사람을 원만하게 만든다면, 석공이 자신의 재주를 다하고 권력자가 자신의 능력을 발휘하는 것이겠지만, 이것은 또한 그야말로 그 힘을 쓸 기반도 없애는 것이다. 만약 긴 벽 사이에 있던 벽돌 하나가 무르고 거칠어져 빠져나오기라도 하면, 견고하고 치밀한 다른 벽돌도 덩달아 빠질 것이다. 그렇다면 지리멸렬함이 벽의 한 면에만 그치지는 않을 것이다. 그러므로 석공이 돌 하나의 성질도 가벼이 여기지 않고 권력자가 필부의 권한을 무시하지 않으면, 능히 공을 이룰 수 있을 것이다. 하물며 벽돌은 본래 거칠고 무르고 인민의 권한은 매우 박약한 우리 나라와 같은 경우는 어떠하겠는가.

처음 유신을 이루었을 때에는 제도가 간소하여 사람들이 자못 의기양양한 기운이 있었다. 지금은 사람들이 태만하여 패기가 없고, 무기력한 풍속이 만연하고 있다. 게다가 온갖 제도가 정비되고 각종 규칙이 갖추어지면서 힘으로 핍박하는 폐단도 생겨나지 않을 수 없으니, 이에 벽돌 건물의 설을 제시한다.

메이로쿠잡지
제5호
(4월 15일)

—

✿
1. 보호세가 잘못이라는 주장

쓰다 마미치

　요사이 우리 나라 각 항구에 출입한 상품들의 액수를 비교한 것을 들으니, 지난 1872년(메이지 5)에는 수입한 물품이 수출한 금액보다 많아 대략 800만 엔円, 1873년(메이지 6)에도 수입한 액수가 수출보다 많아 대략 700만 엔에 이른다고 한다. 이에 더해 각 원院, 성省, 사使, 부府, 현縣 및 민간에서 고용한 외국인 교사들의 급료가 모두 200만 엔, 국채 이자가 약 1만 엔이라 한다. 그렇다면 우리 나라의 돈이 밖으로 나가서 되돌아오지 않는 것이 어림잡아 10년이면 대략 1억 엔에 이른다. 그렇다고 한다면, 우리 나라의 재화는 십수 년이 지나지 않아 모두 사라져 버리고 말 것이다.

　나라를 근심하는 어떤 이가 말하길, 무릇 재화란 인민의 자본으로, 바로 국가가 존립하는 근거이다. 이러한 것을 하루아침에 저렇게 날려 버리면 인민은 무엇으로 살릴 것이며 국가는 어떻게 세울 것인가. 어찌 깊이 탄식하며 크게 한숨을 내쉬지 않을 수 있겠는가. 이를 미리 방지할 대책을 만들어야 할 것이다. 옛날 유럽에 어느 지식인이 처음으로 보호세 관련 법을 만들어서 이런 폐해로부터 나라를 구하였고, 지금 미국에서는 이를 이어받아 쓰고 있다. 지금 우리 나라의 형세를 보면 국운을 유지할 방책은 오로지 보호세의 법에서 배우는 수밖에 없을 듯하다고 주장한다.

나는 이 주장이 옳지 않다고 답한다. 무릇 보호세란 보호는커녕 도리어 일반 국민에게 해를 끼치는 악법이라는 것은 서양 각국 경제학자들이 이미 분명하게 밝힌 바라는 점에 대개 이견이 없다. 다만 미국에서는 이를 옳다고 하는 주장이 다수라고 한다. 생각해 보면, 미국의 공업은 유럽의 정묘함에 비하면 서툴고 졸렬한 데가 있어서, 물건을 제조하는 비용이 아직 유럽처럼 저렴하지 못하다. 그러므로 외국에서 들어오는 상품에 높은 세금을 부과하여 나라 안의 공장을 보호한다. 여기에는 아마도 일반 인민이 여전히 불리함을 면치 못하더라도, 미국의 공장은 크게 키우려는 목적이 있을 뿐이라고 생각된다.

대저 우리 나라의 학술과 공예를 미국과 비교하면 어떠한가. 아직 동등하다고 말할 수 없을 것으로 여겨진다. 하물며 유럽 각국과 경쟁할 수 있겠는가. 거의 어린 여자아이를 뛰어난 사내와 겨루게 하는 것과 같은 모습이 아니겠는가. 바로 이것이 외국인 교사의 급료가 200만이나 되어도 또한 어쩔 수 없는 까닭이다. 그렇다면 지금 우리 나라의 형세에서 함부로 미국이 나라를 다스리는 방책을 배우려는 것이 지혜로운 일인지 어리석은 일인지는 말할 필요조차 없다고 할 것이다. 그렇지만 세상에는 소위 경박한 생각과 언동으로 진보를 주장하는 자들(輕進者流)이 매우 많으므로, 아직 보호세에 관한 주장이 세상에 나오지 않은 지금, 내 의견을 몇 가지 말해 두고자 한다.

먼저 우리 나라는 각국과 무역 조약을 맺으면서 세칙을 정했다. 그 때문에 우리 정부가 하고 싶다고 해서 함부로 보호세 정책을 행할 수 없다. 이것이 보호세를 시행할 수 없는 첫 번째 이유이다.

철은 중량이 나가는 물품으로 운송 비용이 적지 않다. 그런데 지금 멀리 영국에서 수천 리 바닷길을 건너온 철의 가격이 도리어 우리 나라 고유의 철보다 저렴하다. 그 이유는 오직 광산의 채굴 및 제철 기술의 능력과 관계된다. 옛말에 지식이 있고 없음은 서로 3십 리의 거리가 있다고 한다.[1] 지금은 기술이 있고 없음이 3천 리보다 더 큰 거리가 있다. 어찌 이것이 제철만의 문제겠는가. 모든 기술, 공예가 서로 떨어져 있는 거리가 또한 대개 그 정도이다. 그런데 보호세라는 한 개의 법을 가지고 저들의 기술, 공예와 다투고자 하니, 이 또한 단지 미숙할 뿐만 아니라 대단히 생각이 없는 일이라고 하지 않을 수 없다. 이것이 보호세를 시행해서는 안 되는 두 번째 이유이다.

옛날에는 우리 나라에서 서양의 물건을 대하는 것이 그저 장난감 정도를 좋아하는 데 지나지 않았다. 지금은 의복, 가정의 일상용품에서부터 음식 재료에 이르기까지 모두 빠질 수 없는 주요 물품이 되어 버렸다. 도시에서는 가옥 제작까지 종종 서양식으로 변하였다. 그런데 이제 와서 나사羅紗,[2] 모포毛布와 같이 모든 필수적인 서양 물품들에 무거운 세금을

---

1   '유지무지교삼십리(有智無智校三十里)'라는 말에서 유래. 위나라의 조조(曹操)가 참모인 양수(楊脩)와 길을 가던 중 후한의 효녀로 알려진 조아(曹娥)의 비석 곁을 지나게 되었다. 그 비석 뒤에 '황견유부외손산구(黃絹幼婦外孫韲臼)'라고 적힌 것을 보고는 양수에게 그 의미를 알겠느냐고 물었다. 양수가 알겠다고 답하자 조조가 답을 막으며 자신이 알 때까지 기다리라 말하고 삼십 리를 더 가서야 그 의미를 깨닫고는 양수에게 답을 말해 보라 하였다. 양수는 '절묘호사(絕妙好辭, 매우 훌륭한 문장이라는 의미)'라는 의미라 답하였고, 조조는 '내 생각과 같다'라고 답하였다. 이로부터 아는 자와 모르는 자 사이의 차이가 크다는 뜻의 고사로 사용되었다.

부과하여 우리 나라 공예를 보호하려 한다고는 해도, 우리 나라 안에는 아직 이런 것들을 만들 공장조차 없다. 이것이 보호세를 반대하는 세 번째 이유이다.

10년 전까지 국내에서는 대개 양이론攘夷論[3]을 주창하였으나, 지금은 바뀌어서 사람들이 대부분 서양풍을 따르고 서양 물건을 좋아하여, 마침내 수출입의 차이가 해마다 많게는 수백만 엔에 이르렀다. 이는 시대의 흐름과 기운(時運)이 그렇게 만든 것이라고는 해도, 동시에 정부 관리들이 풍속을 개량함으로써 이렇게 된 것이기도 하다. 그런데 지금 별안간 서양 물품에 무거운 세금을 부과하고 그 수입을 줄여서 세상 사람의 수요 충족을 방해하려고 한다. 이는 어떤 물건을 오른손으로는 떠받치면서 동시에 왼손으로는 억누르는 것처럼 조리가 없는 일이라고 말할 수 있다. 바로 이것이 보호세의 주장을 잘못이라고 말하는 네 번째 이유이다.

지금 우리 나라의 형세는 사람들이 이제 겨우 서양 개화의 옳고 아름다운 모습을 담장 너머에서 간신히 들여다보는 정도로, 아직 개화의 깊은 경지에는 들어서지 못했다. 혹시 이를 사람에 비유한다면 소학교에 입학한 아이 정도로, 아직 대학에 들어간 학생에 비유할 수는 없을 것이다. 그런데 대학생이라고 해도, 아직 자기 일을 가질 정도(成業)가 되지 못하면, 해마다 허다한 학비를 내기만 할 뿐, 아직 이익을 얻을 수는 없다. 그러므로 우리 나라의 지금 상황에서 세상 사람의 지식이 한층 진전하면

---

2   양털 또는 거기에 무명, 명주, 인조 견사 등을 섞어 짜서 양복감으로 쓰는 모직물의
     하나. 포르투갈말 raxa의 음차이다.

3   외국 사람을 물리쳐 몰아내자고 하는 주장. 19세기 중반의 일본에서는 서양 세력의
     통상 및 외교 등의 요구에 대해서 받아들여서는 안 된다고 하는 정치적 주장이 비등
     하였고, 이것이 결국 에도막부가 무너지는 단초를 마련하게 되었다.

수출입의 차이도 따라서 더 커지게 된다. 어찌 그것이 줄어들기를 바란다는 말인가. 이것이 보호세를 시행해서는 안 된다고 말하는 다섯 번째 이유이다.

그렇다고 해서 지금의 상황을 그냥 내버려두면 십수 년 뒤에는 우리 나라 안에서 재화의 그림자조차 구경할 수 없게 될 것이라고 걱정하는 이들이 있다. 단언하건대, 이는 걱정할 일이 아니다. 내가 단연코 그렇게 되지 않을 것이라 보장한다. 무릇 수출입의 균형이 때에 따라서 오르내릴 수 있는 것은 면할 수 없지만, 크게 보면 결코 그 균형을 잃는 경우가 없다. 이것은 마치 추위와 더위(寒暑), 바람이나 밀물 썰물이 때에 따라서 변화가 생기는 일을 면할 수는 없으나, 크게 보면 결코 그 균형을 잃지 않고, 결국에는 왕래하고 순환하여 그 균형을 회복하면서 자연법칙에 어긋나지 않는 것과 같은 이치이다.

그렇다면 수출입의 차이는 어떻게 그 평균을 회복할 수 있는가? 혹은 수출을 증가시키고, 혹은 수입을 감소시키는 두 길 외에는 없다. 대저 우리 나라의 요사이 상황을 보면 개항 후 수년간은 수출량이 수입보다 많았고, 이후 3~4년간은 수입량이 수출보다 많았다. 이로써 생각해 보면, 이후 수년간은 수출액이 수입을 넘어설 것이다. 이처럼 수출입의 증감은 계속해서 순환한다. 자연의 법칙은 그사이에 널리 미쳐서 결코 평균을 잃는 일이 없다. 이렇게 하다 보면 공예는 점차 발전하고 개화는 진전하는 것이다. 결코 쓸데없는 걱정을 하지 말지어다.

✿
2. 종교론 ②

니시 아마네

정부가 이미 종교와 서로 연결된 맥을 끊고 정치의 대권을 명확히 하
며 공정한 법도를 세워 백성들에게 임한다면, 민간에 수백 가지 종교가
있어도 각각 그 믿는 바를 믿게 하고 각각 그 받드는 바를 받들게 하는
것이 어찌 정치에 해가 될 수 있겠는가.

옛날 서양 중세에는 각국 정부가 대개 그 시작과 끝을 종교와 함께했
다. 종교는 왕권에 의지하여 일어섰고 전쟁으로 융성했다. 카를 대왕[1]의
영웅적 행위는 법왕法王[2]이 그에게 관冠을 더하여 제帝라는 칭호를 얻을
수 있었고, 하인리히 4세[3]의 난폭함은 맨발로 땅을 포복하며 법왕에게 애

---

1   카롤루스 대제(Carolus Magnus, 742-814)를 가리킨다. 프랑크왕국 카롤루스 왕조의 2대
    왕으로, 게르만 민족 대부분을 통합하면서 800년에 교황 레오 3세(Leo Ⅲ, 750-816)로
    부터 서로마 황제라는 대관을 수여받았다. 샤를마뉴 대제라고도 한다.
2   교황. 여기에서는 구체적으로 레오 3세를 가리킨다.
3   중세 독일 잘리에르 왕조 제3대 국왕이자 신성 로마 제국 황제인 하인리히 4세

걸하였음에도 그 자리를 회복하지 못하였으니, 즉 종교 절교법(敎門絶交の 法)[4]에서 감방 아문 제도(監謗衙門の制)[5]에 이르기까지 폐해가 미치지 않는 곳이 없었고, 파괴와 혼란이 또한 극심했다고 말할 수 있다.

근세에 이르러 마침내 그 폐해를 깨달으면서 정교의 맥은 판연하게 분리됐다. 즉 법왕이 나라를 잃은 것도, 대체로 관계없거나 무관심한 인민보다 신봉하던 이들이 적었기 때문이다. 하물며 한 나라 안에 유대 무리가 야소耶蘇 신구新舊 무리와 나란히 서서 왕에게 복종하는 일도 있었으니, 어찌 종교로 정치가 해를 입었다고 할 수 있겠는가.

어떤 이가 다시 물었다.

그렇다면 이른바 그 연결을 끊으려면 어떤 방법이 있는가?

내가 다음과 같이 답하였다.

종교를 감독하는 관청[6]을 두고 여러 종교를 관할하는 것은 단지 그 분쟁을 금지시키고자 할 뿐, 그 신봉하는 바가 여우이건 너구리이건 여래이건 천인天人이건 간에[7] 우리는 굳이 그것을 따지지 않는다. 또한 그 성쇠盛衰와 다과多寡는 모두 그들에게 위임하고 우리는 굳이 관여하

(Heinrich IV, 1050-1106)를 가리킨다. 교황 그레고리우스 7세와 주교 서임권(敍任權) 논쟁을 벌이던 중 교황을 폐위시켰다가 오히려 파문을 당해 맨발로 3일간 기다려 사죄한 '카노사의 굴욕' 사건으로 유명하다.

4   파문(excommunication). 교회로부터 추방되는 가톨릭의 형벌이다.
5   이단심판제도. 교황청 직속의 심문관에 의해 행해진다.
6   당시 일본에서는 교부성(敎部省)이라는 종교 담당 기관이 설치되어 있었다.
7   당시 일본인의 대다수가 신앙하고 있었던 속신이나 세속적인 불교를 가리킨다.

지 않는다. 우리는 단지 정치에 해가 되는 것을 금지하고, 그 제방을 단단히 하여 넘어오려는 것을 잡아다 처벌한다. 조금도 그것의 옳고 그름에 마음을 쓰지 않을 뿐이다.

무릇 정부 입법의 체體는 외형으로 드러나는 것을 제어한다. 그 내심에 존재하는 바의 가부를 따질 수 없다. 지금 만일 정치를 하는데 내심 존재하는 바를 다스리고자 한다면 필시 급히 집마다 명령을 내리는 것만으로도 시간이 부족할 것이다. 아무리 채찍을 때려 엄하게 책망한들, 외형적으로는 굴복해도 내심으로는 따르지 않을 텐데 과연 이것을 어찌하겠는가. 삼군三軍 대장의 힘은 빼앗을 수 있지만, 아무리 미약한 필부라도 그 의지를 빼앗을 수 없음은 고금의 이치이다.[8] 고로 사교의 아문은 내심으로 신봉하는 바가 어떠한지를 논하지 않고, 다만 외형적으로 드러나는 국가의 정치와 모순을 금지하는 것으로 충분하다.

지금 인민이 그 나라의 정부에 복종하며 그 나라를 주재하는 권력을 귀속시킨 제왕이라는 자를 존봉경숭尊奉敬崇하는 것은 발가락으로 그 국경의 한 줌 흙을 밟는 날부터 시작되는 인민의 의무이다. 하물며 태어나면서부터 저 땅에 거주한 자라면 어떠하겠는가. 이것은 법령으로 명시하지 않더라도 너무나 명백한 의무인 것이다. 그러므로 만일 이 사항을 어기는 자가 있다면 책임을 물어 국외로 쫓아내거나 사형에 처하는 벌을 준다 해도 전혀 두려워할 바가 아니다. 그렇지만 정부는 인민이 제왕을 믿게 하기를 마치 신이나 이理, 조물주를 믿는

---

8   『논어(論語)』「자한(子罕)」편의 "삼군 대장의 권한을 빼앗을 수는 있지만, 일개 필부의 의지는 빼앗을 수 없다[三軍可奪帥也, 匹夫不可奪志也]"에 의거한다.

것처럼 믿게 하고 싶어 한다. 그러나 세상에 과연 그렇게 믿는 자가 있을까. 제왕인 자가 대단히 존엄하다 할지라도 또한 인간에 다름 아니다. 제왕 역시 똑같은 인간이므로, 그 믿음 역시 자신이 알지 못하는 바에서 나온다. 그런데 이렇게 자기도 알지 못하고 믿으면서 사람들에게 억지로 믿게 만들려고 한다면, 천하에 진심으로 거기에 복종할 자가 없을 것이다. 하물며, 저 이른바 신이라는 존재와 견주려 하고, 조물의 시작으로 되돌아가 만유萬有의 궁극에 통달한 자와 권위를 나란히 하고자 한다면 대체 누가 그와 같은 망령된 주장을 믿는다는 말인가.

서양 각국의 왕은 병마를 점검하고 학자의 회합을 열며 혹은 병원을 찾거나 공장으로 향하기도 한다. 발으로 야외로 말을 몰아 달리고 인민과 서로 친하게 지내려고 애쓴다. 그러므로 티베트의 살아 있는 부처⁹를 믿는 인민처럼 숭배할 이유가 없다. 지금 물고기와 곰 발바닥¹⁰을 함께 얻고자 하지만, 그런 일은 애초부터 불가능한 것이다. 그러므로 사교의 아문은 인민이 믿는 바를 그대로 두고, 단지 정령으로 외형적으로 드러나는 것만을 다스리는 것으로 충분하다.

어떤 이가 다시 다음과 같이 물었다.

그 외형적으로 드러나는 것을 다스린다 할 때, 그 다스리는 법이란 어

---

9 티베트에서는 라마교의 법주인 달라이라마를 부처의 화신[活佛]으로 여긴다.
10 『맹자(孟子)』「고자(告子)」편의 "물고기는 내가 바라는 것이고, 곰 발바닥도 역시 내가 바라는 것이다. 둘 다 가질 수 없다면 물고기를 버리고 곰 발바닥을 취하겠다[魚我所欲也, 態掌, 亦我所欲也. 二者, 不可得兼, 舍魚而取態掌者也]"에 의거한다.

떤 것인가.

내가 이에 대해 다음과 같이 답했다.

금지령으로 그것을 다스린다.
시험 삼아 한두 가지를 든다면, 여러 종문宗門이 서로 논쟁하는 일을 금지한다. 다만 책을 써서 이치의 가부를 논하는 일은 금지하지 않고, 만약 그것이 욕하고 비난하는 데에 이른다면 벌해야 한다. 무릇 교지가 논쟁을 일으키는 경우, 우리는 시비를 따지지 않고 논쟁을 일으킨 죄를 처벌해야 한다.
여러 종문의 무리가 정해진 예법을 무너뜨리거나 그 거동이 풍속을 어지럽힐 우려가 있다면 금지해야 한다. 교도의 불신으로 인해 그 종문을 바꾸는 일은 자유로워야 하며, 이를 방해하는 자가 있다면 처벌해야 한다. 대체적으로 여러 종문을 믿지 않거나, 혹은 여러 종문을 동시에 믿는 것 또한 자유로워야 하며, 이를 방해하는 자가 있다면 처벌해야 한다.
같은 마을에 산다는 이유로 믿지 않는 사람을 핍박하거나, 금전을 억지로 내게 강요하는 것을 금지해야 한다.
관의 허가를 받지 않고 사당이나 회당을 세우는 것을 금지해야 한다.
관이 허가한 사당이나 회당의 바깥에서 종교 의식을 행하는 것을 금지해야 한다. 공공연히 기치를 들고 금고金鼓를 울리며 종법의 축문을 노래하는 등의 행위는 오직 관이 허가한 사당과 회당 경내에서만 허락되며, 다른 장소에서는 엄격하게 금지해야 한다.
장례 및 제사 의식이 각자의 종법을 따르는 것은 그 묘지로 쓸 지역으로 넘어간 후에 비로소 그 의식을 행하도록 허락하며, 길을 가는 도중 행하는 것은 엄격히 금지해야 한다.

사람들이 거주하는 실내에 대해서 말하자면, 자신이 믿는 바에 따라 제단이나 감실, 선반이나 누각[11]을 만들어 기도하고 제사하는 것은 자유지만, 집 바깥에서는 작은 사당이라도 짓는 것을 금지해야 한다

대개 관이 허가한 사당과 회당 이외에, 평민의 집에서 10인 이상의 교도들이 집회하는 것은 금지해야 한다.

대개 사람이 없는 산림에서 교도들이 집회하는 것을 금지해야 한다.

대개 거리에 사당이나 감실, 어떤 형상이나 무덤을 만들어 두거나 교도가 기이한 복식을 입거나, 또는 목상이나 석주石主를 개비開扉[12]한다며 먼 곳에서 옮겨 와 원근을 어지럽혀 사람들의 눈을 현혹하는 일은 일절 근거가 없는 경우는 철저히 금지하며, 최대한 각자의 교도들이 교리를 준수하게 한다.

이러한 금지령 중 중요한 것은 사법 관청의 법으로 다스리고, 가벼운 것은 풍헌부風憲部[13]의 금령으로 게시하여 풍헌부가 그 비위를 단속하고 규찰하게 해야 한다. 사교의 아문은 그저 관리하고 분쟁과 송사를 주시하며 점검하는 것으로 충분하다. 여러 종교 중에서 학덕學德의 위계 같은 것은 우리가 아직 그것을 수여하고 구별하여 정할 권한이 없다. 저 종교가 미리 정한 내용과 저 회중이 선택한 바에 따르며, 우리가 거기에 관여하지 않는다. 미타彌陀라고 부르든, 보살이라 부르든,

---

11   제사를 행하는 단이나 건축물 등의 종교적 조형물을 의미한다.
12   평소에는 보여 주지 않는 불상 등을 특별히 공개하여 보여 주는 것을 의미한다.
13   풍기를 단속하는 관청 부문이다.

여래라 부르든, 성인聖人이니 상인上人이니 화상和尙이니 장로長老니 부르는 것도 저들의 학덕 안에서 논할 따름이다. 애초부터 우리가 관여할 수는 없다. 이것을 정부의 위계나 무관의 서열과 서로 비교하려는 것은, 마치 중重과 여黎가 일찍이 끊은 지천地天의 통함[14]을 다시 일으키고 신과 인간을 화합하여 그것이 하나가 되기를 바라는 것이나 마찬가지이다. 지금 만약 정부가 종교와 관련된 성직자에 대해 공적의 유무를 따져 등용하고 내치거나, 혹은 위계를 정하는 권한을 가진다면, 정부가 그 종교를 믿는 것이 된다. 그렇다면 즉 석가도, 달마도, 산야山野에 기거하는 수도승도, 땡중도, 심하게는 여우나 뱀까지도 모두 정부와 하나로 연결된 친한 부류가 될 것이다. 이 또한 기이한 일이 아니겠는가.

[14] 중국의 개벽설화에서 보이는 신으로, 『산해경』「대황서경(大荒西經)」에서는 제황이 중(重)과 여(黎)에게 명령해서 천지를 떨어지게 하였다고 하며, 『서경(書經)』「여형(呂刑)」에서는 중여가 상제의 명을 받들어 천지를 격절시키고 신과 인간의 교통을 끊었다고 전해진다.

✿
3. '북아메리카합중국의 자립'

스기 고지

영국인이 북아메리카에 이주하고 식민지를 개척한 것은 엘리자베스 여왕 때에 시작되었다. 그 후 종교 때문에 프랑스, 네덜란드, 독일 사람들도 자기 나라를 떠나 여기에 옮겨 살면서 식민지는 더욱 광대해졌다. 이민자들은 토지를 기반으로 경작에 종사하고 목축을 생업으로 삼아 국가 안정과 번영의 기초로 삼았다. 그들은 권력을 가진 귀족이 아니라 모두 같은 평민이었다. 단 남부 지방만 흑인 노예를 사역해서 농업을 경영했다. 자연의 지세와 수리水利를 이용하여 교통하고 세관을 통과할 때 강제적으로 세금을 부과하지도 않았다. 종교를 각자가 믿는 대로 두고 또 영국 풍습에 따라 자치를 위주로 자유의 기상을 길렀다.

1755년[1] 북아메리카에서 영국과 프랑스가 식민지의 경계를 다투면서 소위 7년 전쟁[2]이 일어났다. 이런 까닭으로 영국은 군비를 식민지에서

---

1   정확한 해는 1756년이다.

충당하려고 했다. 이것이 무리한 일은 아니었지만, 영국의 왕당내각[3]은 식민지에 상의하지 않고 의회(議院)하고만 상의하여 제멋대로 세금을 납부시키려고 했기 때문에 식민지에서는 대표를 의원에 보낼 수 없는 자에게는 세금을 부과하면 안 된다는 영국 국법의 조항을 들어 항론抗論했다.[4]

그러나 1764년 영국은 종래 식민지에서 무세無稅로 수입하던 설탕, 커피, 비단에 세금을 증세하여 납부시켜서 아메리카 방위 비용에 충당하라고 명령했다. 따라서 식민지 인민은 그것이 국법에 어긋나며 민권을 해친다고 분개하며 호소했지만, 영국은 호소를 들어주지 않았다. 1765년에는 아메리카 상인에게 반드시 인지印紙를 사용하라는 명령이 다시 내려왔다. 이로 인해 식민지는 크게 동요하였고, 모두 인지를 거절하였다. 인지 제도를 철폐하지 않으면 영국 물품은 일체 수입하지 않는다고 동맹했다.

영국은 이 요구를 받아들여 1766년 인지 제도를 철폐했다. 그러나 영국은 앞에서 세금을 부과하기로 의결한 내용에 대해서는 철폐할 뜻이 없었다. 그리고 이듬해 다시 수입품 차茶, 종이, 납, 염료 및 유리에 모두 과세를 명령했다. 따라서 매사추세츠 상인들은 보스턴에 모여서 회의를 열고 영국에서 수입된 물건은 절대 사지 않기로 결의했다. 또 회람장을 돌려서 이러한 내용을 사방에 전했다. 민중은 모두 한마음으로 협의하며

---

2   1756년부터 1763년에 걸쳐 유럽 전역은 물론 각각의 식민지까지 참여한 대규모 전쟁
     이다.
3   당시의 영국에서는 친왕당파인 토리당이 다수 내각을 구성하고 있었다.
4   '대표 없는 과세 없다(No taxation without representation)'라는 조세 법률주의. 이 원칙은
     1215년 영국의 대헌장(Magna Charter)에 기원을 두고 있으며, 근대 입헌 제도의 중요한
     원리로서 확립되어 있었다.

이를 어긴 사람이 전혀 없었다. 따라서 많은 영국의 공장이 이로 인해 갑자기 곤란을 겪게 되었다.

영국의 정령이 이처럼 제멋대로 시행되었기 때문에 식민지의 원한과 노여움은 더욱더 깊어졌다. 1770년 영국 내각이 개혁되고 앞의 의결을 철폐하고 차에 대한 세금만 설정하여 차 1파운드마다 5펜스를 납부시키면서 이전의 세액을 보완하려 했지만 식민지는 그 속임수를 알고 차를 사지 않았다. 그리고 사용하는 차는 네덜란드에서 밀매했다. 이 때문에 영국 정부는 동인도회사에 명령해서 찻값을 싸게 아메리카로 운송하도록 하여 밀매를 막으려고 했다. 동인도회사의 배가 차를 가지고 아메리카에 도착했지만, 어느 항구에서도 차를 사는 사람이 없었기 때문에 부득이하게 되돌아가지 않을 수 없었다. 그중 세 척이 보스턴에 있었는데 주민들이 밤을 틈타 배 안에 난입해서 적재한 차 상자 342개를 모두 바다에 던져 버렸다. 1773년 12월 18일[5]의 일이었다.

원래 왕당내각이 대★ 피트 재상[6]의 말을 듣지 않았기 때문에[7] 일이 여기에 이르렀던 것으로, 영국은 병력으로 이것을 제압하고자 1774년 보스턴항을 폐쇄하고 매사추세츠 정부를 폐지했다. 일이 이렇게 되자 아메리카 전국이 모두 반항하면서 1775년 마침내 두 나라가 교전을 시작하였다. 이듬해 13주의 대표는 필라델피아에 모여 회의를 열었고, 이후 영국의 멍에에서 벗어나 독립 자주의 나라를 일으킨다고 맹세하였다. 그리하여 양국이 전쟁한 지 8년이 지나 아메리카는 드디어 영국에 승리하였고,

---

5   소위 보스턴 차 사건을 말한다. 정확한 사건 발생일은 12월 16일이었다.
6   영국의 정치가 윌리엄 피트(William Pitt the Elder, 1708-1778)이다.
7   이전 내각의 수장이었던 대 피트는 아메리카 식민지에 대한 과세에 반대 입장이었으나, 1761년 대 피트의 사직 이후 토리당이 집권하면서 이러한 입장은 무시되었다.

1783년 파리의 화의和議에서 영국이 아메리카 식민지의 관할을 포기하고 새롭게 독립한 자주국이 일어나게 되었다.

○ 번역자가 말하길, 서양의 역사를 읽으면서 이 편에 이를 때마다 책을 덮고 한숨을 쉬지 않을 수 없다고 하였다. 아아, 전횡과 압제가 민심을 잃고 국가를 그르치면 이런 지경에 이르는 것이니, 국정에 참여하는 자라면 반드시 이를 거울로 삼아야 할 것이다.

4. 인민의 자유와 토지의 기후는 서로 관련이 있다 ②

미쓰쿠리 린쇼

　여기에서 다시 말하건대, 유럽 북방의 인민은 자유의 인민으로서 유럽 대륙을 정복하였으나, 아시아 북방의 인민은 노예로서 그 지배자를 위해 아시아 대륙을 정복한 것이다. 지금 시험적으로 일례를 들어 보자면, 타타르인은 여러 차례 아시아 남부를 침략하고 나라를 세우기는 했지만, 모두 그 지배자를 위해 힘을 냈던 것에 지나지 않으며, 또 지배자는 먼저 남방의 항복한 인민을 제압한 연후에 다시 북방의 강병強兵을 자기 지배하에 두었다. 그러한 까닭에 지금 지나령 타타르라고 부르는 지역은 지나 황제가 전제통치하는 지나 본국과 어떤 차이가 있는지 알 수가 없다. 또한 지나 역사서에 황제가 지나인들을 타타르 지방으로 천도시켰던 기록을 보면 대략 지나인들이 타타르인으로 바뀌어서 그들이 지나 보기를 원수 보듯 하게 되었다고는 하지만, 지나 풍습인 예종외굴隷從畏屈의 기질은 여전히 전혀 고쳐지지 않았다. 또 타타르인이 이전에 정복했던 땅에서 쫓겨나 본국으로 돌아가는 경우를 보면, 이 타타르인은 남방에서 점점 감화되어 예종의 습관을 그 본국에 옮기는 경우가 많으니, 특히 지나 사료에는 이러한 일들을 기록한 것이 적지 않다. 그러므로 이제 이것을 개괄해 말해 보면 아시아의 인민은 채찍질하고 얽매어서 이들을 다스릴 수 있지만, 유럽 인민의 기질은 결코 저러한 풍속을 허용하지 않는다. 힘껏 속박을 벗어나 옛날부터 아시아의 형벌이라 칭하는 것을 유럽에서는 폭학이라고 불렀으니, 그렇게 아시아의 타타르인이 그리스 제국을 멸망시키고 도처에서 전제의 학정을 일삼았지만, 유럽의 고트인은 로마 제국에 승리하고 입헌정체와 인민 자유를 만들기에 이르렀다.

이로써 생각하건대, 저 고명한 루드베크Rudbeck[1]가 저술한 『아틀란티카Atlantica』라는 책에서는 오로지 스칸디나비아국의 아름다운 일들만을 적고 이를 칭송하였는데, 다만 그 책에서 그 국민은 지금 유럽에서 인민 자유의 원천(유럽을 제외하면 인민 자유의 국가는 세계에 극히 드물다)인데도 타국 인민에 비해 탁월한 이 한 가지 사항을 싣지 않고 있는 것은 큰 결함이라 할 만하며, 또 요르다네스Jordanes[2]는 이전에 유럽 북방 땅을 가리켜 인종의 제작소라 칭했으나, 나는 이것을 두고 남방의 철쇄를 부수는 기계 제작소라 부르고 싶다. 그 의미는, 유럽 북방의 인민은 이전에 그 나라를 벗어나 이르는 곳마다 항상 포악한 군주를 쓰러뜨리고 노예를 구하여 세계 만민에게 무릇 사람이란 모두 태어나면서 동등한 지위에 있으며 그중에 주종의 구별이 있는 경우는 서로 간의 행복을 이루기 위해 그것을 정

---

1   올라우스 루드베크(Olaus Rudbeck, 1630-1702). 스웨덴의 자연과학자. 『아틀란티카』는 그가 1679년부터 1702년까지 스웨덴이 아틀란티스라는 것을 증명하기 위해 쓴 3,000페이지에 달하는 대표 저술이다.

2   6세기 동로마의 관료이자 사교(司敎), 역사가. 『고트인의 기원과 사적에 관해(De origine actibusque Getarum)』 등의 저작이 있다.

한 데에 불과하다는 것을 알렸다는 점에 있다.

아시아는 예전부터 지금까지 항상 큰 나라를 이루고, 제왕 된 자는 세계의 무수한 인민을 통치했지만, 유럽에는 저와 같이 광대한 나라가 있는 경우가 거의 드물다. 따라서 지금 그 원인을 생각해 보건대, 어쩌면 아시아는 너무나 넓은 광야가 많고, 산과 바다로 구분되는 구역을 이루는 지역의 넓이가 유럽에 비해 대단히 넓으며, 특히 그 땅의 위치가 유럽보다 남쪽에 있기 때문에 하천 또한 마르기 쉽고 산악도 적설량이 적어서 그 자체로 천연의 경계를 이루는 경우가 드물다. 그러므로 제왕 된 자는 전제 정치로 통치하지 않으면 광대한 토지를 통괄할 수 없을 것이다. 그러므로 가령 이것을 여러 방국으로 분할한다고 해도, 요컨대 본디 지세가 서로 맞지 않으면 금세 합쳐져 일개 대국을 이룬다. 이 때문인지 아시아 대륙의 인민은 예로부터 지금까지 항상 예종의 기질을 벗어날 수 없었다. 역사적 사료로 살펴보아도 자유의 기질이 징후와 증거를 보이는 경우가 매우 부족하다. 겨우 예종 속에 굳센 용기의 의지가 있음을 볼 수 있을 뿐이다.

그러므로 유럽에는 천연의 경계가 극히 많고, 전 유럽의 토지가 이 때문에 여러 개로 구분되어 수많은 중소 국가를 이루었기 때문에, 오직 헌법을 통해 그 나라를 유지하는 것이 용이할 뿐 아니라, 혹시 제왕의 뜻으로 전제 정치를 행하면서 법률에 의거하지 않았을 때에는 나라가 반드시 쇠퇴하고 세력이 타국의 통치 아래 떨어졌다. 이 때문에 유럽의 각 지역은 다른 지역에서 힘을 빌려 이것을 억압하는 것이 매우 어렵고, 인민이 항상 자유의 기질을 지녔다.

아프리카 또한 기후가 아시아 남방과 비슷하여 인민 예종의 기질이 대체로 또한 비슷하고, 아메리카는 유럽의 인민이 그 땅으로 이주하여 점차 번식한 결과 토착민을 축출하여 나라를 세운 지 수 세대에 지나지 않으니 지금 과감히 정확한 평을 내릴 수는 없지만, 대략 오랜 역사에 비추어 이것을 생각해 보면 우리가 논한 대강의 이치(大理)에 매우 잘 들어 맞는다고 말할 수 있다.

여기서 또 앞에서 말한 대강의 이치로 미루어 보건대, 아마도 일국의 군주 된 자는 도성都城을 다스림에 있어 지세의 장점을 선택하는 일에 매우 주의를 기울여야 한다. 그러므로 이제 그 대강을 말해 보자면, 대략 남방에 수도를 두는 것은 항상 북방의 땅을 잃어버릴 위험이 있지만, 북방에 수도를 두는 것은 남방의 땅을 통괄하기에 크게 어렵지 않다고 할 것이다. 그렇다고 해도 내가 여기서 말하는 바는 단지 그 대강을 말한 것으로, 필경 때와 장소 두 가지만으로 개론할 수 없음은 마치 기계에 마찰이 있어서 기계의 학설이 실제로 실행되는 것을 방해하듯이, 이 말 또한 때에 따라 다소 차이가 있음은 면할 수 없을 것이다.

🌸

5. 미국의 정치와 종교(政敎) ①

가토 히로유키

역자의 말. 이 책은 미국인 톰슨[1]가 저술한 것으로서, 미국의 제도가 실로 제사와 정치를 분리시키고 정치와 종교를 나누어 정부와 교회가 각각 독립하여 관계되지 않도록 정한 까닭을 논술하고, 이를 통해 무릇 인지人智 개명하고 국가 치안을 얻고자 한다면, 반드시 이런 제도가 없어서는 안 되는 까닭을 설명하는 것이다. 내가 이미 번역한 『국법범론』 9권(하첩下帖의 제8책, 제9책)[2]에서도 또한 이 이치를 자세히 논했다. 그 뜻은 모두 크게 다르지 않다. 독자가 이 두 권을 숙독하면, 과거 유럽 각국에

---

1   조셉 페리쉬 톰슨(Joseph Parrish Thompson). 톰슨은 미국 조합교회의 목사로, 은퇴 후 비스마르크의 '문화투쟁'이 행해지고 있던 베를린에 체재하면서 이 책을 저술했다.

2   『국법범론』에 대해서는 『메이로쿠잡지』 제4호 2. 참조. 가토의 번역본은 9권 「국가의 교육 사무에 대해서 논함」의 1에서 4항이 제8책에, 5에서 7항이 제9책에 수록되어 있고, 여기서 「국가와 신도(神道)의 관계」, 「봉교의 자유」, 「국교」, 「감독의 권리」 등이 논해지고 있다.

제정일치, 정교일술政敎一述의 제도가 사람들의 지식과 견해를 크게 억압하고 세상의 화란을 불러일으키는 원인이 된 까닭을 알고, 그럼으로써 최근에 미국은 물론 그 밖의 유럽 각국 또한 차츰 일치일술一致一述을 파괴하여 정부와 종교를 거의 독립시켜 관계되지 않도록 한 이래로 인지의 개명과 국가의 치안에 도움이 된 연유를 깨달을 수 있다. 뜻있는 자들은 반드시 읽지 않으면 안 되는 책이다. 때문에 나는 이 책을 빨리 번역(反譯)하여 세상의 뜻있는 자들에게 보이고 싶지만, 지금은 『국법범론』 번역에 전념해야 해서³ 전적으로 이 책의 번역에만 종사할 수 없다. 그래서 매월 두 차례 메이로쿠샤 회합 때마다 겨우 몇 페이지씩 번역하여 메이로쿠샤 잡지에 게재함으로써, 차츰 번역을 완성해 가고자 한다.

제1절 제1장. 합중국에서 종교에 관계된 일에 관하여 국헌國憲상 명문화된 조규條規 및 교회에 관한 헌법

합중국 헌법에는, 합중국 전역 어느 곳에서라도 정무政務의 직관職官⁴을 맡을 때 결코 본인이 신봉하는 교파 여하를 문제 삼지 말아야 한다는 내용을 명문화하고(헌법 제6절 제3장에 나옴), 또 설령 콩그레스Congress(연방의회, 생각하건대, 입법부나 의사원으로 번역)의 권리라 해도 억지로 여러 교파 중 하나를 취해 국교로 삼는 헌법을 정하거나, 종교 자유의 권리를 방해하는 헌법을 정하는 것은 결코 허락되지 않는다는 내용을 명문화하고 있다

---

3   당시 가토는 시독(侍讀)으로서 메이지 천황에게 『국법범론』을 강의하고 있었다.
4   여기서 말하는 정무의 직관이란 '상원 및 하원의원, 각 주의회 의원, 합중국 및 각 주의 모든 행정관과 사법관'을 가리킨다.

[수정헌법(國憲追加) 제1절에 나옴].

제2장. 종교 자유의 권리(용인容認과는 다르다)

앞 장에 기재한 헌법의 두 절은 문장이 매우 간단하고 내용도 매우 간략하지만, 이미 헌법에서 종교와 관계된 모든 것을 포함하고 있으며, 또 종교 자유의 권리가 실로 합중국 인민의 기본적 권리인 까닭을 보여 주는 데 충분하다. 그런데 합중국 인민이 이런 기본권을 갖는 제도는, 정부가 국교 이외에도 여러 교파를 관용하는 제도에 비할 바 없는, 훨씬 더 자유로운 제도라고 할 수 있다. 합중국에서는 정부가 관리를 선임할 때 그가 믿는 교파가 무엇인지 묻거나 정부가 어떤 교파를 보호하면서 다른 교파를 방해하는 등의 일은 결코 허용되지 않는다.

무릇 종교적 관용이라는 것은 정부가 결코 종교에 관여하지 않는 제도라 말하는 것만으로는 충분하지 않다. 또 결코 제 교파를 완전히 동등하게 대하는 제도라고 말하는 것으로도 충분하지 않다. 생각하건대, 종교적 관용이라는 말은, 국가가 특별히 존중하는 한 교파가 있어도, 다른 교파들을 억지로 금지하지 않고 사람들이 믿는 것을 허락하는 것으로부터 말미암거나, 정부가 헌법으로 교회의 일을 판가름하여 재제할 권리를 갖는 것으로부터 말미암는다.

관용이라는 것은 원래 우리가 바라지 않는 바를 인정하고 허용한다는 뜻이다. 이런 까닭에 종교에서 관용은 국교회國教會, Staatskirche[5](생각하건대, 국가가 전적으로 신봉하는 교회를 말함)의 교지 및 교례 등과 반드시 같지 않거

5   국가가 보호와 특권을 부여했던 교회를 말한다.

나 전혀 상반되는 교례를 사용하는 모든 교파를 허용한다는 뜻이다. 이런 관점에서 보면, 정부가 원래 교회 위에 서서 감독하고 제어할 권리를 갖는 제도가 있는 국가에서, 정부가 스스로 이 권리의 많은 부분을 포기함을 관용이라 하는 것이다.

그런데 종교 자유의 제도는 이와 크게 달라서, 신앙과 예배가 모두 전적으로 사람들의 자유에 달려 있음을 말한다. 생각건대, 신앙과 예배 자유의 권리는 사람들의 천량시비天良是非의 자유권[6](생각하건대, 천부天賦의 양심으로써 자유롭게 일의 시비를 생각하고 정하는 권리를 말함)과 완전히 일치하는 것으로서, 결코 정부가 주거나 빼앗을 수 있는 것이 아니다.

영국 정부의 종교 처리 방식은 관용의 이치에 대한 좋은 예로 삼기에 충분하다. 이 나라에서는 호흐키르헤[7]라고 부르는 교회를 국교회[8]로 정하고 특별히 존중하면서도 다른 여러 교회를 함께 용인한다. 다만 예전에는 국교회를 믿지 않는 가톨릭교, 이지교異旨敎(생각하건대, 국교회와 교지를 달리하는 교회를 말함, 다만 기독교 교파들에 대해서만 말하는 것일 뿐이다), 혹은 유대교를 믿는 신민은 그 권리를 크게 제한받았지만, 최근에는 비로소 그 제한을 거의 철폐하였다.[9] 또한 스코틀랜드에서는 프레즈비티어리언[10]이라고 칭하는 교회를 국교회로 정하고 호흐키르헤를 이지교회異旨敎會로 삼는다.

---

6   『국법범론』에는 게비센프라이하이트(Gewissensfreiheit), '사람들이 천부의 양심으로써 일의 시비를 가릴 자유'라고 설명되어 있다.

7   호흐키르헤(Hochkirche). 영국 국교회의 독일어 표기이다.

8   앙글리캉 처치(Anglican Church). 국왕을 수장으로 하지만 실무적으로는 캔터베리 대주교가 최고책임자이다.

9   1829년의 가톨릭교도 해방법 등을 가리킨다.

10   프레즈비티어리언(Presbyterian). 장로파 교회이다.

그런데 합중국은 결코 국교회를 세우지 않았으므로 이지교회로 칭할 수 있는 것이 전혀 없다. 또 결코 특정한 한 교회, 한 교파를 본교본파本敎本派로 삼지 않고 여러 교회와 교파를 모두 함께 헌법상에 완전히 동등한 것으로 삼는 까닭에, 또한 다른 교회나 교파를 용인하는 제도가 있어야 할 이유가 전혀 없다.

논술論述의 자유, 예배의 자유, 그 밖의 모든 종교와 관계된 자유는 결코 신민이 정부로부터 부여받은 특권이 아니다. 이것은 실로 사람들의 심령과 정신 안에 자리 잡은 특권이다. 그러므로 정부는 억지로 이를 방해하지 않는 것을 의무로 삼지 않으면 안 된다. 이것이 곧 합중국 헌법(大憲)의 기본이다.

이하는 계속 번역하여 다음 호에 게재할 예정이다.

✿
1. 출판의 자유가 이루어지기를 바란다

쓰다 마미치

　야만의 정치는 사람을 속박하고, 문명의 인민은 속박을 벗어난다. 문명과 야만의 구별은 오직 인민의 언행이 자유로울 수 있는지 없는지에서 찾을 수 있을 뿐이다. 무릇 사람의 정신이란 원래 자유로운 것이다. 군자는 세상일을 벗어나 한가로이 살아가며 하늘을 공경하고 올바름을 생각한다. 대악마왕이라도 절대 그 자유를 방해할 수 없다. 다만 그 언행에서 벗어나게 되면 권위를 행사하여 금지하거나, 혹은 법례를 정해서 억제할 뿐이다. 권위를 행사하여 자유를 금지하는 것은 야만의 추악한 정치이므로 여기에서는 논하지 않겠다. 법례를 정해서 자유를 억제하는 것은 반개半開나 전제정치의 나라에서 많고, 혹은 문명의 습속을 가졌다고 일컬어지는 나라에서도 가끔 있다고 들었다. 이제 잠시 이에 관해 논해 보고자 한다.
　영국과 아메리카 대륙의 나라에서는 인민이 진정으로 언행의 자유를 얻었다. 다만 자기의 자유를 온전히 갖추기 위해서 도리어 타인의 자유를 방해할 수 없을 뿐이다. 프랑스 등에서는 출판조례가 있어서 관의 허가를 거치지 않고서는 절대로 도서를 출판할 수 없다. 원래 프랑스와 같은 나라에서는 재야의 식자들이 멋대로 자기 의견을 개진하고 민간의 논의가 비등하여 정부가 그것을 통제하는 데 무척 애를 먹는다. 게다가 여기에서는 정부가 수차례 전복되기도 하였는데, 그 원인이 주로 이 때문인 듯하다. 그렇기에 정부가 이를 경계해서 강제로 사람들의 발언을 금지하여 오랫동안 치안을 지키려고 하였고, 나폴레옹 3세의 교활한 지략은 한때 적절한 조치처럼 보였다. 그렇지만 결국 계산은 빗나가고 술수는 그 효과를 다하여 프로이센에게 패배한 후 포로로 잡혀 영국에서 객사하였고, 프랑스 정치 또한 따라서 전복되었다. 그렇다면 이것이 어찌 적절한 조치였다고 말할 수 있겠는가.

내 생각에는 프랑스 정부가 수차례 전복된 원인은 도리어 사람들의 발언을 막고 자유를 방해하였기 때문이다. 지금 우리 나라의 인문人文이 매우 열렸다고 말하지만, 아직 프랑스의 10분의 1에도 미치지 못한다. 재야에 있는 식자 가운데 어쩌다가 가끔 자기주장을 내세우는 자가 있다고는 하지만, 대개 조정의 뜻에 영합하고 거기에 맞추는 주장에 지나지 않는다. 어찌 비루하다 말하지 않을 수 있겠는가. 사정이 이러하니 조정에 무슨 고언苦言이 있을 수 있단 말인가. 설령 프랑스처럼 재야에서 자유로운 의견을 내세운다 해도, 조정의 대처는 모름지기 단호한 소견을 가진 러시아의 표트르 대제[1]나 프로이센의 비스마르크 후작[2]이 하듯이 하

---

1   러시아 로마노프 왕조의 4대 황제인 표트르 1세(Пётр I Алексеевич, 1672-1725). 러시아 절대왕정의 수립자이자 계몽군주의 대표자 가운데 한 사람으로, 막부 말기 및 메이지 초기 일본에서는 일본에 대한 러시아의 위험이 논해질 때마다 회자되는 인물이기도 하였다. 메이로쿠샤의 회원이었던 스기 고지[杉亨二]가 『메이로쿠잡지』 제3호에

면 된다. 그렇게 한다면 어찌 거기에서 재야의 처사處士들이 함부로 어지럽게 논의할 일을 근심한다는 말인가. 또 정치를 비방하고 죄악을 무고하며 타인을 욕하는 등의 일은 조정에 정해진 법규가 있으니 이에 따라 합당한 벌에 처하면 된다. 설령 출판조례가 있다 해도 매년 수십, 수백만 자의 출판물을 어찌 검열관이 하나하나 조사할 수 있겠는가. 이는 사실상 유명무실한 쓸모없는 법이다. 우리는 조정이 신속하고 공명정대하며 의연하고 호탕하게 해와 달이 하늘에 걸리는 것같이[3] 마땅한 정령政令을 내고 출판 자유의 면허를 인민에게 주어서, 우리 나라 인민으로 하여금 한층 더 안목을 열고 속박되지 않는 자유로운 간담과 지략을 키우게 하길 바란다. 모름지기 이것이 개명을 진보시키는 가장 빠른 첩경일 것이다.

「러시아 표트르 대제의 유훈」이라는 글을 싣기도 하였다.

2   오토 폰 비스마르크(Otto Eduard Leopold von Bismarck, 1815-1898). 독일 제국의 초대 재상. 독일 연방 통일을 이끌었던 정치가로 국민적 영웅으로 존경받았으며, 강경한 정책으로 철혈 재상이라고 불렸다.

3   『진서(晉書)』「석륵대기(石勒戴記)」의 "대장부가 하는 일은 고상하고 위대하여 마치 해와 달처럼 분명해야 한다[大丈夫行事, 當磊磊落落, 如日月皎然]"에 의거한다.

✿
2. 종교론 ③

니시 아마네

어떤 이가 다시 다음과 같이 물었다.

정부가 종교와의 연결을 끊기 위해서는 앞에서 말한 것으로 충분한가.

내가 이에 대해 다음과 같이 답했다.

그 외에도 한두 가지 방법에 주의를 기울여야 한다. 먼저 정치를 하는 근본 원칙을 명확히 함으로써 종교와 연결된 흔적을 끊어야 한다. 무릇 만세일계의 천황제는 우리 나라의 가장 중요한 제도이므로 만약 이것과 서로 어긋나는 바가 있다면 엄하게 제제를 가해야 한다. 하지만 아마테라스 오미카미天照大神의 말에 의탁해서 정책을 내는 행위는 마치 페루의 옛 왕실[1]과 유사하니 타산지석으로 삼아야 한다. 게다가 백성에 대하여 정치의 대권을 갖는 것이 국왕의 천직이므로 만국의 군주는 모두 동등한 권權을 갖는데, 만약 굳이 이를 넘어 더 우월해지려 한다면 억지스러운 행위이다. 다른 나라와 외교를 행하는 데에도 명의名義가 맞지 않을 것이다. 그러므로 조칙[2]이나 명령은 모두 이러한 뜻을 담아야 한다.

다음으로 의례를 담당하는 관리는 서양의 사례를 본받아 국왕의 궁중에 소속하여 예전禮典과 연회를 협찬하는 일을 맡는다. 무릇 사당에서 조상 제사를 지내는 일에 관한 전례典禮는 왕가의 가사家事로 삼고, 그 밖에 다른 일족이 모시는 신神의 경우는 그 자손이 제사를 모시도록 하며, 정부는 이에 상관하지 않는다. 이렇게 되면 정부는 오로지 정치의 권력을 가지고 임하며, 문교文教를 밝히는 것을 정치의 바탕으로 삼는다. 즉 사람들의 인지人智가 나날이 진보함에 따라 백성이 믿는 바 또한 명령하지 않아도 저절로 고상해져서 이전의 허접하고 초라한 잘못된 믿음에서 벗어나 맑고 순수하며 간결한 진정한 믿음에 이르게 될 것이다. 그럴진대 어찌 정령으로 백성의 믿음을 어지럽게 할 필요가 있겠는가.

어떤 이가 다시 물었다.

문교와 종교의 차이는 무엇인가.

---

1   13-16세기에 번영을 누린 페루의 잉카 제국에서 왕은 태양의 화신으로 여겨졌다.
2   천황이 내는 말이나 포고, 명령을 말한다.

내가 다음과 같이 대답하였다.

모든 학술은 사람의 인지를 밝게 깨우치도록 하는 것이다. 종교는 사람의 인지가 닿지 못하는 데 뿌리를 두고 있으니, 곧 믿음에서 나오는 것이다. 따라서 문교와 종교 사이에는 처음부터 하늘과 땅만큼의 차이가 있다. 그렇지만 문교가 점점 진보하면 믿음도 저절로 고상해진다. 예컨대 여우를 믿고, 뱀을 믿고, 덴구天狗[3]를 믿는 어떤 사람이 만약 동물학動物學, zoology을 공부하면 그 허망함을 곧바로 깨달을 것이다. 천둥번개와 비바람의 신을 믿는 사람이 전기나 기상의 학문을 배우면 그 의혹이 금방 풀릴 것이다. 피의 연못이나 칼의 산을 믿는 사람이 지질학地質學을 배우면 그 믿음은 저절로 사라질 것이다. 태고로부터 구전되어 온 전설을 믿는 사람이 만국 태고의 신화mythology를 섭렵함과 동시에 고생물학paleontology을 배우면 그 허황됨을 절로 알게 될 것이다. 이렇게 사람의 인지가 열리고 밝아지면 허접하고 초라한 믿음은 제거된다. 그리하여 믿는 바가 저절로 순결하고 맑아져서 치술治術과 서로 배치되지 않게 된다. 그런데 어찌 강제로 백성에게 믿음을 강요하겠는가.

* 본문은 뜻이 명료하고 사리가 분명하여 결점이라 할 만한 것이 전혀 없다. 생각건대, 제정일치와 정교일도政敎一途[4]의 미신을 치유하기

3 주로 산에 살며 하늘을 날아다니는 등 신통력을 갖고 있다고 믿어지는 상상 속의 요괴이다.
4 정치와 종교는 그 원리를 같이한다는 의미. 정교분리 이전의 지배 원리 또는 정치 체제를 가리킨다.

에 충분하다. 다만 글 중의 천직天職은 모름지기 반개국半開國 지나의 용어로, 신정정치(代神政治, theocracy)에 적합한 말이다. 필시 이 말은 지금 문화개명의 논의와 맞지 않는다.

– 가토 히로유키 씀

✿

3. 미국의 정치와 종교 ②

가토 히로유키

제3장 각 주(各邦)[1]의 종교(敎道) 법률

　몇몇 주의 헌법에는 진실로 신의 존재와 미래의 상벌을 믿는 자가 아니라면 일부러 정부에 들어가 관리가 되거나 재판의 증인이 되지 못한다는 취지를 명문화해 두었다. 그렇지만 이 법률은 완전히 사문화되어 실제로는 전혀 행해지지 않는다. 또 노스캐롤라이나와 메릴랜드 두 주의 경우 최근 이 법을 고쳤고,[2] 또 다른 여러 주에서는 이전의 주 헌법을 개정하면서 종교에 따를 것을 규율로 내걸었던 조항은 모두 삭제하였다. ○ 뉴저지주 헌법에는 주 안의 여러 교파 가운데 어느 하나도 특별히 존중되어서는 안 된다는 취지를 명문화했으며, 또한 어떤 교파를 믿는 자

1　　여기에서는 미국의 주(State)를 가리킨다.

2　　1868년 노스캐롤라이나주 헌법의 수정 및 메릴랜드 인권선언의 개정을 가리킨다.

라도 정부의 관리가 되어 정무에 종사하거나, 혹은 그 위임을 받아 공무를 다루는 데에 방해받지 않으며, 본인이 믿는 종교 여하에 따라서 인권의 어느 정보를 여탈당하는 일은 결코 있을 수 없다는 취지가 명문화되었다. 또한 그 밖의 여러 주의 헌법에는 이와 같이 명문화되지는 않았더라도 그 뜻은 완전히 동일하다. ○ 여러 주 가운데 하나라도 어떤 한 교파를 그 주의 본교(요컨대 그 주에서 모두가 믿는 종교를 말한다)로 삼는 것을 금지하지 않은 경우가 없다. 이와 같은 금지 방법은 여러 종류가 있는데, 어떤 경우에는 헌법상 금지를 명문화하기도 하고, 의회의 결정으로 금지하는 경우도 있으며, 또는 여론의 암묵적 허가와 실행으로 금지하는 경우도 있다. 다만 암묵적 허가와 실행의 경우에는 모두 이미 실질적인 법률이라 하겠다.

각 개인이 자유로이 믿기(단 이런 자유가 있다고 해도 공공의 평화와 상식을 방해하는 것을 허락하지 않음은 물론이다)만 한다고 해서, 아직 충분한 종교의 자유가 있다고 말하기에는 충분하지 않다. 필시 다른 종교를 위해 사용되는 비용을 일부러 납세하지 않을 수 있는 자유를 얻은 후에야 진정으로 충분한 종교의 자유가 있다고 말할 수 있을 것이다.

각 주의 헌법 및 지엽적인 여러 법률책을 조사해 보면 미합중국 여러 주 가운데 아래와 같은 사항을 허가하는 곳이 한 곳도 없음을 알 수 있다.

첫째, 주교州教 설립의 법률을 두는 일.
둘째, 종교의 학습에 필요한 비용을 충당하기 위해서 강제로 납세시키는 일, 또는 이와 유사한 일.
셋째, 강제로 신을 받드는 예배에 참가시키는 일.

넷째, 각 개인 스스로 양심이 바라는 바에 따라서 종교를 믿을 자유
　　를 제한하는 일.

다섯째, 종교에 대해서 스스로 옳다고 여기는 바를 논술할 자유를 제
　　한하는 일[쿨리가 저술한 『콘스티튜셔널 리미테이션』[3](책의 제목으로, 즉 헌
　　법으로써 정권을 한정한다는 의미)을 보라].

미합중국의 수정헌법 제14절은 내전(요컨대 수년 전 남북전쟁을 말한다) 이
후 의회에서 정해진 것인데, 이 절은 각 주의 정부와 인민들로 하여금 공
적인 일을 시행하게 할 때에 일부러 자신들이 믿는 교파 여하를 따지지
않는 문장으로 보아야 한다. 이와 같은 금지조항을 만든 이유는 아마도
의회(요컨대 미합중국의 입법부) 스스로가 각 주의 입법부를 제어할 권한을
마련하기 위한 것이라 생각된다. ○ 그 문장에 '어떤 주도 강제로 합중
국 인민의 특권과 권리를 방해하는 법률을 제정해서는 안 된다'라고 되
어 있다. 또한 '여러 선거(대통령, 부통령의 선택 또는 의회의 의원이나 각 주의 정
부 관료 및 법관의 선택)에 관한 사항에서 연령이 21세에 이르렀고 합중국의
인민인 남성이 투표할 권리(요컨대 선택의 의회에 더하여 소견을 말할 권리를 말
한다)가 박탈되거나, 혹은 이것이 제한(단 본인이 반란의 도당에 가담하거나, 또
는 여타 중죄를 범하였을 경우)되어 있을 때는 각 주에서 권리의 제한을 받은
21세 이상 남자의 인원수에 따라서 각 주에서 나오는 의원의 인원수가
감소하는 것이 당연하다'(요컨대 선거자 인원수에 따라서 의원의 인원수 여부의 차

3　　토머스 쿨리(Thomas McIntyre Cooley, 1824-1898)의 *A Treatise on the Constitutional Limita-*
　　tions which Rest Upon the Legislative Power of the States of the American Union, Boston, 1868
　　이다.

이가 있기 때문이다)라고 되어 있다(수정 제14절 제2장을 볼 것).

각 주에서 만일 그 인민 가운데 일부의 권리를 박탈하는 일이 생겨서 합중국의 권한으로 이를 금지할 경우, 사람들은 어쩌면 이것을 방자한 처분이라고 말할 것이다. 생각건대, 합중국 전체의 실권 또한 반드시 제한되는 바가 있기 때문일 것이다. 그렇지만 어느 한 주에서 인민의 투표권리를 제한하기 위해 그 주 정부가 책임지는 일은 있어도 강제로 이것을 막을 권리는 절대로 없다.

헌법에 추가로 이 한 조항을 더한 것은 원래 해방을 맞아 자유민이 된 흑인 노예들이 각 주의 제멋대로인 제도의 적용으로 피해를 보지 않도록 하기 위함이기는 하지만, 이 조항의 의미가 대단히 넓어서 모든 인민의 제 권리를 보호하기에 충분한 조항으로 간주될 수 있다. ○ 이렇게 앞에서 살펴본 것처럼 각 주에서 합중국 인민의 특권과 권리를 제한할 수 있는 법률을 제정하고 시행하는 것을 강제로 허가하지 않는 제도와, 정부의 관리가 되거나 또는 그 위임을 받는 등의 일은 절대로 본인이 믿는 교파 여하와 관계없도록 하는 제도가 있다. 이미 앞의 두 제도가 있으므로 설령 각 주에서 정부의 관리를 뽑는 데에 본인의 교파 여하를 묻고자 하여도 결코 불가능한 일임은 물론이다. 다만 각 주가 만일 이 제도를 어기고 위와 같은 일을 한다면 최고재판소는 반드시 이 처분을 재판하여 수정헌법 제14절을 훼손하는 것이라 하여 아무런 효력이 없는 처분으로 간주할 것임에 틀림없다. ○ 그렇지만 아마도 이러한 처분 때문에 분쟁이 일어나는 경우는 절대로 없을 것이다. 다만 여러 주에서는 지금도 정부의 직관을 수임하는 데에 본인의 교파 여하를 묻는 제도를 보존하고 있지만, 분명히 오래지 않아서 없어지거나 또는 사문화된 규정이 될 것이다.

○ 국가는 원래 종교에 관한 사무를 관장해서는 안 된다. 또한 정치와 종교 두 사무를 겸임해서도 안 된다. 사실상 순전히 정무만을 관장해야 한다. 생각건대, 합중국 인민 대부분이 이러한 사항을 알고 있을 것이다. 리버[4] 씨(1800년 독일에서 태어나 이후 미국인이 되었음)가 저술한 시빌 리버티(저서명이다. 인민의 자유라는 의미이다)[5]에 이르길, '무릇 종교의 수호 및 전파를 관장하는 자(요컨대 교회를 말한다)를 정부로부터 완전히 분리하는 제도는 실로 미국의 자유로운 제도이다'라고 하였다. 이하는 다음 호에서 계속하기로 한다.

---

4   프랜시스 리버(Francis Lieber, 1800-1872). 정치학자이자 국법학자이다.

5   *On Liberty and Self Government*(1853). 가토는 이 책의 독일어역[프란츠 미터마이어(Franz Mittermaier) 번역본]을 중역하여 『자유자치(自由自治)』라는 제목으로 1876년에 간행했다.

✿
4. 종교

모리 아리노리

쓰다 군은 세상에 가장 좋은 종교 하나를 선택해서 우리 나라의 공식 종교로 하는 것이 상책[1]이라고 하였고, 니시 군은 종교와 정치 각각의 이치에 의거하여 종교와 정부를 나누어 영구히 종교 자유의 권리를 정하는 것이 좋은 계책이라고 하였다. 나도 역시 정부의 직무는 오직 인민의 신체와 재산을 보호하는 데 있으므로 종교에 관한 것은 대개 인민 각자 기꺼워하는 바에 따르고, 만일 이로 인해 밖으로 드러나거나 타인의 방해가 되면 정부가 마땅히 법으로 정하여 제어해야 할 것이다. 내가 요사이 공법의 대학사인 필리모어[2] 씨와 바텔[3] 씨 두 사람이 저술한 공법 서적 중 종교에 관한 부분, 만국 간 교제에 관한 부분, 한 나라의 제도, 인민의

---

1   『메이로쿠잡지』 제3호 5. 「개화를 진전시킬 방법에 대해 논하다」를 가리킨다.
2   로버트 필리모어(Robert. J. Phillimore, 1810-1885). 영국의 법관이자 정치가이다.
3   에머리히 드 바텔(Emmerich de Vattel, 1714-1767). 스위스의 국제법학자이자 외교관이다.

권리, 종교의 폐해 등에 관한 여러 장을 읽었다. 지금 이것을 여러 선생님의 평에 붙여서, 중요한 안건을 논의하고 정하는 데 쓰이길 바란다.

1874년(메이지 7) 4월 1일
'바텔' 『만국공법』[4] 중 종교를 논하는 장

제1. 나라의 임무 및 권리

○ 사람 마음속에 자리 잡고 있는 종교는 마음과 정신과 관련되지만, 이제 그것이 바깥으로 드러나 공공에서 문제가 될 때에는 나라를 다스리는 일과 관련된 사무가 된다.

○ 종교의 일에 관해서 인민의 자유 권리는 단지 기껍지 않은 종교를 믿어 받들지 않고, 또 관의 강제적인 명령을 따르지 않는 것뿐으로, 결코 자기 멋대로 공공연히 행동하면서 사회(世交, society)를 방해할 권리를 갖는 것이 아니다.

○ 만일 나라 안 사람들이 모두 신에게 봉사할 때에는 반드시 경건히 예를 갖추지 않으면 안 된다. 종교를 선택하고 또 이를 숭배하는 법을 정하는 것은 오직 나라의 권리에 속하는 일이다.

○ 나라 안 사람 가운데 어느 종교를 기꺼이 숭배하는 자의 숫자가 절

---

4   원저는 *Le Droit des gens: Principes de la loi naturelle, appliqués à la conduite et aux affaires des Nations et des Souverains*, Neuchâtel, 1758. 여기서는 영역본 *Law of Nations*를 인용하고 있다.

반을 넘는다면, 이로써 그 종교를 그 나라의 국교로 정하는 일이 가능하다.

○ 국교를 바꾸거나 새롭게 정하는 것은 오직 나라의 권리에 속하는 일로, 감히 개인의 권리로 할 수 있는 일이 아니다. 그러므로 새로운 종교를 주창하는 것도 마찬가지여서, 인민이 만일 종교에 대해 다른 주장을 하게 될 경우에는 반드시 나라의 통치자(主宰)에게 건의하여 그 명령을 기다려야 한다(이상 57쪽).

제2. 군주의 의무와 권리

○ 국교를 정하지 않은 나라에서 새롭게 정하려고 할 때에는 군주 마음에 가장 진실하고 좋다고 여겨지는 것을 선택하여 국교로 하는 일이 가능하다. 무릇 군주의 의무 중 하나라 할 만하다. 모름지기 군주는 만사에 국민에게 도움이 될 수 있도록 도모하는 것을 자기 직분으로 삼기 때문이다. 그렇지만 이로 인하여 그 권위를 가지고 국민에게 강요하고 압제하는 등의 권한을 갖는 것은 아니다.

○ 앞에서 언급하였듯이 군주 된 자는 종교에 대해서 권한을 가지고 국민에게 강요할 수 없다고는 하지만, 만일 윤리를 깨거나 정치를 방해하는 일이 생길 경우에는 온 힘을 다하여 억제하지 않으면 안 된다(이상 57쪽).

○ 군주의 권력이 종교에 미치는 것은, 외부로 드러나는 사안과 관련된 것에서 발생하는 소란을 억제하는 데에 있다. 그러나 이것을 억제할 때에도 단지 이를 침묵시키는 것일 뿐, 조금이라도 그 위력을 가지고 제압하는 것은 아니다. 또 인민에게 강제로 명령하여 기꺼워하지 않는 종

교를 받들게 해서는 안 된다. 만일 이렇게 한다면 국민은 복종하지 않고 결국 소란을 일으키거나 아니면 거짓을 습관처럼 일삼게 될 것이다.

○ 종교가 서로 다른 것에서 발생하는 소란을 방지하는 데에 가장 좋은 방법은 윤리를 해치지 않고 또 나라 정치에 방해가 되지 않는 종교를 모두 허가하여 마음대로 믿도록 하는 데 있다. 다른 종교라는 이유로 남을 참혹하게 만드는 것을 금지하고 또 종교로 남을 선동하는 자는 엄격하게 처벌해야 한다. 그렇게 하면 곧 다른 종교들이 모두 화합하여 평화의 즐거움을 나라 안에서 같이 나누고, 서로가 양정하게 올바른 방향으로 도우며 나아가는 데 전념하게 될 것이다.

○ 종교가 사회에 관계하는 바는 대단히 크다. 나라를 주재하는 자는 모두 이를 감찰하고 또 그 성직자를 관리할 권리를 가지지 않으면 안 된다. 사회와 국정의 요체는 반드시 나라를 안정되게 보호하는 데 있다. 그렇다면 곧 군주가 이러한 권리를 가져야 하는 이치는 분명하다. 이것을 갖지 않으려고 해도 국민은 명백하게 이를 허락하지 않으면 안 된다.

○ 한 나라가 만일 그 종교에 관한 것을 관리할 권한을 갖지 않으면 그 나라는 독립불기獨立不羈한 나라가 아니다. 그 군주는 단지 반半군주⁵로 보아야 한다(이상 66쪽).

제3. 종교의 혹란과 국가 위기

○ 만일 종교와 같은 것이 대단히 강한 감화력을 지녀서 열심인 무리들이 거짓되고 위해한 교법을 주장하여 세상 사람을 속이고 혼란에 빠뜨

---

5   half a sovereign. 주권의 행사가 제한된 군주를 말한다.

리게 되면 재화災禍가 범람하여 도대체 어디에서 멈출지 짐작하기 어렵다. 어둡고 어리석은 신심信心은 오로지 미망, 고집, 혹란, 잔인함을 낳는 원천으로서 윤리를 어지럽히고 사람들 간의 교제를 대단히 해롭게 하는 것이 실로 저 종교적 자유의 폐단보다도 백배는 심할 것이다. 고래로부터 백성들을 압제하고 또 자연법(造化の法律)을 짓이겨 깨 버린 폭군 가운데는 오로지 진정한 신의 영광을 구실로 삼는 자들이 종종 세상에 나타나곤 했다(55쪽).

ㅇ 지력이 견고하지 않고 지향을 제어하기 쉬운 인민으로 이루어진 나라에서 자칫 망상과 공론空論이 횡행하고, 이를 점점 믿어서 그 미신이 깊어지게 되면 그 결과가 과연 어떠할까. 사람들이 모두 세상일을 돌보지 않아 마침내 생업도 전폐하게 될 것이다(63쪽).

ㅇ 여러 나라의 성직자 가운데는 관직을 외국 정부(즉 교황을 말함)에서 받는 자가 많다. 때문에 그 나라 고유의 권리를 침해하고 정치의 원칙에 어긋나는 것이다(67쪽).

ㅇ (로마 교황이 관할하는 성직자들이 종속된 모습을 기재하는 부분 마지막에 이하의 문장이 있다) 성직자는 만사에 언제나 교황청의 분노를 사지 않으려고 조심하고, 종종 그 환심을 사려고 노력한다. 이렇게 해서 교황청은 온 힘을 다해 성직자 무리를 지원하고 그 권위를 이용해 도우려 하며, 적과 맞서서 이들을 보호하고 또 그 권리의 제한을 기도하는 자가 있으면 즉시 이에 반대하여 권리를 보호할 뿐만 아니라, 항상 어떤 나라 군주의 분노와 맞서서라도 여전히 이를 감싸려고 한다. 이렇게 해서 성직자들의 복종을 한층 견실하게 하고, 또 다른 나라의 신민과 고관 가운데 어떤 자들은 거의 심복 노릇을 하게 만드는 지경에 이르렀다. 이것은 그야말로 사회의 일반적인 통의通義를 깨부수고 정치의 기본을 흔드는 것이라 말하

지 않을 수 없다. 식견을 지닌 군주라면 어찌 이와 같은 종교를 허용할 수 있겠는가. 그렇게 본다면 중국에서 선교사를 쫓아낸 것도 역시 이상하게 여길 만한 일이 아닌 것이다.

제4. 성직자 관계 규칙

○ 성직자는 존경을 받아야 한다. 그렇지만 여기에 조금이라도 권력을 맡겨서는 안 된다. 본래 이들이 독립적인 권리를 요구하도록 허용해서는 안 된다. 첫째로, 저들로 하여금 다른 인민과 똑같이, 그 일도 역시 다른 일과 똑같이 하여 모두 정부의 권한 아래에 두고, 그런 연후에 이들이 그 행적에 책임을 지게 해야 한다. 둘째로, 군주 된 자는 인민으로 하여금 선교사를 존경하게 하도록 주의하고, 선교사로 하여금 본래 직무에 힘쓰는 데 필요한 명성과 덕망을 유지하도록 해야 한다. 옛날의 현명한 로마 시대에는 원로원의 의원 가운데에서 제사장(大敎師, Pontifex Maximus)과 주요 공직자(重立敎師, principal minister)를 선택하였다. 이로부터 로마인은 성직자와 일반인의 구별이 있음을 알지 못하게 되었고, 또 따로 일종의 또 다른 모습의 성직자(長袖民族, gownsman)를 두게 되었던 것이다(64쪽).

제5. 개인의 권리

○ 개인 스스로 좋아하는 바에 따라서 종교를 선택하는 것은 실로 중요하고 자연히 얻은 자유에 속한 일로, 다른 사람의 명령이 영향을 끼칠 바가 아니다. 만일 위력으로 영향을 미치려고 한다면 그 믿음의 종류가 과연 어떻게 될 것인가. 무릇 심성의 깊은 곳에서 진정한 신을 깨닫고자

힘쓰고, 또 그것을 존숭하려는 마음을 갖는 것은 곧 사람이 타고난 본연의 성질이다. 이로부터 사회상의 관계를 맺으려고 해도 결코 이러한 마음을 놓아서는 안 되고, 또한 이것을 행하고자 할 때 중요한 자유를 잃어서도 안 된다. 이것은 본연의 성질로 침범하기 어려운 권리(本然侵し難きの通義, natural and inviolable right)인 것이다. 여기에서 여전히 이러한 진리의 증거를 요구하는 것은 사실 대단히 인간으로서 면목이 없는 일이라 할 것이다.

○ 만일 국교와 다른 종교를 믿는 인민의 숫자가 대단히 적고, 게다가 정부가 이를 나라 안에서 허용할 수 없을 때는, 다른 종교를 믿는 인민 각자가 소유한 토지를 매각하고 가족과 함께 그 나라를 떠나거나, 또 모두 가산을 갖고 떠나는 것이 일반적 상식이라 할 것이다. 모름지기 사회와 국법의 공권公權이 중요하지만, 결코 이로 인해서 사람의 양심(性心, conscience)에 손상을 입힐 수 없다. 만일 사회와 국법이 그 방기하기 어려운 마음을 지키고 또 그것을 자유로이 행사할 수 있도록 허용하지 않는다면, 그 나라를 떠날 권리를 허용하지 않으면 안 된다(57쪽).

○ 종교는 외부로 드러나는 것에 관한 것 이외에는 결코 정부가 관장할 일이 아니다. 마음속의 종교는 개인 스스로 관장할 일인 것이다. 사회를 방해하여 혼란스럽게 만드는 것이 아니라면 누구도 이것을 제어하거나 벌을 줄 수 없다. 이렇게 해서 사람들이 각자 자기주장을 발설하여도, 타인을 유혹하여 같은 무리를 이루는 일이 아니라면 이를 벌해서는 안 된다. 만일 여기에 벌을 주게 되면 군주의 처치가 실로 대단히 옳지 않은 것이라 할 것이다(58쪽).

✿

5. 필리모어 『만국공법』[1] 중 종교를 논하는 장 (발췌 요약)

시바타柴田 씨[2]

○ 모든 동물 중에서 인류를 제외하고는 일체 상제上帝의 상제 됨을 아는 바가 없다. 키케로는 인류가 아무리 포악하고 야만적인 종족이라도 그가 믿고 존경하는 신이 옳건 그르건 간에, 신을 숭배하는 법을 모르는 자는 없다고 강설[3]에서 논하고 있다(필리모어『만국공법』제2권 321쪽).

○ 도리(物理)가 필요한 까닭은, 사람과 교리(敎)는 인간의 행복에서 서로 이어져서 떨어질 수 없는 것이므로 이를 담당할 만한 책임자의 관리

---

1   원저는 로버트 필리모어(Robert Joseph Philimore, 1810-1885)의 *Commentaries upon International Law*, London, 1871이며 국가의 종교에 대한 일반원칙 및 정부가 종교에 대해 어디까지, 어떻게 관여하는지에 대해 논한 부분을 초역한 것이다.

2   번역자 이름으로 시바타 씨[柴田氏]라고 표기되어 있다. 아마도 당시 외무성 권대서기관(權大書記官)이었으며 메이로쿠샤의 격외회원[格外員]이었던 시바타 마사요시[柴田昌吉]일 것으로 추정된다.

3   고대 로마의 정치가, 문장가 키케로의 저서 『법률론(*De Legibus*)』의 한 구절이다.

감독에 어느 정도 따르지 않으면 안 된다. 그러므로 흐로티위스[4]는 원래 종교의 유익은 오로지 상제의 은덕을 설명하여 밝히는 데 있으나, 인간 사회에서도 그 공력功力이 매우 크다고 분명히 설명했다. 또 이에 대해 플라톤[5]은 그 도리를 깊이 헤아려서 종교를 정권政權의 보장이요, 성법性法, honestæ disciplinae의 연쇄라고 했다(322쪽).

○ 말하자면, 한 나라가 국교의 상황을 이유로 다른 종교를 금지하는 것을 그 나라의 본분으로 삼는 것을 막을 수는 없다. 그렇다고 해도 이 때문에 참혹한 일을 벌이는 것도 옳다고는 말할 수 없다. 종교의 효용은 다만 사람과 상제 간의 교감에만 그치는 것이 아니라, 대개 세상 모든 일의 실마리를 여는 데 도움이 되는 것이다. 또 종교는 오로지 인간의 본심에 속하지만, 사람들의 생활과 행실의 근저가 될 수도 있으니, 결국 인간 도리의 가장 궁극적인 진리로 귀착된다. 어떤 나라가 다른 종교를 금지하는 것이 결국 자국의 평안을 보존하려는 주의에서 나온 경우라면 그렇게 할 권리가 있다[이상은 1812년 4월 웰즐리 경[6]이 귀족의원에서 연설(述告)한 것에 따른다](322쪽).

○ 교회의 설교에서는 카이사르의 인민이라면 카이사르에게로, 상제의 인민이라면 다만 상제에게로 돌아가야 한다[7]고 말한다. 또 세상의 관직은 상제가 마련한 것이라고 말한다. 그리고 사람들은 그저 책벌責罰 때

---

4   휘호 흐로티위스(Hugo Grotius, 1583-1645). 네덜란드의 법학자, 외교관. "국제법의 아버지", "자연법의 아버지"라고 일컬어진다. 인용은 『전쟁과 평화의 법』 중의 한 구절이다.

5   고대 그리스의 철학자 플라톤. 인용은 『법률(Nomoi)』의 한 구절을 가리킨다.

6   리차드 콜리 웰즐리(Lord Richard Colley Wellesley, 1760-1842). 영국의 정치가, 상원의원, 장상. 인도 총독 등을 역임했다.

7   신약성서의 마가복음 제12장 17절이다.

문에 복종할 것이 아니라, 무엇보다도 양심 때문에 복종해야 한다고 말한다(325쪽).

종교가 세상일에 간섭할 권리에 대해 논하는 장 (발췌 요약)

(상략) 십자군 전쟁의 실상에 관해서는 보다 깊이 연구하지 않으면 안 된다. 또 예수의 신도인 자는 이치가 분명하고 논리가 정연하며, 또 사세事勢가 부득이한 경우가 아니라면 굳이 흉기를 휘두르지 않고 말하는 경우가 있다고 하는데, 이 말은 내가 아직 믿지 못하는 바이다(이상 기번[8]의 설).

위의 말은 저명한 역사가의 설인데, 기독교 영토였던 콘스탄티노플의 사건[9]에 관한 것이다. 이 설은 진실에 기초하고 있다고 생각한다(필리모어『만국공법』제1권 516쪽).

○ 같은 종교의 교리를 받든다는 이유로 일에 간섭할 권리에 대해서는 구별해야 할 사항이 있다. 이 구별은 경우에 따라서 중요하다고 할 것이다. 예수교를 받드는 어떤 나라가 있다고 하자. 그 나라와 같은 종파를 믿는 어떤 신도를 위해서 이 무리를 관할하는 다른 나라(이 나라도 또한 예수교를 신봉하지만, 다만 종파가 다르다)의 일에 간섭하겠다고 요구한다면 이는 이치에 합당하다. 이것이 구별해야 할 첫 번째 사항이다. 또 예수교를

---

8   에드워드 기번(Edward Gibbon, 1737-1794). 영국의 역사가. 기번의 대표작『로마 제국 흥망사(The History of the Decline and Fall of the Roman Empire)』의 한 구절이다.

9   1453년, 동로마 비잔틴 제국의 수도였던 콘스탄티노플을 오스만튀르크가 함락시키고 점령한 사건. 이로 인해 비잔틴 제국은 멸망했다.

믿는 모든 신도를 위해, 또는 그중의 신도를 위해 다른 종교를 믿는 다른 나라의 일에 간섭하겠다고 요구하는 것 또한 이치에 합당하다. 이것이 구별해야 할 두 번째 사항이다(제1권 517쪽).

○ 이런 종류의 간섭(예수교 국가들 사이에 일어나는 종교적 간섭을 말함)의 일반적 원리는 중요한 여러 국제조약 안에 넣어 이로 인하여 일정한 권력을 생기게 한다(같은 책, 518쪽).

○ 간섭은 대개 그 땅에 사는 주민들이 먼저 요구하는 것이 보통이다. 마땅히 주의해야 할 바이다(같은 책, 519쪽).

○ 이 도道(즉 간섭의 권리를 말함)는 이를 더욱 확충해야 한다고 말하고, 또 종교적인 것에 관한 일로 사람을 학대하는 나라가 있다면 병력을 동원해 그 나랏일에 간섭하는 것도 만국공법이 허락하는 바로서, 바야흐로 국난이 오래도록 끊이지 않고 유혈이 낭자[10]하면 병력을 동원해 이 나라를 간섭 처분함과 같은 논리라고 말한다. 이 두 가지 설에 이르러서는 어느 쪽도 마땅히 변별하여 논하지 않으면 안 될 것이다.

위와 같은 경우는 다른 나라의 내정에 간섭하지 않는 선정善政의 정도를 벗어나는 것이다. 그런 까닭에 이런 종류의 일을 도모함은 참으로 매우 위험하다고 하겠다(같은 책, 520쪽).

○ (상략) 그러므로 주도면밀한 마르텐스[11]가 말한 바가 있다. 대체로 종교에 관한 일로 시작되거나, 종교에 대한 일로 일어난 전쟁은 다음의

10 　사상자가 많이 발생한 처참한 전장의 모습을 비유하는 말로 『서경(書經)』 「무성(武成)」의 주(周)나라 무왕(武王)이 은(殷)나라 주왕(紂王)을 정벌하는 장면에 나온다.

11 　게오르크 프리드리히 폰 마르텐스(George Friedrich von Martens, 1756~1821). 독일의 외교관이자 국제법학자. 이 부분은 마르텐스의 저서 『국제법개요(Précis du droit des gens)』에서 인용한 것이다.

네 가지를 보여 준다. 외국과의 전쟁에 실마리가 되었던 원인은, 실제로는 종교 때문만이 아니다. 이것이 첫 번째이다. 정치와 교권教權이 일치할 경우, 그 나라는 결국 종교적인 논쟁을 일으킨다. 이것이 두 번째이다. 그러나 정치상의 이유를 위해서는 종교적 집념도 금세 뒤로 물러선다. 이것이 세 번째이다. 또 정치를 위해서는 당장이라도 교권에 반대되는 행동을 하는 일이 적지 않다. 이것이 네 번째이다.

○ 생프리에스트François-Emmanuel Guignard, comte de Saint-Priest(1735-1821, 1768년부터 1785년까지 튀르키예에 주재한 프랑스 사절)는 이전에 동방[12]에 있는 천주교도를 위한다며 프랑스 군주가 시행하였던 호교護敎의 법을 논한 바 있다. 거기에서 말하기를, 무릇 우리 국왕은 동방의 천주교를 보호하겠다고 주장하며 종교적 의미로 치장했지만, 이는 실제로 겉치레에 불과하다. 그리하여 이 사태를 완전히 알지 못하는 사람들을 미혹시켰다. 또 튀르키예의 왕도 튀르키예에 사는 사람들의 종교에 간섭할 권리가 프랑스의 왕에게 있다고는 상상조차 하지 못하였다. 나의 전임자인 르 마르키스 드 보나Le Marquis de Bonnat 씨는 이에 대한 보고서(建言)에서 말하길, 다른 나라의 군주와 교제가 두텁다고 해도, 국교國敎에 관한 일은 간섭하지 말아야 한다. 이에 관해서 튀르키예 사람은 물론 다른 나라 사람도 마찬가지로 크게 실감하는 바가 있다고 하였다. 무릇 프랑스가 튀르키예를 대하는 것을 보니 우호적 관계를 맺는 것 이외에는 다른 뜻이 없다. 그러므로 튀르키예에 해가 되는 조약은 맺지 말아야 한다. 그 이유는 이해하기 어렵지 않을 것이다. 이를 통해 우리 지령서指令書 안에도 무엇보다 튀

---

12   여기서는 동부 지중해 연안의 이슬람교 국가들, 즉 중동 일부 지역을 가리킨다. 필리모어 원서상의 원문은 Levant이다.

르키예의 의혹을 자아낼 수 있는 일들을 피하고, 종교적인 일에 구애되는 조항에는 특히 많은 관대함을 부여하였다.

이 문제에 관해 공법公法 안에서 진리를 증명하는 데는 위에 인용한 증거 외에 더 정확한 것이 있을 수 없다(같은 책, 520쪽).

○ 유럽의 통상을 방해하고 또 그 평온을 어지럽히는 그리스 전쟁을 평정하기 위하여 여러 예수교 대국들이 러시아와 함께 이를 화해, 진정시켰다.[13] 생각건대, 유럽 각국이 화해를 이루게 함은 그리스의 요구에 응한 것이다(같은 책, 528쪽).

---

13   1821년부터 29년에 걸쳐 벌어진 그리스 독립 전쟁을 가리킨다. 15세기 말부터 오스만튀르크의 지배하에 있던 그리스는 1821년의 반란을 시작으로 독립 투쟁을 전개하였고, 1930년 2월 3일, 영국과 프랑스, 러시아의 보호 아래 그리스를 독립국으로 하는 런던의정서가 체결되었다.

메이로쿠잡지
제7호
(5월 17일)

—

✿
1. 독립국 권의權義

모리 아리노리

국권國權[1]에는 같음과 다름이 있고, 그 뜻 역시 같음과 다름이 있다. 공법公法[2]에서 독립국으로 인정하는 것은 정체의 종류를 막론하고, 또한 힘의 강약 및 국가의 대소에 관계없이 모두 국내 정치를 온전히 다스리고 (專治), 외국과 교섭을 체결할 수 있는 권력이 있는 나라를 가리킨다. 그런 나라에는 대략 세 종류가 있다. 즉 자유독립自由獨立, 약속독립約束獨立, 공납독립貢納獨立이 바로 그것이다. 자유독립은 내정을 다스리고, 게다가 외국과 어떠한 양상의 조약이라도 자유롭게 체결할 수 있는 권력이 있는 나라를 말하고, 약속독립이란 외국의 약속에 의거해 그 독립을 보호할 수 있거나 혹은 압제되어 어쩔 수 없이 그것과 조약을 맺어서 그 속박을 오래도록 벗어날 수 없는 나라를 가리키며, 공납독립은 공물을 외국에

---

1   여기에서는 민권(民權)에 반대되는 것이 아니라, 국제법상의 주권을 의미한다.
2   국제법. 만국공법을 말한다.

바치면서 그 형태는 부속되어 있는 것처럼 보이지만 사실은 국내의 정치를 온전히 다스릴 수 있고 외국과도 조약을 체결할 수 있는 권력을 가진 나라를 말한다.

○ 지금 지구상에 자유독립의 권력을 가진 나라는, 아시아에 우리 제국, 유럽에 러시아, 독일 연방, 오스트리아, 이탈리아, 프랑스, 네덜란드, 덴마크, 스웨덴, 스페인, 포르투갈, 아프리카에 라이베리아, 아메리카에 북미 연방과 남중미의 여러 나라가 있다. 약속독립의 나라는 아시아에 지나, 시암, 페르시아, 유럽에 튀르키예, 그리스, 벨기에, 스위스 등이 있다. 공납독립은 아시아에서는 고려高麗,[3] 티베트, 유럽에 세르비아, 아프리카에 모로코, 튀니지, 트리폴리 등이다.

○ 내정을 온전히 다스린다고는 해도, 외국과는 직접 조약을 체결할 수 없는 경우도 있다. 이것은 공법에 규정되어 있지는 않지만, 사실상 독립의 권력이 있으므로 여기서 그 예를 들어 보고자 한다. 아시아에 류큐琉球,[4] 유럽에는 헝가리, 몬테네그로,[5] 마케도니아,[6] 왈라키아,[7] 독일의 여러 나라,[8] 아프리카에는 여러 연방의 여러 나라가 있는데, 이 나라들은 모두 자국의 제도를 자유롭게 세울 수 있는 권력을 가졌다.

○ 자유독립국 가운데는 일시적으로 자기 권력을 분할해 외국에게 이양하는 나라도 있다. 즉 우리 제국과 같은 경우가 그러하다. 처음 우리

---

3 조선을 가리킨다.
4 1872년(메이지 5), 류큐 국왕인 쇼타이[尚泰]를 류큐의 번왕(藩王)으로 삼았고, 이후 1879년(메이지 12), 류큐 처분을 통해 오키나와현이 되었다.
5 옛 유고슬라비아의 일부이다.
6 그리스 북부와 옛 유고슬라비아의 일부이다.
7 유럽 남동부에 있었던 왈라키아 공국(Principality of Wallakia). 현재 루마니아의 일부이다.
8 독일 제국을 구성하는 각 왕국과 공국 등을 말한다.

나라가 외교를 시작했을 때 사실 불편한 점이 적지 않았다. 그런 상황에서 외국인의 요청에 따라 우리 나라는 외국인을 관리하고 보호하는 권의와 개항장을 만들어 다스리고 수출입 물품세·항만 사용세·등대 이용세 등을 부가하는 권리의 절반을 그들에게 이양했다. 자유로운 나라들 사이에서 편익을 증진하기 위해서 조약을 맺고, 서로 국권을 나누어 주는 것이다.[9] 이와 같은 조약은 한쪽의 뜻에 따라 폐기할 수 있다. 만약 그 조약에 기한이 있고 다른 쪽이 동의해 주지 않는다면, 만기까지 기다려야 한다. 약속독립의 나라로서 맺었던 조약은 이것과는 다르다. 즉 이웃 나라인 지나와 같은 경우가 바로 그러하다. 지나는 처음에 외국과 전쟁을 했고, 패전[10]해서 결국 화의를 구걸하여 자신의 국권을 대전한 나라에게 나뉘 주었는데, 조약을 맺으면서 그 기한을 정하지 않았다. 이후 이 조약을 폐기하고 잃은 바 회복하기를 바라더라도, 외국이 만약 그 요구에 응하지 않을 때에는 어찌할 도리가 없다. 영원토록 조약의 속박에 희생되어 독립의 권력을 누릴 수 없는 것이다. 벨기에, 스위스, 그리스의 경우는 유럽의 여러 대국이 회동하여 맹약[11]을 맺고 불가침의 나라가 되었다. 이

---

9   조약을 체결한 나라들이 서로 여타의 제3국에 대해서보다 더 유리한 특전을 주는 호혜조약을 가리킨다.

10   중국은 아편전쟁과 애로전쟁에서 영국과 프랑스에게 패해서 불평등조약을 맺었다.

11   국제법 제도로서의 영세중립(永世中立)은 영세중립국을 원하는 나라의 일방적 선언으로만 이루어지기는 어렵고, 주변의 타국이 이를 보장하는 합의를 다변적 조약의 체결 방식으로 하는 경우가 많다. 스위스는 1851년 빈 회의에서 영국·프랑스·오스트리아·프로이센 등의 나라가 스위스의 중립을 승인하는 조약을 맺음으로써 중립국이 될 수 있었고, 벨기에는 1831년 런던에서 영국·프랑스·프로이센·러시아·오스트리아·벨기에 사이에 체결된 조약으로 중립국이 될 수 있었다. 한편 그리스의 경우는 1832년의 런던회의에서 영국·프랑스·러시아가 협의하여 오스만 제국으로부터의 독립을 승인받았다.

로 인하여 언제나 중립의 지위를 지키면서 자신의 독립을 보호할 수 있다. 튀르키예의 경우는, 러시아와 오스트리아가 항상 튀르키예를 병합하기를 바라지만 영국과 프랑스가 온 힘을 다하여 이를 막음으로써 그 독립을 지킬 수 있는 것이다.

○ 우리 제국이 자유독립에 어려움이 있다고 말하는 자들이 있다. 그들은 이른바 우리 나라의 문화가 아직 미흡하고, 병력도 강하지 못하며, 정법政法도 아직 분명히 정해지지 않아서 더욱 조약에 속박되는 바가 있다 하고, 그러므로 독립의 권리를 행하고 또 의무를 다하려고 해도 사실상 잘할 수가 없다는 것이다. 이런 주장은 무엇보다도 실제에 부합하지 않으므로 마땅히 배척해야겠지만, 이것을 해명함으로써 우리 나라 독립의 진면목을 드러내는 것 또한 꼭 불가능하다고는 할 수 없다. 우리 나라는 오랫동안 쇄국의 법을 지켰고, 태평에 안주하면서 스스로 외국과의 교제를 바라지 않았다. 미국의 전함이 일단 에도 해안에 침입하여 통신의 조약을 청구하였을 때,[12] 우리가 이것을 허락하여 처음으로 일본을 왕래할 수 있는 편리를 얻도록 하였다. 그 후 영국, 러시아, 프랑스가 계속 침입해 왔고, 안세이安政 5년, 즉 서양으로 치자면 1858년에 화친무역和親貿易 조약을 정했는데, 그 기간을 10년으로 하였다. 그 후에 다른 나라가 와서 조약을 요청하면 모두 응하였는데, 이 역시 미국, 영국 등 여러 나라와 10년, 즉 메이지明治 5년, 서양력으로는 1872년까지를 기한으로 해서 조약을 허락하였다. 이것은 모두 우리 나라가 스스로 기꺼운 마

---

12 1853년(가에이 6) 페리 제독(Matthew Calbraith Perry, 1794-1858)이 인솔한 미국 함대가 우라가浦賀로 들어와 일본에 개국(開國)을 요구한 사건. 에도막부는 그 이듬해인 1854년 3월 31일에 '미일화친조약'을 체결했다.

음으로 달게 여겨서 허락한 것이지 외국의 강압으로 허락한 것이 아니었다. 지나나 튀르키예의 경우와 같은 종류로 여겨서는 안 될 것이다. 무엇보다 약조한 기간이 다 되면 조약을 체결한 한쪽이 이것을 자유롭게 폐기할 수 있다. 혹은 쌍방의 협의로 다시금 새롭게 조약을 체결할 수도 있다. 새로운 조약을 맺지 않는다 해도 공법이 있으니, 우리와 저들이 공법에 의거해 점차적으로 교제를 두텁게 하고 점진적으로 무역의 편리를 진전시킬 수 있다. 미국과 유럽의 여러 나라 사이에는 조약에 의거하지 않으면서도 교제를 완수하고 무역을 이룬 사례가 적지 않다. 우리 나라 역시 이런 사례에 따른다면 더더욱 안 될 것이 없다. 문화가 미흡하고 병력이 아직 강하지 않다는, 앞에서 나온 문제 제기는 전적으로 국내 정치에 관한 것으로, 외국과의 교제와는 관련이 없으므로 문제에 대한 적절한 해결책이라고 볼 수 없다. 정법이 아직 정해지지 않은 것에 대한 논란에 대해서는 약간 생각해 봐야 할 점이 있는 듯하다. 그러나 우리 나라가 외국인을 관리하는 법을 만들고, 그것으로 외국인을 보호하는 의무를 행하는 것은 크게 어려운 일이 아닐 것이다. 여기에는 여러 가지 방법이 있을 수 있겠지만, 실제로는 적합한 새로운 법을 편정編定하고 이것을 행할 재판관을 잘 뽑아서 정하는 것 이외에 다른 방법은 없을 것이다. 이렇게 하면 새롭게 정한 법은 우리 나라의 종래 풍속을 해치지 않고, 또한 외국의 법률에도 어긋나지 않는 공정한 것이 될 수 있다.

✿
2. 무관의 공순

문명개화를 이룬 나라들의 경우 무관은 오로지 군주의 명령에 공순恭順하는 것을 가장 중요한 덕목으로 여겨서 이 규율을 엄격하게 정하고, 무관으로 하여금 감히 전쟁의 시비득실을 따지지 않고 오로지 군주의 명령을 받들어 공격과 방어에만 종사하게 한다. 다만 정부의 관리라도 원래 감히 군주의 명령에 반대하는 일을 허락하지 않는 것은 마찬가지겠지만, 군주가 정부의 관리에 대한 권한과 같은 것은 자못 제한적인 데가 있어서 감히 전횡하지 못하게 하고 반드시 관리들로 하여금 자유롭게 정령의 시비득실을 의논할 수 있게 하고 있다. 이런 점에서 정부 관리의 공순이라는 것은 무관의 공순에 비한다면 대단히 느슨하며, 정부 관리가 군주에 대하여 가지는 권리 또한 매우 크다. 하물며 의회나 법원과 같은 경우는 거의 독립적인 권한을 가지기 때문에 공순의 의무 역시 대단히 가볍다.

그런데 오직 무관의 공순만이 대단히 엄격하며 군주가 무관에 대해

가지는 권리 또한 대단히 큰 이유는 어째서인가. 모름지기 병권兵權이란 그 자체로 매우 포악하고 흉폭한 권력이다. 그야말로 어쩔 수 없는 경우가 아니라면 결코 시행해서는 안 된다. 그런데 만일 무관이 제멋대로 전쟁의 시비득실을 의논하고, 쉽사리 그 권력을 시행할 수 있다면 소위 호랑이에게 날개를 달아 주는 격이니, 자칫 명분 없는 출병을 감행하거나 무모한 전쟁을 개시할 우려가 없을 수 없다. 바로 이러한 이유 때문에 그 권리를 엄격히 억제하고 오직 왕의 명령에 공순하게 하지 않으면 안 된다. 그런데 아직 개화가 완전하지 않은 나라에서는 자칫 무관이 권력을 자기 멋대로 휘두르며 함부로 전쟁의 시비득실을 따져서 정부를 압제하려 들고, 정부 역시 무관의 폭력을 매우 두려워하고 위축되어 이들의 비위를 맞추고 경솔하게 일을 도모하여 마침내 나랏일을 그르치는 경우가 많으니, 이 어찌 두려워하지 않을 수 있다는 말인가. 정권의 담당자들께서는 부디 반면교사로 삼아 경계하셔야 할 것이다.

또한 무관의 공순에 대해서는 내가 번역한 『국법범론』 하권 제3책, 병마의 대권을 논한 장[1]에 상세히 기록되어 있으니 부디 참고하시기 바란다.

---

1   해당 장의 제목은 「병권·상비군 및 호국군」이다. 여기에서도 "만일 장졸들로 하여금 자유로이 그 의견을 말하게 한다면 군대의 일치와 그 능력이 모두 떨어져서 결국에는 반드시 그 쓸모를 완전히 잃어버리게 될 것이다"라고 적혀 있다.

❀

3. 개화를 앞당기는 것은 정부가 아니라 인민의 중론衆論, public opinion이다 (버클의 『영국개화사』에서 초역)

미쓰쿠리 린쇼

유럽 각국 개화의 진보에 관해, 논자들은 종종 그것이 정부의 지혜로 새로이 법률을 제정하고 폐해를 제거한 덕택이라고 말한다. 이러한 설을 주장하는 자가 많지만, 역사서를 상세히 읽으며 이 문제를 다시 생각해 보면, 이러한 설은 필경 근거 없는 망언으로 신뢰할 만하지 않다. 왜냐하면, 대저 국가의 요직을 차지하고 앉아 권력을 쥐고 정치를 행하는 무리들은 원래 어떤 사람들이던가. 그들은 모두 그 나라에서 태어나 그 나라의 책을 읽으며 그 나라의 습관과 편견에 젖고 그 나라의 범위 안에서 벗어나지 못하는 사람들일 뿐이다. 그렇다면 그들이 아무리 총명하고 뛰어난 인재라 하더라도, 돌이켜 보면 그들 역시 지금 세상에 의해 만들어진 자들이지, 이 세상을 창조하는 자들은 아니다. 따라서 그들이 하는 사업 또한 개화나 진보의 말단에 있을 뿐, 그 본원이 되기에는 부족하다.

여기에서 그 증거를 들어 보자. 대저 고금의 역사서에 실린 각국의 큰

개혁(大改革, great political improvement 또는 great reform)을 살펴보면, 지금까지 한 번도 당시의 위정자들rulers의 발의나 주도로 일어난 경우가 없다. 하나같이 모두 그 나라 인민의 중론에 내몰려서 어쩔 수 없이 한 것이다. 따라서 이제부터 내가 하는 말은 멋대로 날조한 것이 아님을 알아야 한다. 대체로 나라에 폐해가 생기면 처음에는 어떤 지식을 가진 자(有識の士)가 나타나 무서워하거나 거리끼지 않고 사람들보다 앞서서 그 폐해의 제거와 개혁의 급선무를 논한다. 그러나 정부는 굳이 거기에 귀 기울이지 않고 구태의연하게 구폐에 안주하여 수십, 수백 년이라는 오랜 세월을 버틴다. 그러다 중론이 들끓어 도저히 어찌해 볼 수 없는 지경에 이른 연후에야 비로소 개혁을 하게 되는데, 이는 반드시 무지하고 완고한 정부의 경우에만 그러한 것이 아니다. 널리 여론에 귀 기울이고 좋은 방도를 고심하여 두루 대중의 의견을 듣고, 그것을 채택하는 문명 제국의 정부라 하더라도 역시 그러하지 않은 경우가 있다. 따라서 개혁을 이루고 국익을 증진시켰다고 자부하는 통치자라 하더라도 대다수는 모두 그들이 태어나기 수십 년 전에 생겨나 있던 논의를 취하고 그것을 입으로 외워 전한 것일 뿐이며, 그들이 하는 사업도 대체로는 이전의 현명한 이들로부터 가르침을 받고 그들이 제시한 교훈을 자기 생각인 양 큰 목소리로 이러쿵저러쿵 해설하는 것에 불과하다. 그리고 또한 나라의 개혁자라며 스스로 자부하는 이들의 경우라도 필경 당시의 여론과 중론이 이미 막을 수 없음을 알고 그것을 행한 자들이다. 비유하자면 떨어지는 물방울이 모여 그 힘이 제방을 뚫을 정도가 되면 더 이상 막을 방도가 없으니 차라리 물살에 몸을 맡기고 흘러가는 것과 같다. 따라서 개혁자들을 칭찬할 만한 데가 있다면, 그것은 다만 당시 없어서는 안 될 이유가 이미 분명해진 국가의 중요한 개혁 사안에 관해서 아직 항거하는 자가 많음에도 불구하고

위험을 마다하지 않고 시대를 읽어 단연코 중론을 받아들여 그것을 실현에 옮겼다는 점에 있을 뿐이다.

　지금 여기에서 예를 들라고 한다면, 각국 고금의 역사서를 일일이 거론할 짬이 없긴 하지만, 시험 삼아 가장 주목할 만한 것을 들어 말해 보고자 한다. 근래 영국에서 곡물법[1]을 폐지한 사례를 보면, 오늘날 영국의 인민들은 대부분 그 이로움을 알고 있어 다른 의견을 제기하는 자가 없을 것이다. 그러나 이것이 어떻게 개혁에 이르렀으며, 어떤 방법으로 진행되었는지는 사람들이 아직 명확하게 알지 못한다. 그런데 세간에는 역사서를 자세히 읽지 않은 사람들이 반드시 이렇게 말할 것이다. 이 개혁은 전적으로 의회의 힘에서 나왔다거나, 혹은 반곡물법동맹[2]이라는 단체의 힘 덕분이라고 말이다. 그러나 이 개혁이 일어난 연유를 자세히 살펴보면, 그 개혁의 발단은 1700년대인데, 이때 곡물 수입을 제한하는 법의 폐해에 관해 당시 모든 경제학자가 논증했고, 점차 경제학자들의 책을 읽은 사람들이 모두 그 논증이 바르고 옳음을 인정한 데 있었다고 생각한다. 돌이켜 보면 정부나 의회, 단체란 필경 매우 강대해져 더 이상 항거할 수 없게 된 국내 중론으로 작동하여 움직이게 된 기계와도 같은 것이다. 따라서 그들이 곡물법을 폐지한 것은 결코 자기 당黨의 편의 때문도 아니고, 상대 당에 이익이 되기 때문도 아니다. 그것은 국민의 지식으

1　곡물값이 자국에서 비쌀 때를 제외하고는 외국에서 수입하는 것을 금하는 법. Corn Laws. 1815년 제정, 1846년 폐지. 높은 관세를 부과하는 등 곡물 수입을 제한하여 지주를 보호하려는 정책이다.

2　곡물법을 폐지하자고 주장한 단체. Anti-Corn Laws League. 자유무역을 주장하였던 리처드 코브던(Richard Cobden, 1804-1865)과 존 브라이트(John Bright, 1811-1889) 등이 1839년 결성했다.

로 이루어진 것이니, 인간의 지혜가 점차 진보함에 따라 그 법이 마침내 폐지된 것이 원래 자연의 이치라 하겠다. 당시 그 단체가 지식을 널리 퍼뜨렸다는 점에서 공이 없다고 할 수 없으며, 의회가 그 지식을 받아들여 거기에 순응했다는 점에서 공이 없다고 할 수 없으나, 요컨대 그들의 공이란 인민 지식의 진보에 따라 어쩔 수 없는 지경에 이르러 개혁을 그저 한 발 앞당긴 것에 불과하다.

그리고 요사이 일어난 리폼 빌(의원 선거의 제도를 개혁하자는 의안)[3] 및 기타 개혁들도 모두 앞에서 논한 바와 결코 다르지 않다. 따라서 나라의 오래된 폐단을 없애고 개화를 앞당기는 것은 정부의 힘이 아니라 인민의 중론이라고 말하는 것이다.

---

3   영국에서 의원 선거의 제도를 개혁하자는 의안인 Reform Bills를 의미하며, 1832년과 1867년, 1884년에 모두 세 차례 있었다. 미쓰쿠리가 초역한 이 글의 원전인 버클의 *History of Civilization in England*가 나온 것이 1864년의 일이었으니, 여기에서 가리키는 리폼 빌은 1832년의 첫 번째 개혁의안이었을 것으로 추정된다.

✿
4. 남북아메리카 연방론

스기 고지

　국가의 성쇠는 기운의 흐름에 달려 있다고 하지만, 사실은 대체로 평상시에 인민을 서서히 교양하는 것이 가능한지 여부에 달려 있다. 옛날 북아메리카의 번속지는 영국에 저항하였고, 남아메리카의 번속지는 스페인에 저항하여 각각 독립했는데, 건국 이후 북아메리카 연방은 날로 융성하고 남아메리카 연방은 전쟁이 계속 일어났다. 그 까닭을 살펴보니, 오직 정부와 인민의 분권이 자유롭게 이루어지는지 여부에 달려 있었다.

　영국은 원래 식민지 인민이 원하는 바에 따라서 식민지 인민이 자유로이 종교를 신봉하게 하고 또 자유롭게 정치에 관여할 수 있도록 하여 사람들이 일찍부터 스스로 나라를 다스리는 의미를 알았다. 어느 시점에 영국 군주와 재상이 폭정을 휘둘러 민심을 잃게 되면서 식민지 인민들이 자립하였고, 이로부터 그 나라를 다스리게 된 것은, 일찍이 사람들 각각이 분권의 의미를 알았기 때문이다.

스페인은 그렇지 않아서 일찍이 식민지 인민이 자치하는 것을 허락하지 않았고, 또 나라의 군주는 식민지 인민들을 자신이 신봉하는 로마 가톨릭에 가입시켜 민심을 구속하였으며, 게다가 난폭하게 인민의 고혈을 오랫동안 짜냈다. 식민지 인민들이 그 가혹한 정치에 견디지 못하여 일단 자립하면서 외환外患을 제거하였으나 내란이 다시 일어나면서 나라가 어지러워졌는데, 이것은 압제의 해독이 골수까지 깊이 스며들어 분권의 의미를 모르고 인심도 어지러워져서 협동일치의 기력을 잃었기 때문이다. 볼리바르,[1] 산마르틴[2]과 같이 지혜와 용기를 가진 사람이 있었지만, 역시 결국에는 나라를 통일할 수 없었다. 멕시코와 같은 경우는 정치체제를 바꾼 것이 대략 9번이고, 한 당이 패배하고 다른 당이 흥한 것은 300여 번에 이른다.

모름지기 뿌리가 튼튼하면 줄기와 가지도 함께 번성한다. 영국이 이러하다. 뿌리가 튼튼하지 않으면 줄기와 가지도 따라서 쇠약해진다. 스페인이 이러하다. 어떤 사람이 이를 일컬어 영국은 좋은 종자를 북아메리카에 뿌렸고 스페인은 나쁜 종자를 남아메리카에 뿌린 것이라고 하였는데 참으로 지당한 말인 듯하다.

---

1   시몬 볼리바르(Simon Bolivar, 1778-1850). 베네수엘라의 독립 운동가이자 군인. 호세 데 산마르틴 등과 함께 라틴아메리카의 해방자(리베르타도레스, Libertadores)로 일컬어지며, 스페인의 식민지였던 콜롬비아, 에콰도르, 파나마, 베네수엘라를 그란콜롬비아(Gran Colombia)로 독립시켰다.
2   호세 데 산마르틴(José Francisco de San Martín Matorras, 1778-1850). 아르헨티나의 장군이며 페루의 정치가. 스페인의 지배를 받고 있던 남아메리카 남부 지역의 독립 운동을 전개하여 성공시켰다.

✿

5. 고문론拷問論 ①

쓰다 마미치

천하의 악惡 가운데 고문보다 더 참혹한 것이 없다. 고금을 막론하고 해로움이 고문보다 더한 것도 없다. 일찍이 걸주桀紂[1]가 아무리 포악하고 무도했다 한들, 그 해악이 고문의 참혹함에는 비할 바가 아니다. 무슨 근거로 이렇게 말하냐면, 생각하건대, 걸주의 포학함은 한 사람의 악행일 뿐이지만, 고문의 해로움은 수십, 수천 명의 법관이 저지르는 악행으로, 그 해로움이 수십, 수백 대代에 미친다. 그 참혹한 해로움을 입은 자를 어떻게 걸주의 일시적인 분노를 사는 자와 비교할 수 있겠는가. 그 범죄가 아무리 흉악하다 해도 일개 필부가 한 짓일 따름이다. 단속하는 관리는 황제의 명령에 따라 그를 포박하고, 법을 집행하는 관리는 나라를 다스리는 권위를 앞세워서 그를 추궁한다. 사람들의 귀천에 따라 권력에 큰

---

1   중국 하(夏)나라의 걸(桀)왕과 은(殷)나라의 주(紂)왕. 천하 고금을 통틀어 포악한 임금의 대표자이다.

차이가 있으니, 설령 결코 고문하지 않는다 해도 천열賤劣한 필부들은 위엄을 두려워하여 스스로 굴복하고 간담이 뒤집혀서 자백하기 때문에, 이것은 민법의 법정에서와 같이 원고와 피고가 서로 권리를 주장하며 가장 명백해지는 것처럼은 될 수 없으니, 자칫하면 무고하게 죄를 뒤집어쓰는 일을 면하기 어렵다. 하물며 고문으로 이들을 강제로 굴복시킨다면 또 어떠하겠는가.

다마노玉乃 권대판사權大判事[2] 역시 일찍이 고문을 폐지해야 한다고 주장했다. 그 해악에 대해서 말하기를, 만약 고문을 사용해 강제로 추궁하면 큰 공을 세운 대신이나 장군들이라도 스스로 유죄라고 인정하게 만들기가 손바닥 뒤집기보다 쉽다고 하였다. 고문의 해악은 이토록 무섭다. 그러므로 사람이 지은 죄가 없어도 일단 법관이 의심하면 필연적으로 억울한 죄를 뒤집어쓰지 않을 수 없다. 고문의 고통은 대개 견뎌 낼 수 없기 때문이다. 보통 사람은 고문으로 고통을 당하느니 차라리 억울한 죄를 뒤집어쓰고 죽겠다고 생각한다. 저 고문의 해악이 얼마나 참혹한가.

지구상의 가장 높은 봉우리를 히말라야산맥이라고 한다. 이 산의 서남쪽, 아시아 중앙에 있는 백성을 인도·게르만 인종이라 한다. 서쪽 바다를 건너면 아메리카에 이른다. 이 산의 북동쪽에 사는 백성을 몽골·지나 인종이라 하는데, 동쪽 바다 건너의 아메리카 토착인 또한 이 인종의 변종에 속한다. 오늘날 게르만 인종의 나라에는 고문이 없지만, 몽골 인종의 백성은 대개 고문을 면하지 못하였다. 아아, 히말라야산맥이 무엇이길래 이렇게 큰 구획을 만들어 놓았을까. 똑같은 지구상의 인간이면서

---

2   다마노 세이리[玉乃世履, 1825-1886]. 초대 대심원장 등을 역임한 근대 일본의 사법관이다.

어째서 게르만 인종의 백성은 행복하고, 어째서 몽골 인종의 백성은 불행하다는 말인가. 나는 일찍이 젊은 시절 인도양을 건넌 일이 있었다. 인도 여러 섬의 백성은 소위 말레이 인종인데, 이들은 아마도 몽골 인종의 변종일 것이다. 그들은 지금 영국과 네덜란드 각국의 지배를 받으면서 고문의 재앙을 면하였다. 아프리카의 백성은 흑인종이지만, 유럽과 아메리카 나라들의 관할에 속한 자들은 역시 고문을 면하였다. 이것은 인종에 따른 차이가 아닐까 생각하기 쉽지만, 사실은 그렇지 않다. 이것은 지식의 개명에 따라 달라지는 것이다.

고문의 해악은 천하 고금을 막론하고 이에 비할 만한 것이 없다. 그런데 고문은 결코 폐지할 수 없는 것일까. 아니다. 고문은 폐지하지 않으면 안 된다. 고문을 폐지하지 않으면 구미 각국과 어깨를 나란히 하고 나아갈 수 없다. 고문을 폐지하지 않으면 저들과 동등한 입장에서 조약을 맺을 수 없다. 고문을 폐지하지 않으면 구미 각국의 국민이 우리 나라에 거주해도 우리 법률로 다스릴 수 없게 된다. 이 일에 대해서는 다음 기회에 상세히 논하고자 한다.

✿
6. 히라가나의 설

시미즈 우사부로淸水卯三郎

　　유신 때 어떤 자는 한자를 개선해서 통용어로 삼자 하고, 어떤 자는 히라가나를 사용하자 하고, 어떤 자는 가타카나를 사용하자 하고, 어떤 자는 로마자로 고쳐 쓰자 하고, 어떤 자는 따로 말을 새롭게 만들자 하고, 또 일본어를 폐지하여 영어로 고치자는 자도 있었다. 또 원래대로 히라가나와 한자를 섞어 사용하자는 자도 있었다. 이에 관해 들어 보니 각각 나름의 주장이 있었다. 그러나 세상일이란 보통 편리함이 결여되면 쓰기 적합하지 않고, 쓰기 적합하지 않으면 교화하고 훈도하기 어렵다. 일본어를 폐지하고 영어로 고쳐 쓰자는 자의 의견은 말할 것도 없으리라 생각한다. 히라가나와 한자를 섞어 쓰는 방법(和漢雜用)은 이미 옛날부터 쓰고 있었으니 널리 쓰이기에 적합하다고는 하지만, 세상에 이런 글을 읽을 수 있는 사람들이 얼마나 있을지, 게다가 사전이 있다고 해도 초서나 행서와 같은 서체는 또 어찌할지 의문이다. 포고나 저술 같은 것도 루비ルビ(傍訓)[1]나 조어助語[2]의 번거로움이 있는데, 세상에 이런 글을 잘 이해하

는 사람이 또 얼마나 있겠는가. 충분히 가르치지 않았기 때문이라 말하기도 하지만, 원래 배우기 쉽지 않기 때문이기도 하다. 또한 기세루[3]를 煙管과 喜世留라는 한자로, 가라스[4]를 硝子와 玻璃로, 메리야스를 莫大小와 目利安으로, 후지산을 不二山과 富士山으로 쓰는 단어들처럼 하나의 사물에 글자를 다르게 쓰기도 하고, 하세長谷, 아타고愛宕, 아스카飛鳥, 구사카日下, 이리오마즈不入斗, 쓰쿠모九十九와 같이 따로 사전을 만들지 않으면 읽을 수 없는 단어도 있으며, 日蝕닛쇼쿠, 짓쇼쿠, 香港가우카우, 홍콩, 上海쇼카이, 상하이, 紫蘇시소, 지소, 昆布곰부, 고부 등의 단어는 두 가지로 읽기도 한다. 또 清水시미즈, 기요미즈, 세이스이, 神戸고베, 간베, 간도, 가우도처럼 한 단어에 읽는 방법이 여러 가지인 경우도 있다. 새로 사전을 만든다 해도 어느 쪽 읽기를 선택해서 적용해야 할지 알기 어렵다. 또 오늘날처럼 한자의 음차어나 신조어가 새롭게 만들어지는 시대에는 오랜 세월 고생하여 익히지 않으면 보통의 책도 읽지 못하게 될 것이다. 그러면 히라가나와 한자를 섞어 쓰는 방법도 역시 교화하고 훈도하는 것은 물론, 일상에서 쓰기 편한 도구도 되지 못할 것이다. 또 로마자로 개선하는 것은 마치 빵으로 쌀밥을 대체하고 유제품으로 된장을 대체하는 바와 같으니, 건강에는 좋을지 몰라도 실제로는 불편할 것이다. 그렇다 해도 따로 새롭게 글자를 만드는 것보다는 나은 점이 있을 것이다.

　모름지기 문자와 문장은 음성의 기호이며 언어의 형상으로, 고금을

1　후리가나[振りがな]. 일본어에서 한자 옆에 토를 다는 데 쓰는 작은 글자를 말한다.
2　실질적인 뜻이 없이 다른 글자를 보조하는 용도로 쓰는 한문의 토. '언(焉)', '야(也)', '어(於)', '의(矣)'와 같은 글자들이 있다.
3　기세루(キセル). 담뱃대의 일본어 표현이다.
4　가라스(ガラス). 유리의 일본어 표현이다.

살피고 피차를 통하게 하며, 약속을 나누고 예술을 널리 전하며 매일매일을 기록하는 매우 중요한 도구이다. 정말로 말과 문자·문장(言語)이 달라서는 안 되는 것이다.

만일 말과 문자와 문장이 다르다면 그것을 읽어도 희로애락의 정이 감동하는 일은 없을 것이다. 희로애락의 정이 감동하지 않으면 교화하고 훈도하는 의미를 잃게 될 것이다. 저『이나카겐지田舎源氏』,[5]『지라이야모노가타리自來也物語』,[6]『히자쿠리게膝栗毛』,[7]『핫쇼진八笑人』,[8]『기다유본義太夫本』,[9]『조루리본浄瑠璃本』[10] 등은 아동과 부녀자도 읽으면 금세 감동하고 웃으며 슬퍼하는데, 이것은 그야말로 말과 문장이 서로 같기 때문이다. 그러므로 유럽과 미주에서는 모두 자국의 언어와 같은 문장을 급선무로 삼고 있다. 미국은 영국과 말이 같으니, 또한 이로써 자국의 문장을 짓는다. 게다가 영국의 책을 번각하고 스스로 다시 엮어서 자국 언어의 계통

5   류테이 다네히코[柳亭種彦, 1783-1842]가 쓴 장편 합본 소설책. 원저는『니세무라사키 이나카겐지[偐紫田舎源氏]』. 다네히코의 대표작으로 1829년부터 1842년까지 14년에 걸쳐 집필한『겐지모노가타리』를 통속적으로 번안한 소설. 크게 성공했으나 1842년 작자가 사망하면서 미완성으로 끝났다.

6   간와테이 오니타케[感和亭鬼武]가 1806년에 간행한 에도 시대의 서책. 인술(忍術)을 쓰는 의적 지라이야[來也]를 주인공으로 한 활극으로, 가부키로 각색되는 등 크게 유행하였고 이후의 닌자 관련 이야기들에 많은 영향을 주었다.

7   짓펜샤 잇쿠[十返舎一九, 1765-1831]의 통속소설[滑稽本]. 원래 히자쿠리게는 도보 여행자를 가리키는 말. 작품은 주인공의 여행 경험담을 위주로 하여 전개되는 이야기로 간행 당시 큰 호평을 얻었다.

8   『하나고요미핫쇼진[花暦八笑人]』. 1820년부터 1849년까지 간행된 에도 후기 퇴폐적인 유희생활을 취재한 대표적인 통속소설이다.

9   조루리[浄瑠璃] 유파의 하나인 기다유부시[義太夫節]의 문장과 시가를 기록한 책이다.

10   닌교조루리[人形浄瑠璃]의 문장이나 가락을 기록한 책. 기다유본과 조루리본은 같은 의미로도 사용된다.

으로 삼는다. 이와 관련된 것들을 살펴볼 필요가 있다. 요사이 듣기로는 청나라에서 생도를 다른 나라에 보내 배우게 하는데, 별도로 자국 언어와 문장의 선생을 붙여서 보낸다고 한다. 그 마음 씀씀이가 어떤 것인지 생각해 볼 필요가 있다. 그런데 유독 우리 나라만 다른 나라의 문장과 글자를 취하자는 것은 어째서인가. 생각하건대, 오랫동안 굳어진 관습은 스스로 고칠 수 없다는, 애국심이 가장 부족한 마음에서 나온 발상일 것이다. 무릇 읽기 쉽고 알기 쉽게 말과 같은 문장을 써서 천하에 퍼뜨리고 인민의 지식이 진전하도록 하는 것은 학자와 교사의 임무일 것이다. 그런데 이것을 버리고 자기가 배운 데에 기대어 기이한 글자와 신조어를 섞어 쓰는 것을 뻐기는 자는 대개 자기 직무를 게을리하는 자라 하겠다. 마땅히 스스로 반성하지 않으면 안 된다. 또 가타카나를 아는 이 역시 천하에 많다고 할 수 없다. 그러므로 나는 오직 히라가나 사용을 주장하는 바이다. 히라가나가 통상 쓰이고 있음은 간판, 노렌暖簾,[11] 청원서, 역사 이야기 등을 보면 알 수 있다. 즉 이것이 『모노와리노하시고舍密の階』[12]를 역술譯述하여 내가 동지들에게 제시하는 까닭이다.

니시무라 선생께서 니시 선생의 설[13]을 반박하여 말하길,[14] 가와皮, 가와側, 가와川처럼 세 가지 문자의 읽기가 같을 경우, 그 혼란을 어찌할 것이냐고 하였다. 그렇지만 문장과 담화는 모두 앞뒤에 조응하는 바가 있

11   포렴(布簾). 가게 입구의 처마 끝에 쳐 놓은 상호가 적힌 천조각이다.

12   1874년(메이지 7), 시미즈는 토머스 테이트(Thomas Tate)의 화학 입문서인 *Outline of Experimental Chemistry*, London, 1850을 『모노와리노하시고(ものわりのはしご, 舍密の階)』라는 제목을 달고 히라가나로 번역 저술했다.

13   『메이로쿠잡지』 제1호 1. 니시 아마네의 「서양 글자로 국어를 표기하자」를 가리킨다.

14   『메이로쿠잡지』 제1호 2. 니시무라 시게키의 「개화의 정도에 따라 문자를 표기해야 한다」를 가리킨다.

어서 꼭 한 단어로 그치는 것이 아니다. 전보처럼 간단한 문장이나 줄임말도 그 의미가 잘 통하는데, 하물며 문장이나 담화가 통하지 않을 리가 없다. 또 영어도 한 단어가 여러 의미를 가지는 것이 있다. 잠시 예를 들어 보면, Lot이라는 단어는 제비뽑기, 운명, 울타리, 많은 사람이라는 의미를 가졌고, Tin이라는 단어는 주석, 철판, 화폐, State는 형세, 대신, 국가, Branch는 가지, 학파, 혈통, Arm은 팔, 힘, 갑옷, Type은 활자, 기호, 병증, Lime은 석회, 끈끈이와 같은 의미를 가진다. 그 외에도 네덜란드, 프랑스의 단어도 역시 그런 경우가 있다지만, 그렇다고 해서 저들이 의미를 오해하지는 않는다. 그렇다고 하면 우리라고 해서 오해할 리가 없다. 니시무라 선생께서 이런 내용을 논급하지 않으신 것은, 생각하건대, 눈앞에 있는 것을 놓치셨기 때문이 아닐까 싶다. 무릇 사람이 만물의 영장인 이유는 깊게 생각하고 새롭게 고안해 내기 때문이다. 그렇기에 우리는 능히 고대의 갑골문자를 읽어 내고, 마멸된 전자篆字[15]를 이해한다. 하물며 한 글자에 여러 의미가 있다 한들, 문장과 담화 사이에 있다면 알지 못할 리가 없다.

　어떤 이가 묻기를, 그대는 이 글을 저술하는 데 어째서 히라가나로 쓰지 않았느냐고 하였다. 이에 대해서, 그렇기는 하지만 나의 히라가나 설은 다만 후진後進들에게 전하는 것일 뿐이고, 이 글은 오직 학자들을 대상으로 도모하기 위한 것이라고 답하였다. 예전의 한학자들은 서양을 보며 오랑캐니 야만이니 말하고, 서양의 학문을 일본 글자로 번역한 책이 있어도 눈길조차 주지 않았다. 그러다가 한자로 번역된 서양 책들이 바다 건너에서 들어오고 나서야 비로소 서양의 학문으로 옮겨 간 자가 많았

15　　진(秦)나라의 이사(李斯)가 만들었다고 전해지는 한자의 글자체이다.

다. 대개 유학자에게 중국을 이야기하면 주의를 기울이며 경청하고, 상인에게 이문을 이야기하면 귀를 쫑긋거리며 듣는다. 농부도 기술자도 모두 그러하다. 사람은 모두 자기가 배운 것에 익숙한 게 인지상정이다. 그리하여 지금 여기에 이런 문장을 적는 것일 뿐이고, 히라가나로 쓴 것은 이미 책이 나와 있어서 그 서문에 취의를 거의 적어 두었으니 참고하시기 바란다.

메이로쿠잡지
제8호
(5월 31일)

—

✿

1. 복장론服章論

쓰다 마미치

    관직에는 직급이 있고, 복식에는 구분이 있다. 이것은 아시아의 풍속인가 아니면 유럽의 관습인가. 예로부터 지금까지 유럽 땅에서는 지나支那나 우리 나라처럼 관직에 십수 개 품위가 있다는 말을 들은 적이 없다. 또 유럽에서는 복식에 구분이 있어서 지나나 우리 나라처럼 품위에 따라 제색制色[1]을 달리 입었다는 말을 들어 본 적이 없다. 다만 무관은 무력으로 무력을 제압할 임무를 띠고 있어서 명령이 떨어지면 마치 심혼心魂이 지체肢體를 부리듯 해야 할 필요가 있으므로 대체로 상하의 구별을 엄격하게 나누었다. 따라서 장교와 사병을 구별하는 데 수 종류의 등급으로 나누어서 상하 구별을 일목요연하게 하였다. 그러므로 무관은 복장과 표식이 없어서는 안 되는 것이다. 또한 나라 밖에 나가 외국에서 일하는 대사大使는 제왕의 이름을 대신하는 자이고, 공사公使는 국가의 이름을

---

1   관위(官位) 등에 따라 구별되어 정해진 의복의 색을 가리킨다.

대신하는 자이며, 대리공사代理公使는 외무대신을 대신하는 자이니, 이들은 계급에 따라 복장의 직급을 구별한다. 또 유럽 나라에는 기사단(義勇社, knighthood)이라 불리는 자들이 있다. 대체로 그들은 각국의 제왕을 수장으로 삼고, 무인은 물론이거니와 문인이라 할지라도 국가에 뛰어난 공로가 있는 자에게 일종의 별 모양의 훈장(星標號章)을 포상하여 사람의 본성(人性) 중 하나인 명예욕을 구슬려 다루었다. 아마도 이것은 중세의 십자군 당시[2] 사민士民이 자발적으로 모임을 이루면서 군대 습속에 따라 모임의 대장(社長)과 그 이하 각 직급에 따라 표장標章을 달리했던 것에서 유래하며, 오늘날까지도 유럽 각국의 제왕들이 통치의 기술로 이용하고 있다. 이러한 것을 지나의 작위爵位[3]나 도요토미 공의 명기茗器[4]와 비교해 보면, 유럽인들의 지혜로움이 한층 돋보인다. 그렇다고는 하나 미국은 전혀 이러한 방법을 사용한 적이 없다. 이는 그들이 행하고 있는 평민정치의 습속이 실리를 좋아하고 허명을 탐하지 않기 때문이다.

오늘날 구미 각국에서 문관의 예복은 제왕, 대통령에서 중서衆庶, 평민에 이르기까지 오직 하나의 등급만 존재한다. 즉 지금 우리 나라에서 입는 연미복이 그것이다. 무릇 문치文治의 강령은 도의와 법률에 있다. 도의로 백성의 복종을 이끌어 내고, 법률로 사람의 어긋난 도리를 제압한다. 이는 무치武治가 폭력과 위압으로 아랫사람을 속박하며 짐승을 부리듯 하는 것과 다르다. 따라서 복식 제도로 상하를 구별하지 않는다고 해

---

2   12세기 각지에서 기사단이 만들어지던 때를 말한다.
3   주(周)나라의 오작(五爵: 公·侯·伯·子·男)이나 진한(秦漢)의 이십등작(二十等爵) 등 신분 위
     계를 표현하는 서열의 호칭이다.
4   도요토미 히데요시[豊臣秀吉]가 1587년 기타노[北野]의 대다회(大茶會)에서 자신이 직접
     수집한 다도구(茶道具)의 명기(茗器)로 피로연을 열었는데, 이 피로연에 초대받는 사람
     들은 그것을 명예로 여겼다.

서 상하의 구분이 어지러워질 걱정은 없다. 다만 대학박사大學博士, 대소 재판관은 일종의 특별한 복장을 입는다. 아마도 그것은 그리스, 로마의 신관, 승려들이 특별한 복장을 입었던 것과 같은 취지일 것이다.

이제 우리 나라의 해군, 육군의 제복은 거의 다 영국과 프랑스를 보고 배운 것으로, 근래의 전쟁법을 배우기 위해서는 어쩔 수 없는 일이다. 그런데 문관의 대례복만은 배우지도 않았고 목적도 없으니, 그것이 무엇 때문인지 알 수 없다. 고대의 관복은 옛날 중국 수당隋唐의 제도를 보고 배운 것인데, 그 연원 또한 명확하지 않다. 내 멋대로 한번 생각해 보자면, 어찌 무관의 복장은 유럽의 것을 보고 배우면서, 관직에 위계를 두는 아시아 본래의 풍습은 그대로 따라 하는 것인가. 본디 중국의 옛 복장이 불편하기로는 중국 여인들의 발이 자라지 못하도록 불편하게 했던 일과 비슷하다.[5] 여인의 발이 작은 것을 최고로 여기는 것은 오대주의 공통된 습관이나 그 폐해는 옛 중국의 경우가 극에 달하였다. 중국 여인의 발은 어릴 때부터 자라지 못하도록 아프게 동여매어졌다. 그래서 그들은 발에 감각을 잃어 혼자 걷지도 못한다. 고대 지나의 의관속대衣冠束帶는 곧 옛날 우리 나라에서 정해진 제도인 관복으로 아름답기는 하다. 그러나 그 것은 타인의 도움을 받지 않으면 혼자 입을 수 없을 정도로 복잡하니 어찌 지혜롭다 할 수 있겠는가. 일전에 나는 종이위從二位 다테伊達 공의 부사副使 역으로 청에 간 일이 있었다.[6] 우리가 톈진天津을 거쳐 베이징北京에 도착했을 때, 다테 공은 천황에게 하사받은 고노오시小直衣[7]를 입고, 나는

---

5   옛날에 중국 여자들의 발이 자라지 못하도록 전족(纏足)을 하는 것을 말한다.
6   1871년(메이지 4), 외무권대승(外務權大丞)의 직을 맡고 있던 쓰다 마미치는 청일수호조규 체결을 위해 흠차전권대신(欽差全權大臣)이었던 다테 무네나리[伊達宗城, 1817~1892]의 부사(副使)로 청에 간 일이 있었다.

에보시烏帽子[8]와 히타타레直垂[9]를 입었다. 재상 이 씨[10] 이하의 중국인들은 우리의 옷차림을 보고 매우 부러워하는 기색이었다. 우리의 눈으로 보자면, 만주족의 복장이 편리하여 저 멀리 삼대三代 이래[11]의 복장 가운데 으뜸이었다. 그런데 지나인은 아직도 고대 복장을 그리워하고 있으니 어찌 그리도 우둔한가. 어찌하여 저 애친각라愛親覺羅 씨[12]가 억지로 자신들의 의관과 두발을 바꾼 것에 대한 증오의 감정[13]을 오늘날까지도 삭히지 못하고 있는가.

이보다 몇 년 전,[14] 내 나이가 아직 젊을 때 배를 타고 희망봉을 거쳐 유럽에서 유학하고 귀국하는 길에 홍콩에 잠시 들러 네덜란드 영사관을 방문했다. 마침 영사는 금몰[15]을 단 제복을 입고 있었는데, 그것은 오늘날 우리가 입는 대례복을 방불케 하는 복장이었다. 이러한 복장은 유럽에서 나라의 사신이나 무관 혹은 공후백작과 같은 귀족이 아니면 입지 않기 때문에 이상하게 여겨 그 연유를 물었다. 영사는 웃으면서, 아시아의 야만국 백성들은 이런 옷을 입지 않으면 네덜란드 영사의 신분이 높은 것을 알지 못하기 때문이라고 대답했다. 나 또한 웃으며 그에게 작별을 고하고 나왔다.

---

7   상황(上皇)이나 상위(上位) 관리의 옷차림. 본래 일본의 구게[公家]에서 입는 평상복인 가리기누[狩衣]에 천 등을 지정된 위치에 덧대어 붙여 만든 옷이다.

8   헤이안[平安] 시대로부터 내려오는 일본 전통복장에서 남성이 쓰는 긴 모자이다.

9   주로 일본의 무가(武家)에서 많이 입던 남성용 의복이다.

10   당시 청조의 직속 총독이었던 이홍장(李鴻章, 1823-1901)을 말한다.

11   중국 고대의 하(夏), 은(殷), 주(周) 삼왕조 이후를 말한다.

12   청나라 황실의 성이다.

13   청 왕조는 왕조를 시작할 때 만주인의 습속이었던 변발을 한족에게 강제했다.

14   1862년(분큐 2) 쓰다가 네덜란드에 유학하던 시절을 말한다.

15   금실을 꼬아서 만든 장식용 줄이다.

✿
2. 처첩론妻妾論 ①

모리 아리노리

부부의 사귐은 인륜의 큰 근본이라. 무릇 근본이 서야 도가 행해지며, 도가 행해져야 나라가 비로소 확실하게 선다. 사람이 혼인을 하면 권리와 의무가 그 사이에 생겨서, 서로 침해할 수 없다. 무엇을 권리라고 하고, 무엇을 의무라고 하는가? 무릇 서로 돕고 서로 보호함의 도를 일컫는 것이라. 즉 지아비는 지어미에게 도움을 요구할 권리를 갖고, 또한 지어미를 보호(支保)할 의무를 진다. 그리고 지어미는 지아비에게 보호를 요구할 권리를 갖고, 또한 지아비를 도울 의무를 진다. 만약 이 이치에 따라 혼인하지 않는다면, 아직 인간의 혼인이라고 볼 수 없을 것이다. 지금 우리 나라의 혼인 풍습을 보매, 지아비가 제멋대로 처에게 일을 시키고, 맘에 들지 않을 경우에는 마음대로 처를 떠나도 국법이 일찍이 이를 규율로써 다스리지 않는다. 이 때문에 권리와 의무가 그 사이에서 행해질 수 없다. 명색이 부부라고는 해도 실제로는 아주 멀리 떨어져 있다. 고로 내가 감히 말하건대, 우리 나라는 인륜의 근본이 아직 서지 못했다.

종래의 혼인법에는 몇 가지가 있다. 중매로 혼인한 자를 부부라고 칭하고, 그 지어미를 처로 간주한다. 중매를 통하지 않고 혼인한 자를 첩이라고 부른다. 처 외에 한 명, 혹은 여러 명의 첩과 혼인하는 자가 있다. 또한 첩의 지위를 바꾸어 처로 삼는 자가 있다. 처와 첩이 함께 살기도 한다. 이와는 달리 처를 멀리하고 첩과 가깝게 사는 자도 있다. 그리고 처와의 혼인은 양쪽 부모의 협의로 이루어지거나, 오직 부모의 허락을 필요로 한다. 그러나 첩과의 혼인은 남편 된 자 혼자 결정하고 첩의 가족이 승낙함으로써 이루어진다. 혹은 약간의 돈을 첩의 집에 주고 첩을 얻기도 한다. 이를 우케다시うけだし라고 한다. 얼마간의 돈으로 첩을 사 온다는 뜻이다. 무릇 첩이란 대체로 예기나 유녀 같은 부류이고, 그를 아내로 취하는 자는 모두 귀족이나 부유한 자의 부류이기 때문에, 귀족이나 부자의 가계家系는 첩으로 인해 생긴 것이 많다. 처와 첩이 함께 살면 그 관계가 때로는 주종관계와 같다 해도, 지아비가 항상 첩을 편애함으로써 처와 첩이 번갈아 가며 질투하고 항상 서로를 원수 삼기에 이르기도 한다. 까닭에 처와 첩, 혹은 여러 명의 첩이 있는 자는 이들을 분산시켜 별도의 처소에 두고, 자신은 대개 사랑하는 자와 함께 지내면서 제멋대로 추행하는 경우도 많다. 심지어는 첩과 혼인하는 것을 영예로 삼고, 첩을 두지 않는 자를 욕하는 풍습마저 있다. 국법은 처와 첩을 동등하게 보고, 또한 그로부터 태어난 자식의 권리를 평등하게 대한다.[1]

따라서 나는 지금 여기에서 우리 나라 인륜의 근본이 아직 서지 않았

---

1   1870년에 발포된 메이지 정부하에서의 최초의 형법인 '신율강령(新律綱領)'에서는 처와 첩이 함께 자식의 이등친(二等親)이 되도록 규정하였고, '개정율례(改正律例)'에서도 그것이 답습되고 있었다. 또한 처와 첩이 낳은 자식은 똑같이 실제 자식이 되었고, 첩이 낳은 자식도 사생아가 되지 않았다.

음을 말하였다. 그것이 풍속을 해치고 개명開明을 방해하는 상황에 대해서는 다음 기회에 다시 논하고자 한다.

✿

3. 교육담教育談

미쓰쿠리 슈헤이箕作秋坪

　사람은 어릴 적에 특별히 주의를 기울여 보호하지 않는다면 반드시 병들어 죽는다. 또 조심해서 교육하지 않는다면 자라면서 반드시 둔하고 어리석게 되어, 야만적이고 교양이 없어지면서 함께 살아갈 수 없게 된다. 이것은 대단히 알기 쉬운 이치이다. 그런데 어린아이를 보호하는 일은 대개 지극히 타고난 정 때문에 지식의 유무나 빈부의 차이가 없으므로 전부 주의를 기울일 필요는 없지만, 아이를 교육하는 일은 도외시하며 돌보지 않는 자가 또한 적지 않다. 실로 이상하고 개탄할 만한 일이 아니라 할 수 없다.

　대개 아이가 태어나서 2, 3세부터 6, 7세까지는 성질이 순수한 것이 마치 흰 구슬에 흠집 하나 없는 모습과도 같고, 머릿속은 청결하여 아주 조그마한 오점도 없어서 그 이목이 닿는 모든 것이 선과 악의 구별 없이 깊이 뇌리에 각인되어 일생토록 사라지지 않는다. 그러므로 그 성정을 덕으로 감화하고 품행을 양성하려면 이 시기가 최상의 적기라 하겠다. 그 교육 방법이 마땅하면 선하고 지혜로워지지만, 그 방법을 그르치면 우둔하고 어리석어진다. 이처럼 감각이 예민한 시기에 들여 놓은 습관은 이후 성장하면서 고치려고 해도 불가능한데, 이는 마치 어린나무가 생기 있고 부드러운 때에 가지를 휘어서 잡아 두면 자라면서 곧바로 피려고 해도 불가능한 것이나 마찬가지이다. 일생 동안의 선하고 악함, 지혜롭고 어리석음이 이때에 갈리는 것이니 어찌 주의를 기울이지 않을 수 있겠는가.

무릇 유럽이나 미국과 같은 나라에서는 인민을 교육하는 여러 학교를 설립하고 여러 방법을 만드는 데에 주도면밀하여 갖추어 두지 않는 것이 없다. 그런데 근래에 문화가 점점 진보함에 따라서 자기 집안에서 자녀를 교육하는 것이 학교에서 가르치는 것보다 훨씬 낫다는 주장이 점차 왕성해졌다. 그런 주장에서는, 한 집안은 마치 한 나라와도 같아서 자녀를 교육하는 일은 천도인리天道人理상 본래 부모가 맡는 것임이 분명하다고 말한다. 부모 된 자는, 아이가 어릴 때 감화하여 얻을 수 있는 힘이 가장 왕성한 시기이므로 잠시라도 반드시 이 시기를 놓치지 않고, 조금이라도 이때에 가르칠 수 있는 것이다. 또 그 가르치려는 바를 가르치고, 전수하려는 바를 전수하며, 아버지는 엄격하고 어머니는 자애로써 행한다면 타인이 어지럽히거나 유혹에 빠뜨릴 우려가 없다. 집을 떠난다면 그 교칙과 풍습이 아무리 아름다운 곳이라도 어지럽고 해로운 유혹이 없을 수 없다. 또 좋은 스승과 친구가 있더라도 그 정이 부모의 훈육과는 본디 큰 차이가 난다. 그러므로 어린아이를 교육하는 일은 자기 집을 최고의 학교로 삼고, 부모를 최고의 스승으로 삼는다고 주장하는 것이다.

그렇지만 이것은 중인中人 이상의 적당히 풍요로운 자에게 그러한 이치를 말한 것이다. 왜냐하면, 문명의 나라에서도 부모가 집에서 충분히 그 자녀를 잘 훈육할 수 있는 자는 드물다. 하물며 문명에 아직 도달하지 않은 나라에서는 어떠하겠는가. 어쩌다 가능한 경우라도 자기 집의 사업에 쫓기고, 직무로 인해 방해가 된다. 그러므로 아이의 훈육을 남에게 위탁하는 것은 본디 어쩔 수 없는 사정이 있어서이다. 그런데 지금 세상의 정세를 살펴보면, 부모가 자기 아이를 타인에게 위탁하는 것을 당연하다 여기고, 어린아이를 교육하는 것이 그 부모의 본분임을 모르게 된 것 같다. 그러므로 형편에 여유가 있는 집에서도 부모가 아이를 훈육하지 않으니, 부잣집에서는 단지 무지하고 우매한 하인들을 주로 접촉하며 무례하고 오만한 기풍을 익히고, 가난한 집에서는 어리석거나 교활한 아이들과 교제하여 졸렬하고 나쁜 행실(拙劣汚行)을 배우면서 하루 종일 모두 유해무익한 짓을 할 뿐이다. 어찌 어리석고 무지해지지 않을 수 있겠는가. 그런데 그 부모는 이미 자기 일에 힘을 다 쏟느라 아이를 가르칠 수 없다 하고, 그 아이가 성장함에 따라 불량하고 무지해지면 그 잘못이 도리어 자신에게 있음을 알지 못하고 함부로 아이를 꾸짖거나, 심한 경우에는 선생과 친구들을 원망하는 자들이 적지 않으니, 이는 지극히 번지수를 잘못 짚은 것이 아니겠는가.

그렇지만 이 또한 깊이 나무랄 수 없는 바가 있으니, 어째서인가. 모름지기 지금의 부모 된 자 또한 그 부모로부터 교육을 받은 바가 없었다. 그러므로 아이를 교육하는 것이 어떠한 것인지를 모른다. 그렇다면 어떻게 하면 될 것인가. 그 병의 근원이 이미 깊이 골수에 침투하였으니, 이제 와서 제거하려 해도 하루아침에 될 일이 아님은 물론이다. 그러므로 우리가 결코 지금 갑자기 부모가 충분히 그 아이를 교육하지 않는다고 책망하지 말고, 다만 부모가 자기 아이를 교육하는 것이 자신의 직분임을 깨닫고, 마음을 다하여 힘닿는 만큼 노력한다면, 그 아이 또한 자기 자식을 교육하는 것이 자기 직분임을 깨달아 마침내 한 집안의 가풍을 이루게 되고, 나아가 한 마을의 풍속을 이루게 되리라 희망하는 바이다. 또 한 걸음 더 나아가 이제부터 왕성히 여성 교육을 일으키고 힘을 쏟아서, 어미가 그 아이를 교육하는 일의 중요성을 알게 하길 절실히 바라 마지않을 뿐이다. ㅇ 어느 날 나폴레옹 1세가 유명한 여성 교육자 캉팡[1] 씨에게 "예전의 교육법은 거의 존중할 만한 것이 없는 듯하다. 그렇다면 인민을 잘 교육하는 데 부족한 것은 무엇인가?"라고 물었다. 그러자 캉팡 씨가 "어머니입니다"라고 답하였다. 나폴레옹이 크게 놀라며 "아아, 실로 그러하다. 이 한마디로 교육의 법칙을 정하기에 충분하다"라고 말하였다. 참으로 의미심장한 말이다.

여성 교육이 없어서는 안 된다는 주장에 대해서는 차후의 논의를 기약하고자 한다.

---

1   잔 루이즈 앙리에트 캉팡(Jeanne-Louise-Henriette Campan, 1752~1822). 나폴레옹에게 발탁되어 1807년 리옹의 여자학교 교장에 임명되었다.

✿

4. 공상空商[1]에 관해서 기록하다

스기 고지

국가가 곤궁하고 인민이 몽매하면 허위로 만든 계산이 파고든다. 프랑스의 왕 루이 14세[2]가 죽고 남긴 국채 10억 루블(대략 우리 돈 6억 엔)을 인민에게 부담시켜서 재정이 대단히 문란하였다. 공상은 이때 처음 프랑스에서 등장하여 이웃 나라들로 파급되었고, 인민이 입은 화는 이루 다 말할 수 없다. 스코틀랜드인 존 로[3]는 이전에 이탈리아 은행법을 공부하여 언제나 허황된 것을 바랐다. 그가 보기에 지금의 프랑스는 대단히 가

1   투기적인 사업. 또는 그 사업을 하는 상인을 말한다.
2   루이 14세(Louis XIV). 재위는 1643-1715년. 왕권신수설을 주장하여 '짐은 곧 국가다'라고 한 말이 전해진다. 대외 전쟁 등으로 재정 궁핍을 초래하였다.
3   존 로(John Law, 1671-1729). 스코틀랜드 출신의 경제학자. 중앙은행을 설립하여 신용의 활용을 늘리고, 토지, 금, 은에 기반한 은행권(banknote)을 확산시킬 것을 주장하였다. 이런 주장은 당시 재정 궁핍에 빠져 있던 프랑스에서 채택되어 1718년 왕립은행 설립으로 이어졌고, 1720년에는 재무장관이 되었으나, 왕립은행에서 발행한 은행권이 투기 과열과 거품 해소를 거치며 폭락하면서 실각하였다.

난하여 그저 눈물을 흘리면서 불행을 탄식할 뿐이니, 그 대책이 있다며 프랑스로 넘어가 정부를 설득하였다. 그리고 말하길, 나에게 국채를 갚을 방법이 있으며 만일 이 방법을 사용하면 수년 안에 국채를 모두 없앨 수 있다고 하였다. 프랑스 정부는 이것을 받아들였다. 로는 은행을 세워서 그곳에 들어온 자에게는 이익에 따라 원금을 몇 배로 만들어 주겠다고 약속하며 어음⁴을 발행하여 금은을 엄청나게 많이 거두어들였다. 이렇게 해서 금이 모이면 다시 그것을 소비하였다. 또한 프랑스령 미국의 미시시피에 금광이 있다며 미시시피회사를 세우고 금을 더욱 많이 모았다.

영국에서는 블런트⁵라는 자가 있었는데, 남해제도南海諸島에서 큰 이익을 거둘 수 있다며 정부에 요청해 남해회사南海會社⁶를 세우고 주식을 돈으로 바꿔서 천만금을 얻었다. 그 형태는 다르지만, 그 주된 요지는 존 로와 마찬가지였다. 모두 실질이 없이 헛된 모략을 이용하였으므로, 즉시 주식 가격이 떨어지고 유통은 막혀서 재산을 잃고 빈궁함에 빠진 인민이 그 수를 헤아릴 수 없었다. 무릇 어음은 돈이지만, 신용이 없으면 휴지 조각일 뿐이다. 이는 자연스러운 이치이다. 그러므로 어음을 과도

---

4   지폐와 주식을 가리킨다. 로는 왕립은행이 은행권을 발행하는 방식으로 사업을 확장시켰다.

5   존 블런트(John Blunt, 1665-1733). 영국의 준귀족 가문인 블런트 가문의 창립자. 원래 대금업자(scrivener)로 일하면서 Hollow Sword Blade Company라는 회사를 인수, 이후 본격적인 금융 업무에 종사하며 부를 축적하였다. 1711년 The South Sea Company의 대표를 맡았고, 각종 국채를 회사가 인수하는 대신 회사의 신주식을 발행할 권리를 얻었다.

6   1711년에 설립되어 남미 무역의 독점권을 획득하였으나, 1720년에는 주식이 폭락한 남해 거품 사건(The south sea bubble)이 일어났다.

하게 발행하는 해악은, 물가가 더 오르지 않으면 곧 손해를 입고 낭패를 보게 된다는 점이다. 공상은 즉 자연 이치와 어긋나게 어음을 근본으로 삼고 금은을 말단으로 삼기 때문에 본말을 전도하게 되어 결국 예측하기 어려운 인민의 피해를 낳는다.

영국 남해회사는 어음을 돈으로 바꾸지 못한 것이 3억 파운드(대략 15억 엔), 프랑스 미시시피회사는 10억 루블(대략 12억 엔)이라고 한다. 이것은 투기적 사업으로 돈을 벌려는 자의 허위 계산에서 나온 것이므로 이를 공상이라고 부른다. 어찌 공상을 두려워하고 경계하지 않을 수 있겠는가.

✿
5. 종교론 ④[1]

니시 아마네

어떤 이가 다음과 같이 말하였다.

백성의 믿음을 강제할 수 없음은 이미 납득했다. 그렇다면 정부는 오로지 사람들이 원하는 바에 맡기고 내버려두어도 괜찮다는 말인가.

내가 이에 대해 다음과 같이 답하였다.

정부와 인민의 관계는 부모와 자식의 관계와 같다. 설령 그 권한으로 사람들의 신앙을 강제할 수는 없지만, 또한 잘못된 믿음에서 벗어나

---

1   원래 순서대로라면 종교론 ④가 되어야 하지만, 잡지에서 ⑤로 표기되어 있다. 내용
     상으로도 이어지므로 누락이 있는 것은 아니며, 원잡지 표기상의 오류인 것으로 보
     이므로 ④로 표기한다.

올바른 종교로 향하길 바란다. 신앙은 사람들이 알 수 없는 바에 근거를 두고 있다 해도, 아는 바에 크고 작으며 낮고 깊음이 있음은 무시할 수 없다. 따라서 앎이 큰 자는 그 믿는 바 또한 고상하고, 앎이 깊은 자는 그 믿는 바 또한 반드시 두텁다. 지금 이것을 척도로 비유컨대, 세계가 거대하여 그 궁극을 제대로 알 수 없음은 현명한 자나 우매한 자나 마찬가지이다. 하지만 리里로 재는 것은 장丈으로 재는 것보다 크고, 척尺으로 재는 것은 촌寸으로 재는 것보다 길다. 이는 세상의 보편적 이치이니, 생각건대, 사람의 지혜 역시 그러한 바가 있다. 앎이 넓고 큰 자의 신앙은, 반드시 그러하다고는 할 수 없으나 앎이 협소하고 보잘것없는 자와는 엄청난 차이가 있다. 서민들이 여우나 너구리, 벌레나 뱀을 믿는 것이나, 현자들이 상제上帝의 주재를 믿는 것은, 한결같이 알 수 없는 바를 믿는 것이라고 해도 그 거리 차이가 하늘과 땅보다도 크다. 그러므로 세상을 도와 사람들의 수장이 된 자는 신앙을 강요하지 않는다 해도, 세상의 현명하고 지혜로운 자들, 지식이 가장 높은 자들이 믿는 바를 찬성하고 조력함으로써 그들의 믿음을 자유롭게 하고 구태여 이를 구속하거나 속박하지 않는다. 이렇게 되면 현명하고 지혜로운 자는 그 믿는 바를 분명히 하고 사람들을 이끌며 가르치는 데 온 힘을 다할 것이다. 그러면 서민 가운데 잘못된 믿음에 빠졌거나 망령되이 구는 자들도 차츰 교화되어 바야흐로 잘못을 고치게² 될 것이다. 이는 정부의 치술 중 백성의 신앙을 다루는 방략이다.

---

2   『포박자(抱朴子)』「용형(用刑)」의 '마음을 씻고 얼굴을 단정히 하다[洗心革面]'라는 성어에서 유래하였다.

어떤 이가 다시 다음과 같이 물었다.

그렇다면 세상의 현명하고 지혜로운 자들은 과연 믿는 바가 있는가.

이에 대해 내가 다음과 같이 답하였다.

서민들도 믿는 바가 있는데 하물며 현명하고 지혜로운 자인들 믿는 바가 없겠는가. 하늘이 높고 일월성신日月星辰이 멀리 있음은 육안으로도 알 수 있었다. 하지만 일단 망원경이 발명되자 원근을 구별하고 실체를 관찰하여 이제껏 육안으로는 볼 수 없던 것들을 볼 수 있게 되었다. 천왕성과 해왕성, 은하수, 성운星雲에서 태어나는 별들, 천랑성天狼星[3] 같은 항성, 태양의 불꽃, 달의 분화구 등을 모두 기계의 힘을 빌려 실상을 뚜렷이 보고 그 이치를 확연히 알 수 있게 되었다. 생각하건대, 성리性理에 관한 지혜 또한 그렇다고 할 수 있다. 만일 만물의 이치에 통달하고 심성의 은미함을 깊이 연구하면, 그 앎으로부터 주재하심이 있음을 미루어 깨닫고 믿게 된다. 주재하심이 있음을 믿으면 그 명命이 틀리지 않았음을 알게 된다. 고금의 현명하고 지혜로운 자들은 모름지기 옥루屋漏에서도 부끄러울 일을 하지 않고(不愧屋漏),[4] 경외하고 애모하는 마음이 그치지 않는 성誠을 갖추고 있다. 지구상 어디라도 그렇지 않은 곳이 없다. 다만 이른바 종교에 이르게 되면, 그

---

3   시리우스(Sirius)를 일컫는 말. 큰개자리의 7개 별 중에서 주성(主星)이라고 할 수 있으며, 겨울 하늘에서 가장 밝은 별이다.
4   남이 보지 않는 곳에서도 행동을 조심한다는 의미이다.

문파門派에 따라 도덕과 예의의 규칙을 달리하며, 신을 숭배하고 받드는 의례 또한 서로 다르다. 이 또한 사람들 각자가 선택할 일일 뿐인 것이다.

✿

6. 근본은 하나가 아니다

쓰다 마미치

세상 사람들은 모두 근원이 오직 하나라고 생각한다. 이는 본디 도道의 본원이 하늘에서 나왔다는 한인漢人의 설[1]에서 유래한 것인지, 혹은 세상 모든 만물은 모두 천신天神께서 만드셨다[2]는 황학자류皇學者流[3]의 주장에 근거한 것인지, 아니면 천지만물은 모두 조물주가 만들었다는 기독교인의 설에 따른 것인지 분명하지 않다. 이처럼 만물의 근원을 유일무이한 천신, 혹은 조물주에게 돌리는 것은 사실 쉬운 일이지만, 천신이나 조물주가 정말로 있는지 여부를 생각해 보면, 이는 결코 사람의 지식이 미치지 못하는 바일 따름이다. 사람의 지식이 결코 미치지 못하는 바를 가

---

1 『중용(中庸)』 제1장에 "도의 큰 근원은 하늘에서 나왔다[道之大原出於天]"라는 전한(前漢) 시대의 유학자 동중서(董仲舒)의 말이 주석으로 달려 있다.

2 『고사기(古事記)』,『일본서기(日本書紀)』 등에 나오는, 천신(天神)의 명령에 따라 이자나기 [伊邪那岐命]와 이자나미[伊邪那美命]가 함께 국토와 신을 낳았다고 하는 신화를 말한다.

3 국학자나 신도가(神道家)를 말한다.

지고서 이러쿵저러쿵 떠드는 것은 어리석은 짓이다. 일찍이 공자께서 말씀하셨듯이, 모르는 것은 모르는 채로 내버려두어야 한다.[4]

이렇듯 천신이나 조물주와 같이 사람의 지식이 미치지 못하는 바를 일단 제외하고 보면, 천지간에 존재하는 모든 만물의 근원, 만상의 기원이 오로지 하나뿐이라는 말은 있을 수 없다. 근원은 필시 여럿일 터이다. 우선 대지를 비롯한 만물의 기원을 한인들은 나무, 불, 흙, 철, 물의 다섯 가지,[5] 인도인들은 공기, 바람, 물, 불, 흙의 다섯 가지,[6] 또한 고대 서양인들은 물, 불, 공기, 흙의 네 가지[7]로 생각했다. 하지만 이는 모두 거짓이다. 오늘날 서양인들이 화학이라는 학문으로 실험한 결과, 60여 가지의 원소[8]가 있다고 한다.

이 원소들 각각은 근원이 하나라고 말할 수 있다. 하지만 이는 그저 원소일 뿐, 만물이 아니다. 단지 금이나 은 같은 것만이 드물게 원소 상태인 채 존재하는 것들이다.

이 60여 가지의 원소가 여러 가지로 결합하여 천만 가지 사물이 된다. 따라서 대지의 근원은 적어도 60여 가지보다 결코 적지 않을 것이다.

외부의 사물은 그렇다 치더라도, 우선 우리가 태어난 근원만 살펴보아도 부모가 둘이다. 부모에게는 각각의 부모가 있으니 그 수는 넷이 된

---

4   『논어(論語)』「위정(爲政)」편의 "아는 것을 안다고 하고, 알지 못하는 것을 알지 못한다고 하는 것, 이것이 참으로 아는 것이다[知之爲知之, 不知爲不知, 是知也]"에 전거를 둔 말이다.
5   오행(五行). 중국에서 만물이 생기고 만상을 변화시킨다고 하는 오기(五氣)이다.
6   불교에서 오대(五大)라고 하는 것으로 우주를 구성하고 만물을 만들어 내는 원소이다.
7   그리스 철학에서 4원소라고 부르는 것이다.
8   현재는 원소번호 118번까지 매겨져 있으나, 합성되어 새로이 만들어지는 원소들이 계속 추가되는 관계로 정확한 개수를 특정하기 어렵다.

다. 또 그 부모의 부모를 더하면 8이 되고 16이 되고 결국 먼 조상들까지 180인에 이른다. 나라는 존재는 영혼과 신체라는 두 가지 근원으로 이루어져 있다. 영혼은 무엇으로 이루어져 있는지 알기 어렵지만, 신체는 피부, 살, 뼈, 피, 털과 손톱 등 여러 부분으로 나누어지며, 또한 살과 뼈 등의 원소를 분석해 보면 수십여 가지나 된다. 또 수원水原의 경우도 오직 하나라 생각하는 것은 잘못이다. 큰 강의 근원은 시냇물이며, 수많은 시냇물의 원천은 수없이 많은 계곡물이다. 다만 초목이 하나의 줄기에서 여러 개의 가지로 갈라지는 것을 보고 근원은 하나라고 오해할 수 있다. 무릇 초목의 근원은 가지가 아니라 뿌리이다. 뿌리는 수없이 많은 실뿌리로 이루어져 있다. 그렇다면 초목의 근원은 하나가 아니라 여러 개이다.

만물의 근원이 여러 개이고 하나가 아니라는 것은 생각할 힘이 조금이라도 있는 사람이면 누구나 알 수 있다. 어리석은 사람들은 소총이 쏜 탄환이 화약의 힘만으로 날아간다 생각하겠지만, 화약의 힘뿐만 아니라 지구의 인력과 대기의 저항력이라는 두 가지 힘이 화약의 힘과 상호작용하여 탄도를 만들어 내는 것이다.

국가의 근원은 오로지 군주 한 사람이라 말하는 사람들이 있지만 이는 잘못이다. 일찍이 한인들은 백성이 나라의 근원[9]이라고 했는데 이것이야말로 옳은 말이다. 그러므로 국가의 근원은 수많은 인민이다. 그리고 국가의 근원이 인민이라면 군주는 말단임이 분명하다. 예컨대 집의

---

[9]   『서경(書經)』 「오자지가(五子之歌)」에 나오는 "백성은 가까이할 수 있으나 하대해서는 안 된다. 백성은 국가의 근본이니 근본이 견고하면 나라가 평안하다[民可近, 不可下. 民惟邦本, 本固邦寧]"에 따른 말이다.

근원은 초석이고 동량은 말단인 것과 같다.

군주는 말단이며 근원이 아니지만, 존경해야 할 것임에는 의문의 여지가 없다. 대지에 만물이 생겨난 순서를 논하자면, 제일 먼저 흙과 바위가 생겨나고 다음에 식물이 생겨나고, 다음에 동물이 생겨나고 마지막으로 인간이 생겨났다. 마지막으로 생겨난 인간이 가장 뛰어나고 가장 귀하다. 그리고 인간 중에 가장 나중에 생겨난 군주야말로 가장 귀한 자이다. 그 밖의 모든 인간이 하는 일도 학술이든 기술이든 사람들의 지식과 힘을 모아 마지막에 만들어진 것을 최선이자 최고로 꼽는다. 따라서 자식은 부모보다 낫고 아우는 형보다 뛰어나고 제자가 스승을 넘어서는 것이야말로 세상이 개화되고 인지가 진보해 가는 양상이다. 하지만 인류에서도 자식이 부모보다 귀하고 아우가 형보다 위에 있고 제자가 스승보다 높아야 한다는 것은 아니다. 결코 오해하지 말기를 바란다.

메이로쿠잡지
제9호
(6월 12일)

—

❀

1. 운송론運送論

쓰다 마미치

    내가 약관의 나이에 처음 양학을 배우면서 러시아 표트르 대제의 전기를 읽고 그의 커다란 업적 세 가지를 알았다. 이른바 병세兵勢를 바꾸고 학교를 일으키며 운송을 연 것이다. 그런데 당시 스스로 의아하게 여기기를, 운송을 여는 것은 나라의 자그마한 일 중 하나일 뿐인데, 어찌 병세를 바꾸고 학교를 여는 큰일과 나란히 논할 수 있을까 생각했다. 장년에 이르러서야 비로소 운송을 연 업적이 실로 병세를 바꾸고 학교를 일으킨 것과 어깨를 나란히 할 만한 것임을 믿게 되었다. 무릇 병세를 바꾸는 것은 군대를 강하게 만들기 위해서이고, 학교를 일으키는 것은 지식을 깨우치기 위해서이며, 운송을 여는 것은 나라를 부유하게 만들기 위해서 하는 것이다. 관자管子가 말하길, 의식이 족해야 예절을 안다고 했고,[1] 『논어』에 이르길, 양식과 병비가 풍족해야 한다고 했다.[2] 관중과 공

---

1   『관자(管子)』 「목민(牧民)」의 "창고가 가득하면 예절을 안다[倉廩實則知禮節]"라는 구절에

자 모두 일찍이 나라를 부강하게 만드는 것이 정치에서 가장 중요한 것임을 알았다. 지금 사람들은 오척동자라도 모두 그 뜻을 이해한다. 그런데 운송 개발이 부유해지기 위해서라고 하면, 요직에 있는 군자와 학식을 갖춘 학자 선생이라도 의심하는 경우가 있다고 하니, 시험 삼아 이에 대해 논해 보고자 한다.

무릇 천지만물은 토지에 따라 다르게 생겨난다. 산에서 금석과 초목草木, 금수가 생기고, 들에서 야채와 곡식이 나며, 바다에서는 생선과 소금이 나오는 것은 부녀자라도 모두 아는 바이다. 그런데 같은 금수, 초목, 야채와 곡식도 위도에 따라서 그 종류가 다르다. 이를 잘 아는 자라고 해도 적도의 초목이나 금수를 옮겨 북극 땅에서 번식시킬 수는 없다. 온대의 사물도 마찬가지이다. 강남의 귤나무를 북쪽에 심으면 탱자로 변한다.[3] 우리 나라나 지나의 차를 영국이나 독일에 씨를 뿌려 심으려고 해도 할 수 없다. 동시에 금석류나 지나의 옥玉을 국내에서 찾으려 하거나, 미국의 금은 광산을 유럽 안에서 찾으려 해도 곤란하다. 무릇 천하의 부富라고 하면 만국의 산물을 모으고 세계의 재화를 가져와서 자신의 쓸모 있는 곳에 제공하는 것보다 큰 것이 없다. 지금 세계에서 부유함을 말하면 사람들은 반드시 영국의 런던을 언급한다. 런던이 오대주에서 가장 부유하다. 영국이 그렇게 부유한 까닭이 무엇인가 하면, 영국 운송의 편

의거한다.

2 『논어(論語)』「안연(顏淵)」편의 "자공이 정치에 대해 묻자 공자께서 말씀하시길, 양식이 풍족하고 병비가 충분하면 백성이 믿을 것이다[子貢問政, 子曰, 足食足兵民信之矣]"라는 구절에 의거한다.

3 『안자춘추(晏子春秋)』에 나오는 "귤은 회남에서 자라면 귤이 되고, 회북에서 자라면 탱자가 된다[橘生淮南則爲橘, 生淮北則爲枳]"라는 고사에 의거한다.

리함이 만국에서 제일이기 때문이다. 영국 운송의 편리함은 원래 천연의 지리에 의존한 것이기는 해도, 이것은 또한 영국 인민이 지식과 기교를 경쟁하고 노력한 결과이기도 하다. 영국의 수많은 선박과 촘촘한 철로, 운송의 편리함이 그야말로 천하에 제일임은 세상이 아는 바이며, 이것은 그 나라 인민의 지식과 노력으로 만들어 낸 것이기 때문이다. 그런데 영국 인민이 그처럼 마음껏 지력을 펼칠 수 있었던 이유는 무엇인가 하면, 영국 정부가 인민을 속박하지 않고 부여한 자유의 권리를 중심으로 삼도록 고안하고 노력하였기 때문이다.

우리 제국은 지나와 마찬가지로 인민이 오곡을 주식으로 한다. 그중에서도 쌀을 최상품으로 친다. 그러므로 쌀값이 오르고 내리는 것은 사람들의 목숨이 달린 문제이니, 정치가가 가장 주의를 기울여야 한다. 우리 나라는 영토가 그다지 넓지 않음에도 지방에 따라서 평소 쌀값의 차이가 매우 크다. 이를테면 올해 쌀값은 토지에 따라 한 석石에 2엔부터 7엔까지 차이가 난다. 이것은 우리 나라의 운송이 불편하기 때문이다. 그런데 요즘 도쿄의 쌀값이 갑자기 뛰어올라 한 석에 8, 9엔에 이르니, 의아하여 그 까닭을 물었다. 어떤 사람이 말하기를, 요새 미곡이 도쿄에 들어오는 양이 매우 적어서, 현재 도쿄에 있는 쌀이 평소보다 적기 때문이라고 했다. 왜 그런지 또 물어보니, 지금 정부가 타이완 문제[4]로 군대를 이송하는 데 운송선을 빌려 쓰면서 흡사 미곡 운송로를 막아 버린 꼴이 되었다는 것이다.

최근 전법에 항만 봉쇄가 있다. 항만 봉쇄란 우리 군함으로 적국의 항구를 막아 그 나라 선박이 항구에 들어가는 것을 금지하는 것으로, 적국

---

4   1874년(메이지 7) 5월에 행해진 타이완 출병을 말한다.

을 고통스럽게 만드는 것, 흡사 봉쇄하는 것을 말한다. 지금 우리 대일본 정부는 멀리 타이완 토착민의 죄를 묻느라 오히려 스스로 본국 수도의 항구를 봉쇄한 것과 같다. 아아, 과연 정부의 결정이 지혜로운지 어리석은지, 굳이 우리가 논할 필요도 없을 것이다.

✿
2. 리버티Liberty설

미쓰쿠리 린쇼

    리버티, 번역해서 자유라고 한다. 그 뜻은 인민으로 하여금 다른 것의 속박을 받지 않고 자유로이 자기 권리를 행사하게 하는 데 있다. 이리하여 지금 구미 각국이 정치의 선미함을 다하여 국력이 강성해진 것은 필경 모두 인민이 자유를 가지고 있음에서 근원한 것으로, 혹시 그 상세한 바를 알고자 한다면, 나카무라 선생이 번역하고 간행한 밀의 자유론을 통해 확인할 수 있다.[1] 그러므로 지금 내가 여기서 쓸데없는 말을 덧붙일 필요는 없겠으나, 리버티에도 고금의 연혁이 있으므로 그 개략을 다음에 적기로 한다.

    리버티, 즉 자유는 라틴어의 리베르타스libertās에서 나왔고 그 리베르타스는 세르비투스servitūs, 즉 노예의 신분과 상대되는 자유인의 신분을

---

1   나카무라 마사나오[中村正直]가 J. S. Mill, *On Liberty*(London, 1859)를 번역하여 1871년 간행한 『자유지리(自由之理)』를 가리킨다.

말하며, 로마의 율법에는 사람의 신분을 크게 나누어 리베룸liberum, 즉 자유인과 세르빌servile, 즉 노예라는 2종으로 하였다. 그러므로 리버티는 원래 노예의 신분과 상대되는, 자유인이라는 신분을 말한다. 또한 그리스어에도 이것과 유사한 것이 있어서 데스포티스δεσπο'Ύης, 즉 통치자라는 단어는 자유인을 가리키고, 둘로스δούλος, 즉 종복이라는 단어는 노예를 가리킨다.

또, 로마에서 정치상 자유의 권리를 말할 때 역시 리버티라는 단어를 사용하고, 그로 인해 노예가 아니라 자유인이라는 신분을 말하는 것에서 뜻이 변하여, 일국의 민 또는 그 군주에게 학대당할 때는 흡사 종복이 그 주인에게 노역당하는 것같이 보고, 그 군주의 학정을 면하게 되었을 때는 흡사 노예가 석방되어 자유인이 되는 것같이 보니, 이를 칭하여 리버티를 얻었다고 말한다. 그러므로 로마인은 폭군을 몰아내어 가학의 정치를 벗어날 때 리버티를 얻었다고 말하고, 또 그리스에서도 데스포티스, 즉 주장主長이라는 단어를 정치상 의미로 사용할 때는 다소간 그 뜻이 변하여 군왕이라고 하고, 둘로스, 즉 노예라는 단어를 정치상 의미로 사용할 때는 신민이라고 한다. 그러므로 페르시아의 왕은 데스포티스, 즉 주장이다. 그러므로 그 신민은 둘로스, 즉 노예이다.

그러므로 리버티라는 단어를 정치상으로 사용하여, 지금 정치상의 자유라고 칭하는 것은 원래 사람의 신분이 노예가 아니라 자유라고 말하는 데서 나왔고, 그러므로 공화정치 국가에서는 노예 신분이 일변하여 자유인이 될 때, 곧 또한 정치상 자유의 권리를 지닌 사람이 될 수 있으나, 군주전치 나라에서는 그럴 수 없다. 그러므로 노예인 자가 설령 그 신분을 일변하여 자유인이 될 수 있다 해도, 만약 그 군주가 포악한 명령을 내렸을 때는 감히 거역할 수 없고, 오로지 그 명령에 준봉하지 않을 수 없을 뿐이다.

앞에서 기록한 바에 따라 이를 말하매, 대략 정치상 리버티라는 단어를 사용할 때는 인민이 군주 또는 귀족을 위해 혹사당하지 않는 것을 말하고, 슬레이버리Slavery라는 단어를 사용할 때는 인민이 군주 또는 귀족을 위해 혹사당하는 것을 말한다. 그러므로 리버티는 원래 입헌정치 국가 아니면 감히 그 인민의 몸에 갖출 수 없는 것이다. 그런데 군주전치 국가에서는 군주의 뜻대로 인자한 정치를 베풀고, 인민을 아끼고 어루만지는 경우가 있다고는 하나, 요컨대 그저 일개 군주의 뜻에 의해 이를 행하는 데에 지나지 않고, 그다지 인민에게 정치상 리버티가 있는 것은 아니다. 이렇게 본다면, 나라의 주권이 오로지 군주 혹은 귀족의 손아귀에 있을 때는 인민이 그다지 정치상의 리버티를 얻을 수 없다. 그러므로 이를 위해서는 인민이 모두 나라의 주권에 간섭하고, 또는 그렇지 않아도 인민 중 그 과반수는 반드시 나라의 주권에 간섭하는 일이 매우 긴요하다.

여기서 다시, 인민에게 정치상 리버티를 구여하지 않는 군주전치의 나라에 두 종류의 군주가 있다. 하나는 조상의 지위를 승계한 군주로서, 동양 여러 나라의 제왕과 같은 이들이 바로 그것이다. 또 하나는 국법을 부수고 하고 싶은 대로 그 지위를 침탈하여 군주가 된 경우로, 사모스섬의 폴리크라테스, 아테네의 페이시스트라토스 같은 이들이 바로 그러하다. 그런데 이 두 종류의 군주는 임의대로 인민을 학대하는 데서는 그다지 차이가 없었지만, 그리스인은 분명하게 이 두 종류를 구별하여, 조상의 지위를 승계하여 군주가 된 경우를 바실리스βασιλεῖς라 하여 신민들은 모든 일에 그 명령을 준봉해야 한다고 정했고, 그 지위를 찬탈하여 군주가 된 경우는 튀란노스τύρἄννος라 하여 그 정치를 행함에 아무리 인민을 아끼고 어루만진다 해도 국민들이 꼭 그 명령에 준봉할 필요가 없고 이에 저항할 권리가 있다고 정하였다. 그러므로 페르시아의 다리우스왕과 그 자손들은 그리스의 원수이기는 하나, 오랫동안 조상의 지위를 승계해 온 왕이기 때문에 그리스의 사가들은 이를 가리켜 정통의 군주라 하였고, 시라쿠사의 군장 디오니시우스는 그리스인과 그 인종이 같은데도 역사가들이 도리어 찬탈의 군주라 하였다.

이하는 다음에 계속한다.

✿

3. 종교론 ⑤

니시 아마네

어떤 사람이 다시 물었다.

당신도 역시 선택하는 종교가 있는가?

내가 다음과 같이 답하였다.

있다. 오직 참된 것을 선택할 뿐이다. 하지만 어느 것이 참된지 알 수 없으므로 참에 가깝다고 여기는 것을 선택한다.

그가 다시 물었다.

그렇다면 선택하는 방법이 있는가?

내가 다시 답하였다.

있다. 오직 참된 것을 선택한다면, 습속이나 집안에 이어져 내려오는 바에 구애받지 않고, 세상의 칭찬이나 비방에 신경 쓰지 않으며, 타인이 권장하는 바를 좇지 않고, 편리와 불편을 따지지 않으며 오로지 내 마음이 참되다고 여기고, 참에 가깝다고 여기는 것을 선택해야 한다.

그가 다시 물었다.

그렇다면 내 마음이 참되다 여기고 참에 가깝다 여기는 것은 어떠한 것인가?

내가 다음과 같이 답하였다.

자신이 평소 스스로 행동하고 자신을 다스리는 큰 근본을 마음에 묻는다면 저절로 분명해질 것이다. 하지만 이것은 학자들에게나 해당하는 말이다. 세상의 서민 가운데 잘못된 믿음에 빠졌거나 망령되이 구는 자들을 위해 하는 말이 아니다.

그가 다시 물었다.

자신의 마음에 스스로 묻는 방법은 무엇인가?

이에 대해 내가 다음과 같이 질문하였다.

그대는 일찍이 그대의 마음이 선하다고 여기는 바를 행하고, 또 그대의 마음이 악하다고 여기는 바를 행한 적이 있는가?

그가 이렇게 답하였다.

있다.

내가 다시 질문하였다.

그렇다면 선한 일을 행한 후 마음이 어떠한가?

그가 답하였다.

몹시 기쁘다.

내가 다시 물었다.

그렇다면 악한 일을 행하고 난 후 마음은 어떠한가?

그가 다시 답하였다.

뉘우치며 한탄하고 괴로워한다.

이에 대해 내가 다음과 같이 질문했다.

그대 양심의 경지를 누가 알겠는가? 임금은 신하의 하늘이라 하는데, 그대의 임금이 그것을 알 수 있는가? 아비는 자식의 하늘이라고 하는데, 그대의 아비가 그것을 알 수 있는가?[1]

그가 이렇게 대답했다.

알 수 있는 자가 없다.

내가 다시 이렇게 물었다.

알 수 있는 자가 없는데 그대가 선한 일을 행하고 난 후 어찌하여 기뻐하고, 과실을 저지르고 난 후 어찌하여 괴로워하는가? 이는 누구에 대해서 그런 것인가?

그가 이렇게 답하였다.

이것은 나의 본성이다. 누구 때문에 하는 것이 아니다.

내가 이에 대해 다음과 같이 물었다.

---

1   『의례(儀禮)』「상복전(喪服傳)」, 『춘추좌씨전(春秋左氏傳)』「선공(宣公)」 등에 의거한다.

이른바 본성이라는 것은 누가 만들고 이루는 것인가? 그대의 임금이 그대를 기르니 그대의 임금이 만드는 것인가? 혹은 그대의 아비가 그대를 낳았으니 그대의 아비가 이룬 것인가?

그가 다음과 같이 답하였다.

이는 임금이나 아비가 만들 수 없는 것으로, 내가 자연히 갖추게 된 것이다.

내가 다시 물었다.

그대가 자연히 본성을 갖추었다고 하는데, 어떤 사람이 그대에게 불의를 저지르면 그대는 분개하지 않는가?

그가 답하였다.

당연히 분개한다. 나 아닌 다른 사람에게 불의를 저질러도 분개하는데 하물며 내게 저지른다면 더욱 분개할 것이다.

내가 다시 물었다.

그대는 어째서 분개하는가? 불의를 저지른 자 또한 불의를 저지르는 본성을 자연히 갖추고 있다고 하면, 본성에 선악의 구별이 있다 해도 똑같이 본성 안의 본연의 모습을 행할 뿐인 것인데 어찌 분개한다는 말인가? 또 사람은 모두 각자의 본성을 따르는 것이 마땅하다고 한다면, 도둑질하고 폭력을 휘두르고 살인을 저지르는 자는 분명 그것이 자신의 본성이라고 말할 것이다. 내가 타인의 양심을 알 방법이 없다면 당사자의 말을 믿어야 하니, 어떻게 붙잡아 처벌할 수 있다는 말인가?

그가 다음과 같이 대답했다.

내가 틀렸다. 나의 본성은 하늘이 부여한 것이다. 하늘은 만인에게 똑같이 부여했으니, 그런 점에서 저들은 이미 하늘이 부여한 것을 어그러뜨린 것이다. 따라서 나는 얼마든지 분노하고 벌할 수 있다. 옛 사람이 말씀하시기를, 도道의 본원은 하늘에서 나와 거스를 수 없고, 그 실체는 이미 나에게 갖추어져서 떠날 수 없다고 하였다.[2] 그대 또한 이를 말한 것이리라.

내가 다음과 같이 말했다.

그렇다. 그대는 이미 그대의 본성이 임금이나 아비가 만들 수 없고, 하늘이 부여한 것이라고 했다. 이는 그런대로 참에 가깝다. 이제 그대는, 인성人性은 하늘이 부여한 것이고 임금이나 아비가 사사로이 할

---

2   『중용(中庸)』의 "도의 본원은 하늘에서 나와서 가히 바꿀 수 없고, 그 실체가 나에게 이미 갖추어져 있으니 가히 떠날 수 없다道之本源出於天, 而不可易, 其實體備於己, 而不可離]"에 의거한다.

수 있는 바가 아님을 알았다. 그렇다면 과연 사람의 형체와 육신은 아비가 낳고 임금이 기르는 것인가?

그가 이렇게 답하였다.

그렇다. 아비가 낳고 임금이 기른다.

내가 다시 물었다.

그렇다면 오직 사람의 본성만이 그대가 하늘로부터 부여받아 갖춘 것이고, 육신은 임금과 아비의 소유란 말인가? 그렇다면 아비가 그 대를 만드는데 어째서 미추美醜를 선택하지 못하는가? 임금이 그대를 기르는데 어째서 만민의 빈부를 고르게 하지 못하는가?

그가 다음과 같이 답하였다.

형체와 육신 또한 하늘이 부여한 것이다.

내가 다시 물었다.

그대의 마음과 본성 그리고 육신까지 모두 하늘이 부여한 것이라면, 그대의 근본은 하늘이 아닌가? 그렇다면 임금이나 아비의 귀중함도 하늘에 비할 바가 못 되니, 하늘은 비길 데 없는 존재가 아니겠는가?

그가 답하였다.

그렇다. 이른바 하늘이란 내가 잘 알 수는 없지만, 필시 가장 귀하고 비길 데 없는 존재일 것이다.

내가 이에 대해 다음과 같이 말하였다.

이 말은 좀 더 참에 가까운 이야기일 것이다. 이제 청하건대, 논의를 바꾸어 하늘이라는 말의 뜻을 묻고자 한다. 무릇 하늘이라는 말은 땅의 반대를 가리키는 것인가? 아니면 단지 저 푸르른 곳을 가리키는가? 저 푸르른 하늘은 기氣와 빛이 어우러져 만들어 내는 것인가? 아니면 해와 달과 별들을 가리키는가? 해와 달과 별은 물物이다. 이 모든 것을 가리켜 하늘이라고 한다면 하늘에 어찌 의지(意)가 있다고 하겠는가? 만일 의지가 없다면 어찌 그대에게 본성과 육신을 부여할 수 있겠는가?

그가 다음과 같이 답하였다.

하늘은 곧 이理이고 오직 이理 하나만이 유행하며, 그리하여 사물이 형태를 펼친다. 이 외에 다른 하늘이 있는가?

나는 다음과 같이 말하였다.

이는 송나라 유학자[3]가 만들어 낸 미궁이니, 한번 이 미궁에 빠지면 아리아드네의 실[4]로도 그대를 구해 내지 못한다. 지금 이를 하늘이라고 한다면, 세상의 온갖 허물과 죄악 또한 이가 있어서 일어나고 생겨나는 것이라는 말이다. 그렇다면 이는 선과 악에 모두 통하는 이름일 것이다. 지금 하늘을 이라고 해석하면, 악惡 또한 하늘의 이(天理)라는 말인가? 그렇다면 송의 유학자가 일찍이 천리와 인욕[5]을 말했는데, 이라는 글자 앞에 다시 천이라는 글자를 붙여서 천리天理라고 말한 이유는 무엇이란 말인가?

그가 다음과 같이 답하였다.

지금 단지 이라고 하면 특히 선한 것을 가리키니, 필경 천리를 말하기 때문이다.

내가 다시 물었다.

좋다. 지금 천은 곧 이라고 했는데, 이제는 과연 어떻게 설명할 것인가? 만일 천이 이와 동일하다면 천은 곧 이라는 말과 이는 곧 천이라

---

3   중국 송대의 유학자. 즉 주자학자를 가리킨다.
4   그리스 신화에서 미궁의 괴수 미노타우로스를 처치하기 위해 나타난 영웅 테세우스의 물건. 테세우스와 사랑에 빠진 공주 아리아드네가 미궁에서 길을 잃지 않도록 그에게 건네준 실타래를 말하는 것으로 대단히 어려운 문제를 해결해 주는 물건이나 방법을 뜻한다.
5   주자학에서는 만물의 근본인(根本因)인 천리(天理)가 만인에게 내재되어 있는데 인욕(人欲)에 눌려 감추어져 있기 때문에 사람은 천리를 보존하고 인욕을 없애기[存天理去人欲] 위해 노력해야 한다고 하였다.

는 말은 같은 것인가?

그가 답하였다.

같은 것이다.

내가 다음과 같이 답하였다.

그렇다면 천이 곧 이라고 말하는 것은 이가 곧 이라고 하는 것과 같은 말인가? 그러면 천리라는 말은 이이理理와 같은 말인가? 생각건대, 모름지기 이는 천에서 나오는 바를 가리키니, 천과 이는 동일한 것이 아니다.

지금 이것을 비유하자면, 천은 마치 국왕과 같고 이는 마치 조칙詔勅이나 법령法令과 같은 것이다. 지금 조칙이나 법령을 가리켜 이것이 곧 국왕이라 말한다면 우습지 않은가. 지금 천이 곧 이라 말하는 것은 조칙이나 법령이 곧 국왕이라고 하는 것이나 마찬가지이니, 이 말은 가리키는 바를 그르쳤다고 해야 할 것이다. 모름지기 천이라는 것은 그 지위(位)를 가리키는 말로, 지고하고 비할 데 없음을 가리키는 것일 뿐이다. 마치 국왕의 부府를 정부라 말하고, 국왕을 공경하여 전하殿下라 높여 부르는 것과 같다. 하지만 정부가 곧 국왕은 아니므로 직접 그 체體를 가리키며 주재함을 일컬어 제帝라 하되, 인간의 제帝와 헷갈리기 쉬우므로 이를 상제上帝라 하고, 그리고 그 공덕의 헤아릴 수 없고 불가사의함을 일컬어 신神이라고 한다. 그러므로 천리라고 말하는 것은 신리神理로서, 우리의 성령과 형체는 모두 신이 부여하신 바이며, 그 조칙과 고명誥命은 우리 마음속에 새겨진 바이니, 아주 작은 찰나의 순간조차도 가르치고 경계함을 보이시지 않을 때가 없다. 오직 조칙과 고명을 따르고 받들기만 한다면, 단지 현세뿐만 아니라 영원토록 모든 행복을 누리는 것이고, 만일 이 조칙과 고명을 거스른다면 단지 내세뿐만 아니라 현세 또한 고뇌와 벌을 받는 것이다.

사람이 만물의 영장으로 지구상에 군림할 수 있는 것은, 그 마음을 잘 보존하고 그 본성을 잘 알며 그 이치를 미루어 생각함으로써 자신이 어디에서 연유해 나왔으며 어디에 기대어 이루어졌는지 인식하고, 하늘을 공경하고 사랑하며 날마다 삼가 조심하고 두려워하여 그 도道를 따르고 받들기 때문이다. 그렇지 않으면 아무리 크고 높은 건물이나 호화로운 집에 산다고 한들 저 산호충珊瑚蟲[6] 부류와 다를 바가 없을 것이다.

---

6 산호충과(珊瑚蟲科)에 딸린 강장동물(腔腸動物)을 통틀어 이르는 말. 인간과는 달리 심성과 의지가 없는 하등생물을 빗대어 가리킨 것이다.

✿

4. 정론政論 ①

쓰다 마미치

　나라의 큰일은 제사와 군대라 한다. 이것은 옛날에 신과 사람이 함께 살고, 현세現世와 명계冥界가 서로 통할 때부터 이어져 온 법인데, 이제 인문이 개명하고 제사와 정치가 단서를 달리하여 정치와 종교의 길을 나눈 나라에서 이미 제사는 나랏일이 아니니, 이는 더 이상 큰일이라 말할 수 없을 것이다. 그렇다면, 무엇을 나라의 큰일이라 할 것인가. 요컨대 군주의 즉위나 결혼, 장례라고도 하고, 입법부 개원이라 말하기도 하며, 두 군주가 서로 만나거나 사신을 알현하는 일 등을 큰일이라고들 말한다. 그런데 군대를 일으키는 일이 나라의 큰일인 것은 고금을 통틀어 마찬가지인 것처럼, 군주의 즉위나 다른 나라 군주와의 만남 등이 나라의 큰일인 것도 만국 공통이다. 그렇다면 잠시 나라 사이에 서로 다른 바를 간략히 적어 보고자 한다.

　우리 일본에서는 기원 이전을 소위 신대神代라 하여 그 햇수를 알지 못한다. 기원 이후에 역일曆日이 명확해지고부터 이제 2500여 년이 되었는데, 황통이 계속 이어져 한 번도 바뀌지 않았으며, 이로 인해 국가의 전례가 신대 때부터 거의 고쳐지지 않았다. 소위 제정유일祭政惟一, 정교일도政敎一途의 제도 등이 바로 그 증거이다. 그러다 보니 국가의 대례大禮 가운데 제사가 가장 중요하다. 신력新曆의 주해문(鼇頭)에 기록해 놓은 수십, 수백 개의 제사들이 모두 나라의 큰일인 것이다. 그중에서도 대상大嘗,[1] 신상新嘗,[2] 원시元始[3] 및 진무神武와 고메이孝明의 두 천황의 제사와 같은 것은 대제大祭라고 하여 천황이 친히 제사를 지내는데, 이때에는 모든 관리가 의례에 참가하여 심신을 청결히 하고 그 몸가짐을 장엄하게 하니, 평소에 나라의 의전 가운데 이보다 중요한 것이 없고 천하의 의례 가운데 이보다 큰 것이 없다. 이것은 러시아나 튀르키에 정도를 제외하면 유럽이나 미국에도 없는 일이다.

유럽 각국에서는 입법부가 개원하는 날이면 수백 명의 의원들이 각각 예복을 차려입고 자리에 앉으며, 황제는 의복을 갖추고 각종 훈장이나 견장으로 장식하고서 내부가 들여다보이는 마차를 타고 천천히 행진하면서 나아가 의회에 임한다. 의례에는 보병과 기병들 수 개 대대가 정렬하여 전후를 경호하고, 각 부처 대신들과 궁중 공후귀족들이 그 앞뒤를 따르는데, 그 의례의 모양새가 자못 장엄하고 화려하다. 여기에서 황제는 옥좌에 올라 친히 말씀을 선포한다. 저 나라들에서는 평소에 이보다 더 큰 의례가 없다. 이것은 저들 나라에서 입법을 국가의 가장 중요한 일로 여기기 때문이다. 그리하여 만일 국가가 새롭게 법을 만들고 규율

---

1 천황이 즉위한 해에 행해지는 신상제이다.
2 그해의 햇곡을 신에게 바치고 천황 자신도 먹는 의식. 11월 23일에 행해진다.
3 매해 1월 3일에 행해지는 일본 황위의 시작을 기념하는 제사이다.

을 정할 때는 황제가 재상 혹은 특별히 임명한 관원에게 명령하여 법안을 기초하게 하거나, 혹은 의원이 법안을 올려서 군주와 국민의 대리인이 상의하고 협동하면서 군주와 나라의 의원, 혹은 원로들⁴에게 자문을 구하고, 그런 연후에 비로소 이를 온 나라 인민에게 반포한다. 그 법령은 황제가 친히 이를 선고하는 형식을 갖추는데, 이것은 또한 우리 나라의 대제에서 천황께서 친히 축사를 올리시는 것과 같다. 그렇게 하면 관련 업무를 담당하는 재상이 반드시 자신의 서명을 법령의 말미에 붙여서 이를 분명히 한다.

우리 나라의 한두 가지 법률은 글머리에 붉은 글자로 된 천황의 말씀을 붙이는 경우도 있다. 그렇지만 천황의 서명을 붙이지는 않는다. 서양인의 눈으로 보기에 그다지 적당한 체재로는 보이지 않는다고들 한다. 그리고 그 밖의 다른 법률과 규제들에는 단지 태정대신太政大臣⁵의 서명이 있을 뿐, 해당 법과 관계하는 장·차관의 서명은 없다. 모름지기 어휘를 붙이지 않는다는 것은 우리 나라에서는 입법 반포에 관한 일이 제사와 같이 중대한 정전政典이 아니라는 의미이다. 단지 태정대신만 서명하고 해당 성의 재상들이 서명하지 않는다는 것은 많은 일을 오직 태정대신 혼자만 담당한다는 뜻으로, 각 재상들은 책임을 벗어난다는 의미가 될 것이다. 태정대신이 맡는 일은 너무나 어렵지만 재상들의 임무는 지나치게 가벼워지는 것이다. 대개 유럽 각국에서는 오직 서명한 대신들만이 그 일을 담당하고 다른 사람은 책임을 지지 않는다. 모름지기 형법, 민법

4   원문은 국노원(國老院). 일본의 원로원(元老院) 내지 추밀원(樞密院)을 염두에 둔 것인 듯하다.
5   정치를 통괄하는 태정관(太政官)의 최고장관이다.

은 오로지 사법경司法卿의 책임이며, 세법과 같은 일은 대장경大藏卿이 전임하는 일이고, 근본율법[6]은 특히 수상Prime minister이 담당한다. 만일 거기에 잘못이 있으면 해당 대신이 스스로 책임을 지거나, 혹은 관직에서 물러나 벌을 받는다. 저들의 정체政體가 우리와 다른 점이 바로 이러한 데에 있다. 그렇지만 이제는 우리 나라 인민의 지식이 나날이 증가하여 옛날에 비할 바가 아니게 되었다. 생각해 보면, 옛날에는 사람들이 단지 옛것을 존귀하게 여길 줄만 알고 후세를 두려워해야 함을 몰랐다. 단지 내가 있는 것만 알고 저들이 있음을 알지 못했다. 지금은 그렇지 않아서 대개 자제는 그 부형을 뛰어넘으며, 우리가 저들에 미치지 못하는 바가 있음을 아는 자 또한 적지 않다. 언젠가 여론이 일변하고 또 정체가 다시 변할 날이 그다지 멀지 않았을지 그 누가 알겠는가.

만일 언젠가 그런 날에, 입법에 대한 일은 국가의 가장 중요한 일이 되고, 반드시 천황의 서명을 붙여서 반포하며, 해당 대신이 책임을 지게 된다면 여전히 남아 있는, 조령모개와 같은 오랜 폐단으로 민의 뜻을 혼란시키는 대부분의 일은 애써 분별하며 반박하지 않더라도 저절로 해소될 것이다.

6   헌법을 의미한다.

메이로쿠잡지
제10호
(6월 28일)

—

✿
1. 고문론 ②

쓰다 마미치

구미의 독립국은 화친통상의 교제를 하는 데 있어 서로 조약을 체결하지 않은 나라가 없고, 거기에는 피차간 권리가 동일하여 우열의 구분이 없다. 저 나라의 백성이 이 나라에 오면 반드시 이 나라의 법률로써 저 나라 백성을 보호하고 정령에 따라서 자애로이 다스리는 것이 당연하다. 그런데 우리 일본이 구미 각국과 조약을 체결할 때 외국의 인민이 우리 나라 안에서 법을 어겨도 우리 법률로 그 사람에게 벌을 내릴 수 없게 했다. 즉 피아간 동권同權의 조약이 아닌 것이다. 실로 우리 국체를 깎아내리는 일이라 하지 않을 수 없다. 그럼에도 불구하고 지금 바로 이를 개정할 수 없는 까닭은 무엇인가.

그 이유는 피차간의 형법이 같지 않고 특히 형사소송 방법이 매우 다르기 때문이다.

피차간의 형법이 서로 다르다고는 하지만 대개는 비슷하여 작은 차이만 있을 뿐, 그 차이가 용납하지 못할 만큼 큰 것은 아니다. 단지 저 나라 백성들은 자유를 얻었고 우리 나라 백성들은 속박을 면하지 못한 차이가 있을 뿐으로, 이 점은 오직 국법과 정치상에서만이 아니라 인민들이 생활하는 윤리상에서도 역시 그러하다. 가령 우리는 자손이 조부모나 부모를 때리면 참형에 처한다.[1] 「개정율례」[2]에서는 징역 10년이고 자손을 고살故殺[3]하면 징역형에 처한다. 저들은 전자를 징역형 혹은 금고형에 처하고 후자는 사형 등에 처한다. 그러므로 이런 사항들은 약간만 절충하면 피차간의 형법을 거의 같은 것으로 만들 수 있다.

형사소송은 저들과 큰 차이가 있으니, 가령 저들은 설혹 죄를 범한 자라도 증거가 없으면 소송 관리가 그자를 포박할 수 없지만, 우리는 설령 증거를 얻지 못했다 하더라도 수사관이 보기에 의심스러운 자는 즉시 그자를 포박할 수 있다. 또 저들은 가령 악행의 증거가 있어도 그 행위가 형법상 죄라고 명기되어 있지 않으면 형에 처할 수 없지만, 우리는 설령 형법에 명기되어 있지 않다고 하더라도 그 행위가 해서는 안 되는 일이면 즉시 그자를 처벌할 수 있다. 또 저들은 대개 소위 배심원(陪士, Jury) 제도를 두고 백성 중에서 이들을 뽑아 심리에 참가시킨다. 이리하여 배심원이 형법에 구애받지 않고 침착하게 치우치지 않도록 판정하여 그 사람을 벌해야 한다고 말하지 않으면 법관이 형법으로 벌할 수 없다. 우리는 아직 배심원을 둔 적이 없다. 또 저들은 증거가 명확하고 죄상이 의심할

---

1   1870년(메이지 3)에 공포된 '신율강령(新律綱領)' 투구율(鬪毆律)에서는 자손으로 조부모·부모 등을 때린 자를 참살형, 살해한 자를 효시하는 것으로 정하고 있었다.
2   1873년(메이지 6)에 공포된 '개정율례(改定律例)'에서는 조부모, 부모를 때리는 조항이 개정되어, 때린 자는 징역 10년, 상해한 자는 징역 종신, 죽음에 이르게 한 경우 참형에 처하도록 했다.
3   우발적으로 일어난 살인. 사전에 계획된 살인은 모살(謀殺)이라고 했다.

바 없을 때 사람을 형벌에 처하며 억지로 죄인을 자백시키는 것에 연연하지 않는다. 그러므로 저들은 고문을 절대로 필요로 하지 않는다. 우리는 가령 죄의 증거가 충분히 명확해도 죄인이 자백하지 않으면 죄를 결정할 수 없는 것을 일반적인 법칙으로 한다. 그러므로 우리에게는 절대로 고문이 없어질 수 없다. 이런 폐단으로 인해 설령 달리 확실한 증거가 없더라도 고문을 이용해서 무리하게 죄를 인정하게 해서 죄인으로 만든다. 이렇게 하면 결국에는 무고한 사람에게 억울한 죄를 뒤집어쓰게 하는 해악이 생겨난다.

죄인은 대개 악인이다. 악인이 죄를 숨기고 형벌을 면하려는 것은 인지상정이다. 그러므로 자백으로 사실을 밝히려는 일 또한 매우 어렵다. 설령 죄인이라 해도 일단 참회하고 자수하면 그 죄를 감면해 주는 것은 아마도 만국에서 통용되는 일반적인 법칙일 것이다. 그러므로 죄인이 추궁하여 물어본 것을 사실대로 답하고 참회하는 바가 있으면 그 죄를 감면하는 것 또한 이치상 불가능한 일은 아니다. 그런 까닭에 죄를 씻고 참회하여 선善으로 돌아오는 자를 관대히 용서하는 일은 각국의 모든 종교에서 취하는 바이다. 그렇다고 해서 이것을 법률상에 적용하기는 당연히 어렵다. 그러나 악인에게 벌을 줄 때에 선인의 마음을 가지고 굳이 자신의 죄상을 자백하게 함으로써 형벌을 가하려는 것이 또한 무슨 의미가 있다는 말인가. 이것이 바로 히말라야산맥 서쪽의 인종이 그 동쪽의 법률에 복종하기를 수긍하지 않는 까닭인 것이다.

죄악의 증거가 이미 확실하면 형벌을 가할 수 있다. 악인이 죽어서 황천에 가고 혹은 지옥에 떨어지는 것은 악인의 자백을 필요로 하지 않는다. 이것은 종교상으로 억측하는 일에 속하지만, 지금 이것을 형사소송 조례 안에 채택해야 할 이유가 없다. 하물며 구미 각국의 일반적인 법에서는 어떠하겠는가.

증거로 옳고 그름을 판단하는 것은 민법재판의 일반적 법칙으로, 우리 일본제국의 청송구법聽訟舊法[4]도 구미의 신법新法과 크게 다를 바가 없다. 대개 원고와 피고는 각각 자신의 그릇됨을 숨기고 자신의 이치만을 말한다. 게다가 변호사가 말을 더해 꾸민다. 그저 그 말에만 의지한다면, 어느 쪽이 그릇되고 어느 쪽이 옳은지 듣는 사람은 미혹되지 않을 수 없다. 그런데 만일 증거에 의지하지 않는다면 무엇을 근거로 삼아 재판하고 공평중정公平中正한 판단을 얻을 수 있겠는가. 그럼에도 지금의 형법에서는 오로지 증거에 의지하지 않고, 설령 증거가 명확하다 해도 죄인의 자백을 받지 못하면 결코 그 죄를 정하지 않는다. 이 얼마나 보편적이지 못한 관습법인가. 그렇다면 이 보편적이지 못한 관습법을 오랫동안 지속해서는 피아간 동권의 조약을 체결하고 우리 법률로써 외국의 자유로운 백성을 통제하려는 일 또한 어려울 것이며, 상호 간의 불통 또한 매우 심할 것이라고 생각한다.

이에 대해 어떤 이가 묻기를, 만일 죄인의 자백 없이 오로지 증거로 처결함에 만일 증거가 잘못된 경우가 있으면 어떻게 할 것이냐 하였다.

이런 경우 저들에게는 단지 민법재판상 소위 항소법이 있을 뿐 아니라, 형법재판상에도 항소법이 있다. 죄인이 일단 형의 판결을 받은 후, 그 형에 복종하지 않으면 일정한 기한 내에 상등재판소에 항소할 수 있다. 이것은 사법관이 저지를 수 있는 만일의 과오를 예방하기 위한 것으로, 설령 증거가 잘못된 경우가 있어도 재심으로 밝혀낼 수 있다. 그러므로 지금 우리 일본에서 구미 각국과 피아간의 동등한 권리로 조약을 개

---

4   소송을 듣고 판단하는 재판에 관한 구래의 법식을 말한다.

정하고, 외국의 인민이 우리 국내에 있는 경우 우리 국법을 준수하도록
하려면 먼저 고문을 없애야 한다. 고문을 없애려면 먼저 형사소송법을
개정해야 한다. 생각해 보면, 구미 각국은 모두 소위 형사소송법이라는
것을 가지고 있으니, 지금 이것을 절충하여 우리 제국에 어울리는 형사
소송조례를 정립해야 할 것이다. 이 일은 마치 대보율大寶律[5]이 당률唐律을
모방했고, 신율강령新律綱領[6]이 당唐, 명明, 청淸의 삼률三律과 막부의 율례律
例를 절충했던 것처럼 하면 별다른 어려움은 없으리라 생각한다.

내가 사법의 관직에 있을 때, 일찍이 마쓰모토松本,[7] 미즈모토水本,[8] 기
요오카淸岡[9] 등과 함께 프랑스 형사소송법에 의거해 우리 일본의 형사소
송법 초안을 만드는 데 매달려 열심히 일한 적이 있다. 나중에 들으니,
내가 관직을 그만둔 후 그 일도 중지되었다고 한다. 우리의 역량이 부족
하고 졸렬하여 결국 견디지 못하고 그 일을 그만둔 것이니, 어찌 애석하
다 하지 않겠는가. 좌원左院[10] 또는 명법료明法寮[11]에는 뛰어난 의법관議法官[12]

---

5   701년(다이호 원년)에 완성된 형법전. 아사카베 친왕[忍壁親王], 후지와라노 후히토[藤原不
    比等] 등이 편찬했다.

6   메이지유신 이후 메이지정부하에서 1870년에 최초로 제정된 형법전. 에도막부의 형
    법이나 중국의 형법전 등을 참조하면서 만들어졌다.

7   마쓰모토 마사타다[松本正忠, 1833-1891]. 히젠 오카야마[備前岡山]번의 무사. 메이지 시대
    의 사법관이다.

8   미즈모토 나루미[水本成美, 1831-1884]. 사쓰마[薩摩]번의 무사. 메이지 시대의 법학자, 법
    제 관료이다.

9   기요오카 도모하루[淸岡公張, 1841-1901]. 도사[土佐]번의 무사. 메이지 시대의 관료이다.

10   1871년(메이지 4) 태정관 내에 설치되었던 입법·자문기관. 1875년(메이지 8)에 폐지되
    었다.

11   사법성司法省 내의 한 부서로, 처음에는 법전 편찬의 임무도 맡고 있었다. 1875년(메
    이지 8)에 폐지되었다.

12   법전의 편찬이나 심사를 맡은 관료를 말한다.

들이 적지 않다. 제군들이 더욱 분발 노력하여 신속히 우리 제국에 지당한 형사소송조례의 초안을 정해 진상하길 바라 마지않는다. 우리 제국 천황 폐하께서 특별한 조칙을 내리시어 단연코 고문을 폐지해 주시길 우러러 희망하는 바이니, 그렇게 된다면 이 어찌 일대의 미사美事라 하지 않겠는가.

어떤 이가 다시 묻기를, 고문을 폐하지 않는다면 피아 동권의 조약을 맺을 수 없고, 또 외국의 인민이 우리 나라에 있는 경우 우리 법률 아래 둘 수 없음은 이미 잘 알았다. 그렇지만 고문을 없애지 않으면 구미 각국과 동등하게 나아갈 수 없다고 말하는 것은 이해할 수 없다. 대저 우리 제국이 구미 각국과 길항할 수 있는 것은 오직 인민의 문화와 정부의 군사력에 관계되는 일이지, 고문의 유무와 관계된 것이 아니지 않느냐고 하였다.

이에 대해 답하길, 인민의 문화가 진보하면 결국 고문과 같은 악법은 자취를 감추고 우리 제국을 쇄신할 것임은 말할 필요조차 없다. 설령 병력이 지금보다 몇 배 더해도 야野를 문文으로 바꿀 수는 없다. 또 고문 같은 악법을 굳게 지켜 변하지 않으면 구미 각국과 어깨를 나란히 하며 나아가려 한다 한들, 저들이 수긍하지 않을 것이다.

어떤 이가 또 묻기를, 오로지 증거에 의해서 사람을 단죄하매 만약 증거가 없을 때는 죄인이 혹 요행으로 형을 면할 수 있게 되지 않겠느냐고 하였다.

이에 대해 답하길, 내가 이에 대해서 유럽의 법률가[13]에게 물으면, 그는 설령 백 명의 죄인이 요행으로 죄를 면하는 일이 있어도, 한 명의 무

---

13   네덜란드 유학 시 사사받았던 라이덴대학교 교수 피세링을 지칭하는 듯하다.

고한 이를 정죄하지 말라고 할 것이다. 또 옛날 지나인은 무릇 무고한 이를 죽이기보다는 차라리 법률 조문에서 심히 벗어나는 쪽을 택하라고 하였다.[14] 아아, 지금의 일본인이 옛날의 지나인에 미치지 못하니, 어찌 부끄럽다고 하지 않을 수 있는가. 그대는 지금 우리 나라에는 고문법이 있다고 해서 죄인이 요행으로 죄를 면하는 경우가 절대 없다고 여긴다는 말인가. 그렇다면 이것 또한 대단히 잘못 생각하는 것이다.

---

14   『서경(書經)』「대우모(大禹謨)」의 한 구절인 "죄 없는 자를 죽이느니 차라리 법을 따르지 않았다[殺不辜, 寧失不經]"에 의거한다.

✿
2. 참된 위정자에 관한 설

스기 고지

　무엇을 참된 위정자라 부르는가? 평상시에는 국가를 점점 융성하게 하며, 변고가 있을 때는 국가의 화란을 막고 멸망에서 구함으로써 평안하게 하는 천부天賦의 재덕才德을 갖춘 자를 말한다. 무릇 참된 위정자는 나라 안팎의 역사에 통달하고 특히 자국 역사서를 열심히 암기하여 지식을 명확히 하며, 단지 이를 탁상공론에 그치게 하지 않고, 또한 사실에 기초함으로써 민정民情과 실제에 통달하여 세상의 진리를 궁구하며, 이로부터 국가를 통치하는 방법을 찾아 그 이해득실이 생기는 바를 살펴야 한다. 또 외교상에서도 다른 나라의 민정과 이를 통치하는 제도를 알아서 자국민이 안녕과 행복에 이르는 목표를 정하고, 그 방법을 찾아 시행하여 물의와 저항 없이 국가의 이로움을 일으킨다. 그리하여 지구상의 뛰어난 군주와 이름난 재상들과 함께 국사를 처리함에 항상 저들 군주와 재상들의 취향과 지론을 살펴서 그 모든 것을 자기 가슴속에 담아 두고, 이를 이용해 자국의 이익을 도모하며, 또 저들의 위명을 좋아하고 성세를 추구하는 심정을 통찰하여 저들에게 기유覬覦[1]하려는 마음이 생기기 전에 제거한다. 만약 우리의 세력으로 이러한 마음에 항거할 수 없음을 알게 되면, 곧 재략으로써 대응하고, 자기 눈빛의 날카로움으로 압도해 물러서게 한다.

그리고 제도를 세울 때에는 반드시 먼저 그 공功이 이루어지는 원리를 알아서 이익이 생길 것을 기약한다. 이렇게 해서 국체를 세우고 국가의 후영後榮을 발하게 하며, 또 적국이 항상 이자를 두려워하여 그 창끝을 우리에게 돌릴 수 없도록 하고, 또 저들의 꾀에 빠지지 않으며, 깊숙이 우리 기밀을 감추고 도리어 저들 마음속의 계략을 탐지하며, 우리 지혜가 미치고 지식이 도달하는 바가 실로 철옹성과 같이 하여 적의 화살이 우리를 향하지 않도록 방어하도록 한다. 국가가 위급하고 어려운 때를 당하면 말로는 사람들을 안심시키고 달래며, 행동으로는 사람들의 의지를 강하게 만든다. 또 위급함이 점차 다가오면 백방으로 방어 기술을 전력하여 외적에 대비하고 우리 국위를 더욱 떨치게 한다. 사람들이 이 사람을 보기를 마치 보살菩薩 보듯이 한다. 이를 비유하자면, 큰 바다를 항해하다가 폭풍우를 만나면 그 질풍노도를 이겨 내고 배를 잔잔한 바다로 유도하여 항구로 향하게 해서 안전하게 항해하는 묘술을 통달하는 것과 닮았다 하겠다. 아아, 참된 위정자 되기란 원래 이리도 어려운 것인가 한다.

---

1   신분, 분수에 맞지 않는 것을 노린다는 의미이다.

✿

3. 서학 일반西學一斑[1] ①

나카무라 마사나오中村正直

그리스, 로마의 전성기에는 학사와 문인이 대거 세상에 나와 저서가
매우 많았지만, 그 시대에는 아직 인쇄본이 없었기 때문에 후세까지 남
아 있는 것이 매우 적다. 그렇지만 불완전하게나마 남은 저서들 안에서
진리truth와 학술science의 작은 불빛이 여기저기 빛을 발하고, 이것이 후
세에 이르러 널리 퍼져 나가 대단히 크고 밝은 불을 이루었다. 옛날 학자
가 논하는 것들은 대개 억측하거나 짐작하며 헤아린 상상에서 비롯된 견
해들로, 얼핏 보면 쓸모가 없는 듯하다. 그렇지만 오늘날 학문의 단서가
된, 은연중에 큰 이로움이 있었다고 봐야 할 것이다.

○ 12세기의 기간(1101년에서 1200년에 이르기까지. 곧 고와康和 3년에서 쇼지正
治 2년까지. 중국은 북송北宋 말기에서 남송南宋의 시작 무렵).

로마의 법률학이 널리 천하에 행해지면서 사람들의 식견이 넓어지

---

1   일반(一斑)은 원래 무늬 한 점이라는 의미로, 전체 가운데 일부분을 가리킨다.

고 사색이 확대되었다. 이 시대의 인민은 신상神像을 받들고 오리무중이었기 때문에, 법률학이 아직 견고하지 않았다. 그렇지만 이로부터 지혜의 빛이 어둠 속에 비치기 시작하고, 국정과 인륜에 관한 학문이 점차 싹을 틔우기 시작했다. 지금 세상에서 가르치는 리버럴 폴리틱스liberal politics(관홍지정학寬弘之政學이라고 번역한다. 군주가 가혹한 법으로 얽매지 않고, 인민 공공公共의 정情에 따르며, 대동大同의 이로움이 두루 미치는 정치에 관한 학문이다), 퓨어 에틱스pure ethics[순수한 윤리학(倫常學)이라 번역한다. 외면의 올바른 행동거지뿐만 아니라, 마음속을 경건하고 정성스럽게 하여 착한 마음씨와 바른 행위를 수행하게끔 하는 가르침이다]도 그 근원이 여기에서 나왔다. ○ 이것을 연구하는 학파들 가운데 내추럴 주리스프루든스natural-jurisprudence(또는 자연법)라 부르는 것을 흐로티위스가 창시했다. 그 후 150년간 유럽 학자들은 여기에 종사하였다. 이 또한 후세에 이익이 없었다고 말할 수 없다.

1441년(가키쓰嘉吉[2] 원년), 인쇄술이 시작된 것[3]은 실로 고금 학문 변화의 큰 경계라 말할 수 있을 것이다. 지금은 우리가 어릴 때부터 인쇄본을 읽고 있으니, 이 일이 없었을 때는 얼마나 불편했을지 상상조차 하기 어렵다. 인쇄본이 시작된 이래 유럽 각국의 사람들은 간편하게 책을 읽을 수 있었다. 이로 인해 루터[4]와 같은 자가 성서를 숙독하고 로마 교황이 가르치는 바가 상제上帝의 진리에 거스르는 것임을 알아서 마침내 리포메이션Reformation(종교개혁)이라 말할 만한, 새롭게 혁신한 상제교라 이름을 붙인 일파[5]를 창시했다. 이후 유럽 각국에서 그 나라의 말과 글로 성서를

2   일본의 연호. 1441년부터 1444년까지의 기간을 가리킨다.
3   독일인 구텐베르크가 1450년경 발명했다고 하는 활판인쇄술이다.
4   마르틴 루터(Martin Luther, 1483-1546). 독일의 종교개혁가이자 신학자. 신약성서를 독일어로 번역하여 독일어 통일에 공헌하였다.

번역하면서 점점 로마 교황의 권세가 약해지고, 인민은 차츰 새롭게 혁신한 상제교로 기울었다. 영국에서는 이 신교가 1547년에 시작되었다(덴분天文[6] 19년. 곧 우리 나라에 포르투갈인이 로마교를 전하기 시작한 것이 대략 이 무렵의 일이다). 새롭게 혁신한 상제교가 흥하면서 인민은 종교에 관하여 타인의 통제나 강박을 받지 않을 뿐 아니라, 철학에 관해서도 고인古人의 전철을 따르지 않고 온고지신의 공을 쌓는 데 힘쓰면서 에라스뮈스Erasmus,[7] 루도비쿠스 비베스Ludovicus Vives,[8] 토머스 모어 경Sir Thomas More[9]과 같은 대호걸들이 세상에 나왔다. 그 학문과 식견은 실로 이전 사람들이 미치지 못할 바로서, 루터와 어깨를 나란히 할 만하였다. 아리스토텔레스의 철학처럼 옛날부터 불문율로 여겨져 대대로 이어지며 묵수되어 온 것에 대해 루터가 업신여기고 비방하길, 아리스토텔레스의 학문은 상제교에서 아무런 도움이 되지 않을 뿐만 아니라 자연철학(天地間格物之學, natural philosophy)에도 역시 무용하다 말하였다. ○ 인쇄본(印本)의 발명은 인간의 지식이

---

5   루터파를 가리킨다. 루터 자신은 '루터파'라는 명칭을 좋아하지 않았고, 스스로를 '복음적 교회' 등으로 부르면서 구원이란 신이 사람을 의롭다고 인정한 것이라 설명했다.

6   일본의 연호. 1532년부터 1555년까지의 기간을 가리킨다.

7   데시데리위스 에라스뮈스(Desiderius Erasmus, 1466?-1536). 네덜란드의 인문학자이자 르네상스 시대의 가장 중요한 학자. 『우신예찬』 등을 저술하여 교회의 타락상과 부패를 고발하고 종교개혁에 지대한 영향을 미쳤으며, 그리스어 번역 신약성서를 출간하기도 했다.

8   후안 루이스 비베스(Juan Luis Vives, 1492-1540). 라틴어 이름은 요하네스 루도비쿠스(Johannes Ludovicus). 스페인의 인문주의자이자 철학자, 신학자. 에라스뮈스의 친구로, 중세의 스콜라적 방법론에 반대하여 경험적 방법의 중요성을 설파하였다.

9   토머스 모어(1478-1535). 영국의 정치가이자 인문주의자로, 르네상스 문화운동의 영향을 받았으며 에라스뮈스와 친분이 깊었다. 1516년 『유토피아』를 저술하여 이상적인 제도를 갖춘 사회를 묘사함으로써 현실 사회를 비판하였다. 1535년 헨리 8세의 왕을 교회의 수장으로 하는 개혁에 반대하여 반역법의 죄명으로 처형되었다.

개명하게 된 근본 이유이다. 그 외에 유럽의 비천한 인민이 그 뜻을 펼칠 수 있게 되면서 학식 또한 향상되었다. 이것의 절반은 외국과 통상이 번성하면서 재화가 많이 늘어났기 때문이고, 절반은 귀족 세력이 쇠퇴하여 평민들이 압제를 받지 않게 되면서 각자의 뜻한 바를 행하고 사람들이 학문을 좋아하고 지식을 넓히는 풍속을 이루며, 또 그것을 배울 겨를을 얻자 이로부터 유용한 학문이 차례로 등장하고 오류가 있는 학설은 점차 사라지게 되었기 때문이다.

여기에서 학문이 일변하고 오류가 있는 학설이 사라지며 진실의 학문이 나타난 것은 여러 가지 재능과 학식을 가진 사람들이 실증연구(試驗考究, experimental inquiries)라고 말하는, 즉 사실과 실물에 대해 확실히 그것을 경험하고 직접 시험하여 비로소 그것이 그러함을 아는 학문에 힘썼기 때문이다. 이런 종류의 학파는 이전 사람들이 꿈에서도 들어 보지 못한 것이었다. 이 학파의 원조는 파라셀수스Paracelsus[10]라는 인물로, 1493년에 태어났고, 루터보다 10살 적었다. 그러나 파라셀수스는 초목草木, 조수鳥獸, 금석金石 등을 열심히 연구하고 또 화학(舍密, 분리술分離術)에 대해서도 많은 경험을 쌓았지만 아직 충분하지 못했다. 베이컨 자작[11]에 이르러서야 비로소 실험학의 기초가 세워졌다.

그 외의 학술이 점점 열리게 된 까닭은 아메리카 발견과 희망봉에서

---

10   본명은 테오파라투스 폰 호엔하임(Theophrastus von Hohenheim, 1493-1541). 스위스의 의사, 과학자. 35세경부터 폰 호엔하임(von Hohenheim)을 그리스 라틴풍으로 멋을 내서 자신을 파라셀수스(Paracelsus)라고 불렀다고 한다.

11   프랜시스 베이컨(Francis Bacon, 1561-1626). 영국의 철학자. 스콜라 철학으로 인해 생긴 편견을 없애기 위해 '4대 우상론'을 내세웠고, 귀납법에 기초한 지식 체계를 만들고자 했다.

인도에 이르는 항로 발견에 기인한다. 이로 인해 남반구 산물을 북반구 사람들이 사용할 수 있었고, 또 북반구 사람들이 제조한 산물을 남반구에 수출하며, 서방 사람들이 동방 산물을 가지고 의복을 만들게 되었다. 그 밖의 풍속, 주장, 법률, 질병, 의약, 도덕, 악행 등 동서남북이 서로 교통하고 이롭게 하며 경계로 삼는 것은 대개 사람의 지혜가 나날이 열리고 학문이 크게 진보하는 까닭인 것이다.

평評

본문에 따르면 천하의 학문이 진보하는 까닭은 첫째로 인쇄본이 시작되면서 신교가 일어나고 사람마다 성경을 읽기 때문이다. 둘째로는 비천한 인민이 점차 자유의 권리를 얻고 학자가 다수 나온 데서 기인한다. 셋째로는 직접 시험하고 실험하는 학문이 일어났기 때문이다. 넷째로는 온 천하가 교통하고 피차가 왕래하는 데서 기인한다. 이로 말미암아 졸면서 꾸던 꿈에서 홀연히 깨어나듯 사람의 지혜가 크게 깨우치게 된 것이다.

이하는 다음 호에 싣기로 한다.

✿
4. 질의일칙質疑一則[1] ①

사카타니 시로시阪谷素

내가 비록 어리석기는 하나, 마음속에 담을 쌓고 편협함에 빠져서 자기 견해만 중시하는 것을 싫어한다. 그러므로 어리석고 둔하며 서양 글자를 읽지 못하기는 하지만, 서양 학문을 익힌 사람을 좋아하고 서양학과 한학을 일치시켜 공평하게 실제에 적용하기를 바라고 있다. 요사이여러 선생이 메이로쿠샤를 열었다는 소식을 듣고는 혼연히 청객의 끝자리에 참가하였는데, 대단히 많은 것을 배울 수 있었다. 그런데 궁금한 것이 많았지만 일일이 입을 열어 질문하면 담화에 방해가 되지 않을까 두려웠다. 이에 여기에 기록을 남겨서 부디 바로잡아 주시기를 청하고자

---

1   질문 한 가지라는 의미. 사카타니는 『메이로쿠잡지』의 다른 기사들을 읽고 의문이 있거나 토론하고 싶은 사항을 투고하며 이 제목을 사용했다. 본 기사는 니시와 니시무라 등이 논의했던 문자개량론에 대해서, 제11호의 「질의일칙 ②」는 미쓰쿠리 린쇼의 제7호 게재 기사 「개화를 앞당기는 것은 정부가 아니라 인민의 중론이다」에 대해서 논한 내용으로 이루어져 있다.

한다. 선생들께서 조금이라도 말씀해 주시는 바가 있다면 대단한 행운으로 여길 것이다.

일본의 문자와 언어를 개정하자는 주장은 지난번에 문부성과 세상 여러 군자께서 여러 가지 설을 내세운 이래로,[2] 여러 신문에서도 종종 이와 관련된 논의를 볼 수 있었다. 최근에는 이 모임에서 발행하는 잡지에서도 이와 관련하여 니시,[3] 니시무라[4] 두 선생과 시미즈 군의 주장[5]이 계속해서 나온 바 있다. 나(小子)는 오랜 기간 이 주장을 볼 때마다 모두 사려가 깊고 각각의 말에 일리가 있음에 감복하였다. 그러나 실제로 실행하기 어려워서 어쩌면 백 년 이후를 예견해 본다 한들 교제하는 나라들이 모두 달라서, 영국과 프랑스에서는 영국과 프랑스의 언어와 문자를 사용할 수밖에 없고, 러시아와 독일에서는 러시아와 독일의 언어와 문자를 사용할 수밖에 없으며, 지나와 조선에서는 지나와 조선의 언어와 문자를 사용할 수밖에 없다. 하나를 따르면 다른 하나에 거스르고 하나가 편리하면 다른 하나에는 불편한 법이다. 각국이 우리 나라에 대해서도 그러하다. 이미 모두 사용할 수밖에 없으므로 열심히 노력하고 배우지 않을 수 없다. 아아, 실용의 길이 어찌 문자와 언어의 차이에 있겠는가. 그런데 그 차이 때문에 많은 정신과 시간을 소모하여 실로 오대주의 개화도

2 1871년(메이지 4) 문부성 설치 이후 난부 요시카즈[南部義籌], 마에지마 히소카[前島密] 등이 문부성에 국자(國字)의 개량을 건의하면서 일본어와 문자 표기의 바람직한 방식을 둘러싸고 많은 논쟁이 일어났다.
3 『메이로쿠잡지』 제1호 1. 니시 아마네의 기사 「서양 글자로 국어를 표기하자」를 가리킨다.
4 『메이로쿠잡지』 제1호 2. 니시무라 시게키의 기사 「개화의 정도에 따라 문자를 개량해야 한다」를 가리킨다.
5 『메이로쿠잡지』 제7호 6. 시미즈 우사부로의 기사 「히라가나의 설」을 가리킨다.

크게 방해한다. 어찌 심하게 개탄스럽지 않겠는가?

그러면 어떻게 하면 좋을까? 만국의 문자와 언어를 하나로 할 수밖에 없다. 무릇 천지간에 같은 것에는 같은 것의 묘妙가 있다. 사람들 각각의 선악을 선악으로 하고 이해利害를 이해로 하는 것 등이 바로 그러하다. 다른 것에는 다른 것의 묘가 있다. 이 기물은 저 기물과 그 모습이나 성질을 달리하기 때문에 여러 용도에 대응할 수 있고, 나의 부모처자와 저 사람의 부모처자 얼굴이 서로 달라서 혼란으로 인한 해로움이 없는 것이다. 다만 문자와 언어에 있어서는 사람들이 만약 단어와 소리를 달리한다면, 이를 동일하게 해서 해로울 것이 없고 오직 이로움만 있을 것이다. 학문과 교제에도 편리하여 실로 크게 도움이 될 것이다. 지금 우리 국내에서만 동일하게 하려고 한다면 그것은 실행하기도 어렵고 장애도 많을 것이다. 그렇다면 마땅히 그 주장을 보다 원대하게 만국 합동의 계획을 세워야 할 것이다. 어떻게 그 계획을 세우는가 하면, 만국보편의 공리에 따라 각국이 합의하고 정하면 될 것이다. 그러나 그 일은 너무 크고 어려워서 구미 문명의 나라에서도 아직 하지 못하였다. 지금 메이로쿠샤가 앞서 제창의 북을 울리고 깃발을 세워서, 모임을 가질 때마다 그 규칙과 순서를 토론하며 각국의 문자와 언어의 장점을 채용하고 단점을 버려서, 이를 합하여 하나로 할 기본을 만들어 각국에 자문하고 노력하며 인내하매 백절불굴의 자세로 세계에 동문同文·동어同語라는 큰 이익을 이룬다면, 이는 만고의 큰 기쁨이 될 것이다. 예전에 유럽의 현철賢哲들이 모여서 전쟁을 폐지하자는 논의를 한 일이 있었다고 들었는데, 이것은 전례 없이 아름다운 일이요, 세상에서 가장 인자한 일이라 할 것이다. 그렇지만 각국이 참으로 개명하여 사사로운 자주자유가 한 점도 없을 정도의 세상에 이른다면, 아마도 이는 쓸모없는 이야기가 될 것이다. 문자와 언어에 대해서는 각국의 빈부와 강약에 상관없이 오직 똑같은 이로움이 있을 뿐이니, 그렇다면 조화가 닿지 않는 곳은 서로 힘을 보태고 천지간에 개화를 신속하게 하는 정도에 이르지 못하였으니 과장이 심하여 적절치 않고, 그 비할 바 없이 어리석어도 그 이치는 확연하니, 여러 선생께서는 그 단서를 열 뜻이 있는지 없는지 묻고자 한다.

생각해 보면, 그 설은 지나에서 가장 실현하기 어렵다. 그러나 그 나라는 원래 한만漢滿의 문자와 언어 사이에 차이가 많은 것을 싫어하였고, 또 근래 구미의 문자와 언어를 배우면서 더욱 번잡해졌다. 결국 받아들일 수밖에 없을 것이다. 이로부터 좀 더 생각해 보면, 처음에는 공용公用과 사용私用의 구별을 세우고, 각국이 옛날부터 익힌 문자와 언어는 사용으로 삼고 새로이 정한 문자와 언어를 공용으로 삼은 후, 저서 및 교제를 위한 문서는 반드시 공용 문자와 언어를 사용하여 점차 공용 문자와 언어가 번성하게 하고 사용 문자와 언어를 쇠퇴하도록 하면 어떨까. 이렇게 해서 공용 문자와 언어는 러시아어, 지나어 또는 영어, 프랑스어 등에서 하나로 결정한다. 그렇게 결정된 나라는 공사公私의 문자와 언어를 같이 쓰는 이로움이 있겠지만, 이것은 세상에서 널리 행하여지는 공의公議이자 또 각각의 교제, 학문상에 큰 이로움을 줄 수 있으니 논의해 볼 만한 가치가 있을 것이다.

메이로쿠잡지
제11호
(7월 4일)

—

✿
1. 정론 ②

쓰다 마미치

　우주는 까마득하게 넓고 멀어서 그 끝나는 곳이 어디인지 알 수 없으니, 우리가 사는 지구는 큰 창고 안에 있는 쌀 알갱이에 지나지 않는다. 그렇지만 그 안에서 많은 것이 번성하고 또 많은 일이 생겨나니, 그 사물의 다양함은 이루 셀 수도 없을 정도로 많아서 말로 다 표현할 수도 없다. 그러므로 대체적으로 사람들은 그 크고 넓음을 차마 헤아리지 못한 채, 마냥 한숨만 내쉬기를 면치 못한다. 그렇지만 하늘의 형상에서 지리地理, 인사人事에 이르기까지 모두 그 안에 규율이 없는 것은 없다. 그런데 그 규율은, 천연天然의 규율로서, 절대로 사람이 제어하여 세운 것이 아니다. 서양 사람들은 이를 천율天律[1]이라 불렀고 한인들은 이理라 불렀다.

　천율과 천리는 곧 다름 아닌 사물이 그러하지 않으면 안 되는 연유로서, 그 안에 정연한 질서가 있음을 말하는 것이다. 무릇 사람이 공을 쥐

1　　natural law. 자연법, 자연법칙을 말한다.

고 하늘로 던지면 반드시 땅으로 떨어지는 것이 가장 알기 쉬운 이치이다. 떨어지는 데는 반드시 법칙이 있는데, 이는 조금 알기 어렵다. 초목이 꽃을 피우고 열매를 맺으며, 동물이 지각하고 운동하는 일 등은 더욱 그 이치를 알기 어렵다. 곧 사람이 형상을 보며 이치를 궁구하고, 저세상과 이 세상이 나뉘는 연유를 알며, 조화의 신비함을 탐색하고, 거꾸로 자기 심성의 이치를 궁구하기에 이르는 것은 그중에서도 가장 알기 어려운 일이다. 그렇지만 이러한 일 또한 천율을 발견하는 것에 지나지 않는다. 대저 천리, 천율에는 사람이 이를 발견하는 데 이처럼 쉽고 어려움이 있기는 하지만, 또한 모든 사물이 그렇지 않을 수 없는 연유가 반드시 있다.

사람이 토지와 만물을 가진 자들을 함께 모아서 보존한 것을 방국邦國이라 한다. 방국은 그 질서를 어지럽히지 않고 치안을 지키기 위해서 규칙을 정한다. 이것은 사람이 만든 법률로서 하늘이 만든 것이 아니다. 이것을 국법 또는 민법이라고 칭한다. 옛날 지나에서는 이를 예禮라 칭하고, 후세에는 법法, 율律, 전典, 영令, 격식格式, 규칙이라고 말했다. 이 또한 그 시대와 종류에 따라서 이름을 달리했을 뿐이다.

국법과 민법은 사람이 제정한 것이라고는 해도, 국운의 진보 여하 또는 인문의 개명 여부에 따라서 마치 저 천율이 만고 이래 그러할 수밖에 없고 어찌할 도리가 없는 일인 것과 마찬가지로 어쩔 수 없는 시세와 그럴 수밖에 없는 사정에서 나온 것이므로, 만일 그것이 그렇지 않다면 반드시 해가 되는 것이다. 다만 인율人律이 어제는 옳고 오늘은 그르며, 저들에게는 선하고 이들에게는 악한 것으로, 시세와 지방에 따라서 그 마땅함을 달리하는 것이니, 아직 한 번도 일정하게 정해진 법률이 있었던 일이 없다. 이는 요순의 정치가 매우 상세하고 한결같아서 치우치지 아

니함을 취하는 까닭이다.[2]

문화가 아직 개명하지 않은 상태라면 법률은 소략하고 제도는 간단하다. 국운이 차츰 진보함에 따라서 법률도 상세해지고 제도도 복잡해지며, 또한 옛것을 버리고 새로운 것으로 옮겨 가면서 변혁하게 되는 일이 종종 있다. 모름지기 변혁은 그야말로 어쩔 수 없는 시세, 그럴 수밖에 없는 사정에서 나오기 때문에, 곧 나라에는 이익이 되고 백성에게도 도움이 되는 것으로, 만약 그렇지 않으면 도리어 손해가 된다. 만약 어쩔 수 없는 시세, 그럴 수밖에 없는 사정에도 불구하고 여전히 예전 방식을 묵수하며 개혁하지 않는다면, 반드시 큰 동란이 일어난다. 옛날에 독일에서 종교를 마땅히 개정해야 할 때 개정하지 않아서 30년간의 전쟁[3]이 있었다. 프랑스에서는 마땅히 개혁해야 할 정법政法을 개혁하지 않으면서 왕제를 폐지하고 군주를 시해하는 불행한 일[4]이 있었다. 막부는 묵은 폐단을 몇 겹으로 쌓아 두고 오랜 관습을 바꾸지 않아서 결국 패업을 잃고 말았다. 또 오로지 타국의 문물제도만을 흠모하며 당시의 인정人情에 적합한 옛 제도를 멋대로 폐기한 자 역시 패배하였다. 우리 선황先皇[5]들께서 수와 당의 제도와 문물을 모방하면서 고유의 무예를 숭상하는 우리 나라의 풍습이 변화하여 황권을 무사들에게 빼앗겼고, 아시카가 요시마사足利義政,[6] 오우치 요시타카大內義隆[7] 등이 그 조상들의 권세와 무력을

<hr>

2 『서경(書經)』「대우모(大禹謨)」의 "사람의 마음은 위태롭고 올바른 마음은 희미하니, 마음을 맑고 한결같이 하여 그 중심을 잡아야 한다[人心惟危, 道心惟微, 惟精惟一, 允厥執中]"라는 구절에 의거한다.

3 1618-1648년 행해진 30년 전쟁. 신교(新敎)의 보호라는 명목으로 각 나라들이 개입하였다.

4 프랑스혁명으로 1793년 루이 16세가 처형된 일을 가리킨다.

5 일본 고대의 천황이다.

잊고 공경관직公卿官職과 의관문식衣冠文飾의 아름다움에 취하여 오닌應仁의 대란[8]을 초래하였거나 야마구치山口가 멸망해 버린 일[9] 등이 바로 그 예이다.

오늘날 유신은 소위 변혁의 시기이다. 앞서 막부 쇄국의 제도를 고쳐 2부 5항[10]을 열고, 구미 각국과 화친무역의 조약을 맺었으며, 도쿠가와 전 쇼군의 대정을 봉환하였다.[11] 이것은 어쩔 수 없는 시세, 그럴 수밖에 없는 사정으로 인한 일이다. 유신 이후 각 번이 봉토를 봉환[12]하였는데, 대정을 봉환한 것과 같은 방식이었다. 이후로 폐번치현廢藩置縣[13]으로 단숨에 봉건의 제도를 군현의 통치로 고쳤다. 종전에 천황은 마치 여왕이 하는 방식과도 같이 수렴청정을 하였는데,[14] 그러던 것을 단호하게 바꿔서 이제는 세이인正院[15]에 납시어 만사를 직접 결정하신다. 이 두 가지 일

6　무로마치막부의 8대 쇼군[將軍]이다.

7　무로마치 시대 야마구치[山口] 지방을 본거지로 하던 슈고다이묘[守護大名]. 주고쿠[中國]·기타큐슈[北九州]를 점령하고 명과의 무역을 독점하였지만, 가신인 스에 하루카타[陶晴賢]에게 배신당하여 자살했다.

8　1467-1477년, 쇼군의 계승을 둘러싸고 동군[細川勝元]과 서군[山名宗全]이 나뉘어 대결한 사건이다.

9　오우치 요시타카[大內義隆, 1507-1551]의 사망으로 오우치 가문이 멸망했다. 오우치씨의 근거지가 야마구치였으므로 야마구치의 멸망이라는 표현을 쓴 것으로 보인다.

10　1858년 미일수호통상조약에 의해서 에도[江戶] 오사카[大阪] 두 곳을 개시(開市)하고, 하코다테[箱館], 가나가와[神奈川], 나가사키[長崎], 니가타[新潟], 효고[兵庫]의 다섯 항구의 개항이 정해졌다.

11　1867년의 대정봉환(大政奉還)을 가리킨다.

12　1869년의 판적봉환(版籍奉還)을 가리킨다.

13　1871년 8월 29일에 일본의 261개 번(藩)을 폐지하고 전국을 부현(府縣)으로 일원화한 근대 일본의 중앙집권 정책 중 하나이다.

14　발을 치고 그 뒤에서 집정하는 방식. 중국 등에서는 황태후가 발을 치고 그 뒤에서 신하를 알현하였다.

은 모두 어쩔 수 없는 시세, 그럴 수밖에 없는 사정으로 인해 이뤄진, 그만큼 단호히 개혁해야 할 사안 중 가장 큰일이며, 모름지기 바로 이것이 온 나라의 제도와 민심을 하나로 만들어 구미 각국과 병립할 수 있는 기초이다. 이 천고千古 이래의 과감한 결단은 본디 칭찬해 마지않을 만한 일이며, 그 밖에도 선정善政과 미거美擧들을 일일이 열거할 수도 없을 정도이니, 이것이 유신의 지금 모습이다.

해·육군제도와 문부의 학제는 주로 서양의 법을 따르고 공부工部, 우편, 전신, 철도, 등대를 설치하며, 외무, 국사國使, 영사를 각국에 파견하고 사법성이 차츰 재판소를 각지에 설치하며 대장성大藏省이 화폐를 발행하는 등의 일이 어쩌면 약간은 시세에 앞서는 바가 있다고 할지언정, 대개는 도저히 그렇게 하지 않으면 안 되는 것들이다.

내무성과 대장성의 사무는 분명하게 두 가지로 나뉘는데,[16] 이것은 원래 당연한 일이다. 그렇지만 처음에는 회계관會計官[17]에서 이를 총괄하였고, 그 후에 민부民部와 대장 두 성으로 나누었다가, 다시 민부를 폐지하여 대장으로 합하였고, 최근에 다시 내무를 설치하였으니, 그 나뉘고 합해짐이 범상치 않은 듯하다. 원래 종교는 두 갈래인데, 아시아의 여러 나라에서는 여전히 이를 한 갈래로 통관하고, 한토漢土의 호부戶部는 회계와 사무를 같이 관리한다. 또 사법 재판의 권리는, 유럽에서는 입법, 정령政令과 병립하여 국가의 삼권을 이룬다. 그런데 아시아에서는 정령과 재판을 합하여 지방관의 사무로 하곤 한다. 그뿐만 아니라 관직의 설치가 대

---

15   1871년(메이지 4)의 관제개혁으로 태정관(太政官)에 설치된 국정의 최고기관이다.
16   1869년(메이지 2)에 합병되었던 것이 이듬해에 다시 분리되었다.
17   1868년(메이지 원년), 7관(官)의 하나로 설치되었고, 후에 대장성이 되었다.

개 옛날에는 간결했지만 후세에는 복잡해지는 경우가 아시아에서는 적고 유럽에서는 많다. 후세의 유럽이 딱히 복잡한 것을 좋아해서가 아니라, 인문이 개진함에 따라서 사무도 많아지기 때문이다. 자연스러운 기세가 그렇지 않으면 안 되는 데서 나오는 것이다. 우리 제국의 지금 형세를 보자면, 재판에 관한 일은 물론이거니와, 모든 것이 여전히 나뉘어 있지 않다. 하물며 내무와 대장 사무는 어떠한가. 이러한 일들을 한 개 부서에서 총괄하여도 아직은 꼭 그 폐해를 찾아보기가 어렵다. 이것은 즉 아직 시세가 그렇지 않으면 안 되는 데까지는 이르지 않았기 때문이다. 그런데 만약 이것을 지금 나눈다면 그다지 해가 되지 않을 듯하나 그래도 생겨나는 해악이 있으니, 그 해악이란 바로 나라의 비용이 많아지는 것이다. 모름지기 나라의 비용이 많아지면 그만큼 다수의 인민에게 그 비용을 거두지 않을 수 없다. 우리 아시아의 옛 현자들께서는 수천 년 전에 취렴의 폐해를 논하면서 도적보다 나쁘고 호랑이보다 두려워해야 한다고 하였다. 이것이 쓸모없는 관리를 가려내고 쓸데없는 인원을 줄이는 것을 옛부터 미담으로 삼아 온 까닭이다. 그러므로 직제를 나누고 관원을 늘리는 일은 그야말로 시세가 어쩔 수 없는 경우가 아니라면 경계하고 하지 않는 것이 옳다 하였다. 옛사람들이 이로움을 하나 일으키는 것은 해로움을 하나 제거하느니만 못하다고 하였으니, 다시 생각해 보아야 할 것이다.

교부教部[18]가 교칙教則[19]을 정하고, 교관教官을 임명하는 일은 종교의 자

---

18   종교를 관할하는 관청. 1872년에 교부성(敎部省)이 설치되었다.

19   1870년(메이지 3), '대교포고의 조칙[大敎宣布の詔]'이 나와, 포교 내용을 교칙으로서 게시하였다.

유에 해가 된다. 사법에 고문拷問[20]이 있으면 인민의 자유에 해가 된다. 문부文部에 출판조례[21]가 있으면 출판의 자유에 해가 된다. 호적의 법[22]을 두는 것은 행사行事의 자유에 해가 된다. 그렇지만 이러한 것들은 대개 이전에 상세히 논한 바 있으므로 여기에서는 반복하지 않겠다.

도쿄 교바시京橋 남쪽에 벽돌(煉化石造)로 지은 건물들이 생겼다.[23] 크고 널찍한 길은 사람과 마차가 다니는 길을 구분하였는데, 마치 파리의 큰 길과 같은 모습이다. 그런데 이것은 관청에서 만든 것이지, 민간의 힘으로 만든 것이 아니다. 대저 정부는 수십만 금을 수도 바깥의 인민에게서 징수하여 이 대토목공사를 일으키고, 특별한 은혜를 수도의 한 지역에만 베풀었다. 이것은 도대체 무슨 의미일까. 수도 바깥의 인민들은 원래 이런 의무를 지지 않고, 해당 지역의 인민은 원래 이런 특권을 갖지 않는다. 곧 해당 지역만 이런 특권을 갖지 않을 뿐만 아니라, 지금 이런 것을 바라지도 않는다. 단지 이를 바라지 않을 뿐만 아니라, 지금 해당 지역 인민의 고충을 호소하는 소리가 거리 곳곳에 넘쳐 난다. 그런데도 정부는 인민의 권리와 의무를 따져 보지도 않고, 좋고 싫음을 돌아보지도 않은 채 단호히 이를 행하였다. 폭정이 아니고 무엇이겠는가. 단지 그 미관 때문에 그런 것인가, 아니면 화재를 막고자 그런 것인가. 미관 때문이라는 것도 맞고, 화재의 방지책도 아니라 하지 않을 수 없다. 그렇지만 필

20 『메이로쿠잡지』 제7호 5, 제10호 1의 「고문론」을 참조하라.
21 여기에서는 1872년 1월 13일 문부성 포달 무호의 '출판조례'를 가리킨다. 『메이로쿠잡지』 제6호 1. 쓰다 마미치[津田真道]의 「출판의 자유가 이루어지기를 바란다」를 참조하라.
22 1871년(메이지 4) 5월 22일 태정관 포고 제170호이다.
23 1872년의 대화재 이후로 긴자 지구의 건물들을 벽돌로 짓는 공사가 이어졌다.

경 소위 어쩔 수 없는 시세, 그렇게 하지 않으면 안 되는 사정에서 나온 것은 아닐 것이다. 그러므로 이는 크게 불공평한 일을 한 것일 뿐이다. 프랑스인은 그 성질이 차분하지 못하고 쓸데없이 미관을 즐겨서, 전국의 고혈을 뽑아내어 오로지 수도 파리를 장식하였으니, 그로부터 누차 전복되는 화를 입었다. 영국인은 착실하게 근본에 힘써서, 런던은 아름답지 않다고는 하지만 오랜 전쟁으로 인한 재난을 면하였고, 그 풍요로움이 세상에서 으뜸이다. 어디가 이익이고 어디가 손해인지 생각해 봐야 할 것이다.

✿
2. 처첩론 ②

모리 아리노리

혈통을 바르게 하는 것은 구미 모든 나라에서 행해지는 관습이며, 윤리를 세우는 근거이기도 하다. 아시아 각국에서는 반드시 그렇지는 않으며, 특히 우리 나라 같은 경우 혈통을 경시하는 풍조가 매우 심하다. 이런 까닭에 부부간에 교제하는 도리가 행해지지 않으며, 따라서 부부간의 윤리가 어떠해야 하는지도 분명하지 않게 된다. 그러므로 내가 지금 여기에서 혈통을 경시하는 한 사례를 들어서 그 폐단을 말해 보고자 한다. ○ 종래 우리 나라의 풍속은 가계家系를 일종의 가부(株)[1]로 간주하여, 만일 자손 가운데 이를 이을 만한 자가 없을 경우에는 다른 가계의 사람이라도 맞아들여 잇게 하는 경우가 있다. 이것을 양자제도라 말한다. 또 만

---

1   에도시대 관이 허가한 동업 조합의 일원으로서의 지위를 뜻한다. 세습되었으므로 그 숫자가 한정되어 특권이 되었고, 매매나 양도의 대상이 되기도 했으며 이를 공유하는 동료, 동업자, 일족의 의미로도 쓰였다.

약 딸이 있으면 이 딸에게 남자를 들여 배우자로 삼게 함으로써 가계를 잇게 하는 경우도 있다. 이것을 데릴사위제도라 말한다. 데릴사위와 처부모의 관계를 국법에서는 부모 자식 간으로 인정한다. 이러한 까닭에 데릴사위가 처부모 대하기를 마치 부모 대하듯이 하고, 처부모가 데릴사위를 대하는 데도 친자식과 똑같이 한다. 이 사례에 따라 그 관계를 말한다면, 즉 배우자는 형제자매 관계에 해당한다. 대개 형제자매 간에 혼인을 허락하는 국법은 윤리를 중시하며 세운 것이라고는 말할 수 없을 것이다. 만약에 국법이 여자의 혈통을 인정하고 여성의 혈통으로 가계를 이을 수 있게 한다면, 데릴사위제도도 아마 별 문제가 없을 것이다. 그러나 국법이 이를 인정하지 않기 때문에 양자제도와 마찬가지로 가계를 끊는 것이 된다.

또 여기에 혈통을 중시하지 않아서 윤리가 명확하지 않은 하나의 사례를 들어 보겠다. 예를 들어 지금 아내에게 아이가 없고 첩에게 아이가 생겼을 때는 첩의 아이에게 그 가계를 계승하게 하는 것이 상례이다. 그렇다고는 해도, 아내는 여전히 그 본래의 지위를 가지고 첩도 또한 별다른 불만 없이 첩의 지위에서 생활한다. 그러한 연유로 후계자는 아무런 혈연적 인연도 없는 아버지의 아내를 어머니로 인정하여 받든다. 오히려 친모를 마치 유모처럼 대한다. 그것을 인정하니 어머니는 마치 양모인 것처럼 되지만 실제와는 전혀 다르니, 집 안에서는 부모와 자식이 사랑하고 공경하는 인정과 의리가 전혀 없고, 집 밖에서는 세상 사람들과 교제하며 느끼는 진정한 즐거움을 알지 못하니, 인간의 행복도 대관절 어떠한 것인지 이해하지 못하게 되는 것이다. 차라리 다른 가계의 자식을 받아들여 양자로 삼는 일은 어쩌면 부끄럽다고 생각하지는 않을지 몰라도, 남편의 첩에게서 얻은 아이를 억지로 그 자식으로 인정하는 것은 그야말로 무정하고 대단히 도리에 맞지 않는 일이라 할 것이다. 원래 부부 사이는 혈맥의 인연이 있는 것이 아니므로, 첩이 낳은 아이는 그 아버지의 아내와는 당연히 아무런 인연도 없다. 그런 아내가 인연도 없는 아이를 자식으로 인정하는 것은 애초에 진심으로 납득해서 하는 일이 아니다. 하물며 집에서 부리는 계집종 같은 미천한 여성이 낳은 아이를 억지로 자기 자식으로 인정하는 일은 오죽하겠는가. ○ 이미 첩의 아이가 가계를 계승할 때는, 하녀가 낳은 아이나, 바람을 피워서 낳은 아이를 자기 첩이 낳은 것으로 속여 자기 자식으로 인정한 다음 가계를 잇게 하는 것도 국법은 금지하지 않는다. 나는 앞(제8호 2)에서 부부 사이에 지켜야 할 권리와 의무를 행하지 않으면 혼인은 유명무실해짐을 변론하였다. 이제 아내, 첩, 계집종 혹은 바람을 피워서 태어난 아이라도 동등하게 가계를 계승할 수 있게 한다면, 마찬가지로 부부의 명분과 의리 또한 존속할 수 없을 것이다. 그렇게 되면 곧 우리 나라에서 부부간 교제의 도리는 단지 그 실속뿐만 아니라 명분도 없어진다. 이미 부부의 명분과 실속이 없는데, 어찌 부모와 자식·형제자매·친척 간의 모든 인연 또한 존재할 수 있겠는가.

✿
3. 서학 일반 ②

나카무라 마사나오

인쇄술이 발명되고 약 100년쯤 되었을 때, 코페르니쿠스Copernicus[1] 가 행성 운행의 실제 도리[2]를 발견하였다. 그리고 그 후 몇 년 동안 뉴 턴Newton[3]의 선구자 3인이 출현했다. 즉 튀코 브라헤Tycho Brahe,[4] 케플 러Kepler,[5] 갈릴레오Galileo[6]가 그들이다. 코페르니쿠스의 설은 이전 사람들 이 믿던 학설[7]과 완전히 반대로, 당시 학자들의 설과 달랐으므로 이를 반

---

[1] 폴란드의 천문학자이자 신부였던 니콜라우스 코페르니쿠스(Nicolaus Copernicus, 1473-1543)이다.

[2] 지동설(地動說)을 가리킨다. 1543년 코페르니쿠스의 저작 『천체의 회전에 관하여(De revolutionibus orbium coelestium)』가 간행되었다.

[3] 영국의 물리학자이자 천문학자로 근대 과학 이론의 선구자 역할을 한 아이작 뉴턴 (Isaac Newton, 1642-1727)이다.

[4] 덴마크의 천문학자인 튀코 브라헤(Tycho Brahe, 1546-1601)이다.

[5] 독일의 천문학자인 요하네스 케플러(Johannes Kepler, 1571-1630)이다.

[6] 이탈리아의 천문학자이자 수학자인 갈릴레오 갈릴레이(Galileo Galilei, 1564-1642)이다.

[7] 천동설(天動說)을 가리킨다.

박하는 자가 많았다. 이 시대까지 아리스토텔레스의 학설을 정통으로 삼고 이에 반하는 것은 사설邪說로 낙인찍었으며, 로마 가톨릭교회가 정한 법에 배치되는 것은 이단이라고 불렀다. 그때까지 세상의 모든 이는 옛 사람들의 학설이 이미 더할 나위 없이 훌륭해서 후세 사람들의 개정이 필요하지 않다고 생각했다. 그런데 케플러만이 홀로 코페르니쿠스의 새로운 학설을 칭찬하여 큰 재능과 굉장한 지혜를 가진 사람이 가장 중요한 규칙을 생각해 낸 것이라고 하였다. 이로부터 점차 세상 사람들이 코페르니쿠스의 학설이 확실하다는 것을 깨달으면서 천문학이 크게 일변하였다. 이 일은 단지 천문학에 득이 되었을 뿐만 아니라, 여러 학술에 이르러 사람들이 구법舊法의 부족한 점을 보완하고 새로운 견해를 구하려고 힘쓰는 습속을 만들게 되었다. 동시에 옛사람들이 논했던 것들이 아직 완전히 결정된 것으로 삼기에 부족하고, 이치를 완전히 깨닫는 데 아직 미치지 못한 바가 있어 후세 사람들이 보정하고 고치지 않을 수 없음을 알았으며, 또한 로마 가톨릭교회의 법이 아직 확실한 근거로 삼기에 부족하다는 것도 알게 되었다. 실로 그 득이 컸다고 말할 수 있을 것이다.

지금까지 나는 아직 메타피지컬Metaphysical, 모럴moral, 폴리티컬Political의 학술의 연혁을 설명하는 데 이르지 못했다. 왜냐하면, 제17세기(1601년부터 1700년까지, 즉 게이초慶長[8] 6년부터 겐로쿠元祿[9] 13년까지)에 이르러서야 비로소 이 세 학술이 참됨을 얻었기 때문이다. 그 이전에는 이 학술들에 주의를 기울일 만한 점이 많지 않다. 제16세기(1501년부터 1600년, 즉 분

8   일본의 연호. 1596년부터 1615년까지의 기간을 가리킨다.
9   일본의 연호. 1688년부터 1704년까지의 기간을 가리킨다.

키文亀[10] 원년부터 게이초慶長 5년까지)에는 매스매틱스Mathmatics, 어스트라너미 Astronomy, 피직스Physics의 학문이 대단히 빠르게 진보했다. ○ 종교개혁 이후인 1532년부터 1555년 사이에, 에틱스Ethics의 학은 크게 분명해질 수 있었다. 그 이전에는 윤상倫常의 도리를 강구할 때, 경전에 구애받아 상제가 계시한 명백한 문구에 없는 것은 이단이라고 채택하지 않았다. 루터의 친구 멜란히톤Melanchton[11]이 말하길, "옛날 상제께서 모세에게 명하신 십계명을 돌에 새겨 영원토록 율법으로 삼았다. 하지만 이것만을 상제의 명이라고 하는 것은 커다란 오류이다. 왜냐하면 상제께서 만드신 인간에게 양지良知의 마음이 있다는 것은, 마치 상제께서 그 손으로 직접 명령을 마음속에 깊이 새겨 두신 것이나 마찬가지이기 때문이다. 그러므로 총명한 학자가 인간이 타고난 시비지심是非之心에 근거하여 가르치고 훈계하는 것은 곧 상제의 명령인 것이다. 그런데 돌 위에 새긴 문장에 집착하며 사람 마음에 새겨진 명령을 소홀히 하는 까닭은 무엇인가. 이것이 어찌 상제의 마음이겠는가"라고 하였다. 이 멜란히톤의 학설은 에틱스의 학에서 가장 중요하고 가장 순수한 것이라 하겠다. 그럼에도 신학자 중에는 옛날의 학설에 빠져서 공론空論을 주장하는 일이 이후로도 오랫동안 이어져서, 이런 풍습이 여태껏 그치지 않고 있다.

　이 혁신의 상제교가 일어나고부터 차츰 로마 교회의 설이 쇠퇴하고, 그 묵시默示, Revelation[12]의 도리에 어긋나고 인심人心 안의 공시公是에 배치되

10　일본의 연호. 1501년부터 1504년까지의 기간을 가리킨다.
11　필리프 멜란히톤(Philipp Melanchton, 1497-1560). 독일의 신학자이자 루터가 주도한 종교 개혁의 협력자. 루터의 교리를 『아우구스부르크 신앙고백(Confessio Augustana)』(1530)으로 정리했다.
12　신약성서의 요한계시록을 가리킨다.

어 천하의 이목을 방해하는 것들을 나날이 제거하니, 이 두 가지(상제 묵시의 도리와 인심 천양天良의 이치)가 점점 더 분명하게 드러났다. 로크Locke[13]가 말한 바에 따르면, 진리가 나날이 더욱 밝아지는 것은, 마치 아득히 멀고 작은 별이 옛날에는 아주 어두워서 알아볼 수 없었으나 망원경 덕분에 나날이 더욱 확실하게 볼 수 있게 된 것과 같다고 하였다.

이하는 다음 호에 싣겠다.

---

[13] 존 로크(John Locke, 1632-1704). 영국의 철학자, 정치학자. 정부의 정당성은 '사유 재산권'과 '시민의 동의'에 있으며, 여기에 어긋나는 정부에 대한 저항은 정당하다는 저항권 이론을 주장하여, 프랑스혁명과 미국 독립 운동에 영향을 끼쳤다. 또한 『인간오성론(An Essay Concerning Human Understanding)』(1690)을 통해 인간은 백지 상태(Tabula rasa)에서 태어나 경험을 통해 지식을 획득한다는 경험론을 주장하였다.

✿
4. 질의일칙 ②

사카타니 시로시

    린쇼 선생께서 버클 씨의 개화설을 번역하여[1] 이미 잡지에 싣고 또 신문(眞事誌)[2]에도 게재하였다. 대현大賢의 놀라운 통찰이자 확고불변한 공론公論으로, 감탄을 금치 못하는 바이다. 다만 이 주장은 세상에 공을 뽐내어 잘난 체하는 자들과, 옛말에서 이르는 소위 바람직하지 못한 일을 조장하는 자들이 자칫 황당무계한 일을 벌이는 것을 경계하기 위해 치란治亂과 무관하게 형세와 자연의 자취에 따라 가르침을 주신 것인 듯하다. 논의의 마지막에 정부라는 것은 이 자연의 이치를 알아 고심하고 노력하며 그 공을 자랑하지 않고 바람직하지 못한 일을 조장하지 않으면서 치안을 이루고 개화를 장려해야 한다는 뜻을 덧붙이지 않는다면, 정부가

---

1   『메이로쿠잡지』 제7호 3. 미쓰쿠리 린쇼의 「개화를 앞당기는 것은 정부가 아니라 인민의 중론이다」를 가리킨다.

2   영국인 블랙(John Reddie Black, 1826-1880)이 1872년(메이지 5) 3월에 도쿄에서 창간한 일본어 신문 『닛신신지시[日新眞事誌]』를 가리킨다.

혹은 노력하여 정치를 바르게 하는 일을 무익하다며 선학禪學³에 빠져서 제정신이 아니게 되고 자기 멋대로 구는 폐해가 생기지는 않을지, 또 지금의 형세에도 역시 해가 되지는 않을지 염려가 된다.

이전에 들은 이야기에 따르면, 병을 치료하는 일은 병자가 본래 지닌 회복력과 관계가 있지, 치료하는 기술의 힘에 따른 것이 아니다. 치료하는 기술은 단지 자연적인 회복력을 돕고 이끄는 것일 뿐이라고 하였다. 이것은 지극히 당연한 이야기이다. 그런데 의사라는 자가 절단해야 하는데도 절단하지 않고, 토해 내게 해야 하는 것도 토해 내게 하지 않으며, 게다가 긴요한 양생법이나 도움이 되는 약을 쓰지도 않으면서 단지 회복력에 기댄다고만 말한다면, 그런 경우 이자는 의사는커녕 회복의 적이라고 말해야 한다. 세상의 정치가와 관리 중에는 나태하여 스스로 사사로이 낡은 구습을 버리지 못하고 무사안일을 주장하는 자가 많다. 크게는 쇼토쿠태자聖德太子⁴에서 작게는 오노 구로베大野九郎兵衛⁵ 등이 모두 이러한 부류일 것이다. 부처가 불법의 깨우침을 설파한 폐단⁶ 또한 대개 이

---

3   여기에서는 실제 불교의 선학을 지칭하는 것이 아닌, 명상에만 집착하여 실제 행동하지 않는 부정적인 의미의 비유를 든 것이다.

4   일본 아스카[飛鳥] 시대의 정치가. 스이코 천황[推古天皇]의 섭정으로 소가 우마코[蘇我馬子]와 함께 국정을 이끌었다. 불교를 바탕으로 한 정치를 시행했으며, 관위 12계와 헌법 17조를 제정했고, 중국에 사신을 파견하여 국교를 열고 대륙의 문화를 도입했다. 여기에서 쇼토쿠태자(573-621)를 구습에 안주하는 무사안일한 정치가의 사례로 든 것은 일본에서 처음으로 본격적으로 불교에 입각한 국가 운영을 시행한 점에서 비판하고 있는 것으로 보인다.

5   에도 시대 전기의 무사로, 하리마노구니[播磨国] 아코[赤穂]번 아사노[浅野] 가문의 가로였다. 유명한 주신구라[忠臣蔵] 사건에서 아사노 가문의 단절이 결정되었을 때 해당 처분의 순응을 주장하고 자기 이익을 챙기기에 급급했던 불충신(不忠臣)의 대표격인 인물로 알려져 있다.

6   여기에서는 불교의 가르침을 서양의 적극적인 자조론과 비교되는 소극적인 태도의

와 같았다. 즉 버클 씨의 적일 뿐만 아니라, 유럽에서 말하는 노력자조설[7]의 큰 적이기도 하다. 또 최근 5, 6년 사이에 천고 이래의 나쁜 관습으로 오랫동안 쌓여 있던 해독이 씻겨 나가고, 치료법이 나날이 새로워져 장티푸스와 같이 잠복해 있던 열증이 제거되면서 혼미하였던 눈과 귀가 밝아졌지만, 그 공을 뽐내고 잘못을 조장하는 폐단이 여전히 그 안에 존재하여, 도리어 그 약의 독으로 현기증을 일으키고 두통으로 쇠약해지는 폐해 또한 생겨나게 되었다. 이에 대해 버클 씨의 설은 그야말로 천금의 명약인 것이다. 게다가 현기증을 일으키는 폐단에 몰두하면서 병의 근원을 제거하지 않고 지엽적인 것만을 보고는 개화의 정도가 아직 충분하지 않다는 구실로 다수가 옳다는 주장을 받아들이지 않으니, 진언할 만한 언로가 겉으로는 열린 듯하나 안으로는 막혀 있는 기세가 여전히 왕성하다.

　무릇 적당한 정도를 재는 것이 대단히 중대한 일임은 분명하다. 병의 정도가 심하지 않은데도 함부로 치료술을 쓸 경우, 자칫 좋은 약이 사람을 죽이기도 한다. 그렇지만 병의 정도가 심하지 않다고 해서 환기와 청량의 조절이나 음식과 거동의 규칙을 병자가 제멋대로 하도록 맡겨 두어서는, 적당한 정도에 따른 치료를 주장하면서도 회복에 도움이 되는 정도를 잘못 알고 베풀지 않는 치료가 베푸는 치료보다 낫다는 식의 치료법을 행하는 꼴이니, 이 또한 버클 씨의 적이 아니겠는가. 그런데 정부가 당당하게 말하길, 개화가 진전하는 것은 정부에 의한 것이 아니라 인

의미로 파악하여 부정적인 사례로 들고 있다.
7　당시 일본에는 나카무라 마사나오가 『서국입지편(西國立志編)』으로 번역한 새뮤얼 스마일스의 『자조론』으로 대표되는 사고방식이 크게 유행하고 있었다.

민의 중론에 의한 것으로, 대지식인 버클 씨의 설 또한 이와 같다고 하고 미쓰쿠리 씨의 번역문에서도 나오듯이, 지식인들이 사람들보다 앞서서 두려워하거나 꺼리지 않고 폐해를 제거하고 개혁을 이루는 일이 급하다고 말해도, 문명의 정부가 이런 말을 듣지 않고는 여전히 옛날의 폐단에 안주하며 수백 년의 오랜 시간이 지나서 사람들의 주장이 비등하여 어찌할 도리가 없는 때가 도래하기를 기다려야 한다고 한다. 그 완고함이 이런 지경에 이르면, 유럽 각국에서 그랬듯이 큰 혼란이 도래한 이후에야 비로소 개혁하고 개화를 조장하는 것처럼 될 뿐이다. 의사라는 자가 병자가 쓰러졌는데 그 아들이 대신해 일어나서 일신하기를 기다리고는 치료법의 오묘함이 이와 같다고 말하는 꼴이니, 천하에 이런 이치가 어디에 있단 말인가.

요사이 민선의원의 설을 보면, 신문지상에서 여러 논자가 시기상조라고 말하는 자는 있을지언정 그것이 잘못이라고 말하는 자는 없다. 우리와 같은 하급관리[8]가 알 수 있는 바는 아니겠지만, 정부는 역시 아직은 시기상조라는 생각인 듯하다. 그렇지만 시기상조라는 것은 훗날에는 그렇게 되기를 바란다는 의미일 것이다. 훗날 적당한 정도에 이르기를 기다리는 시간은 역시 길 것이다. 그 긴 시간 동안에는 지금의 치료법처럼 처치해서 과연 병증에 적합한 치료를 하기에 유감이 없다고 말할 수 있을까? 크게 논란이 되지는 않을까? 사람들은 소란을 피우고 쉬이 받아들이거나 안주하지 않을 듯하다. 만일 시기상조이지 틀린 것은 아니라고 한다면, 마땅히 그 적당한 정도에 이르는 긴 시간 동안 치료법과 병증에 대해 상세히 논하지 않으면서 쓰러지기를 기다리는 이치는 없을 것이다.

8   글의 저자인 사카타니는 당시 문부성의 8등 출사였다.

그러면서 버클 씨 운운이라니, 이 어찌 버클 씨의 뜻이겠는가.

스기 선생의 글[9]에서 국가의 성쇠는 평상시 인민을 서서히 교양하는 것이 가능한지 아닌지에 달려 있는데, 서서히 교양하는 것은 정부의 임무라고 하였다. 그렇다면 버클 씨의 설에서 반드시 부론을 다는 것을 빠뜨려서는 안 될 것이다. 여러 선생께서 급히 이에 대한 부론을 내시면 어떨까 제안해 본다.

---

9   『메이로쿠잡지』 제7호 4. 스기 고지의 「남북아메리카 연방론」을 가리킨다.

메이로쿠잡지
제12호

(7월 17일)

1874년(메이지 7) 6월 간행(7월 17일)

—

✿
1. 종교론 ⑥

니시 아마네

다시 그가 이렇게 물었다.

그대는 이미 상제上帝가 있음을 믿고 그것을 추존推尊, 봉대奉戴한다고
했다. 그것을 추존, 봉대해서 무슨 이익 또는 무슨 공덕이 있는가? 무
릇 인간 세상에 있어 윤리와 강상綱常[1]은 일정하여 변함이 없다. 만일
사람이 그 도를 따르며 감히 어기지 않는다면, 상제는 과연 이를 어
찌할 것인가? 과연 상제가 있다면 미래에 마땅히 복을 받는다고 할
것이다. 만일 상제가 없다고 한들 애석하게 여길 것이 없다. 이 이치
또한 지극히 간단하여 말할 필요조차 없다. 하물며 상제가 있는지 없
는지는 사람이 알 수 없는 바인데, 지금 이런저런 말로 설명하고 공
손하게 이를 받드는 것 또한 잘못된 믿음으로, 신을 모독하는 것과

---

1   유교에서 말하는 인륜의 도리이다.

비슷하지 않은가? 이 어찌 서민들이 여우나 너구리, 나무나 돌을 섬기는 것과 다를 바 있겠는가?

내가 이에 대해 다음과 같이 답하였다.

믿음은 모든 덕의 근원이요, 모든 행동의 근본이다. 수레에 쐐기와 멍에가 없으면 무엇을 가지고 움직일 수 있겠는가? 지금 무릇 사람이 어질고 은혜로우면 아름답다고 할 수 있다. 그런데 자칫 기초가 되는 바가 없다면 부인의 어짊과 노파의 은혜가 도리어 큰 어짊과 큰 은혜를 해치기에 충분할 것이다.[2] 사람이 충성스럽고 신의가 있다면 또한 선하다고 할 수 있다. 그런데 만일 기초가 되는 바가 없다면 노예의 충성스러움과 정부(情婦)의 신의가 도리어 진정한 충성과 신의의 가치를 바래게 만들 것이다. 사람이 재주가 있고 지혜가 있으며 학문과 기술이 있으면 귀중하다고 말할 수 있다. 그런데 만약 기초가 되는 바가 없으면 재주는 영악하게 변하고, 지혜는 속임수로 바뀌며, 학문과 기술은 바야흐로 음란함을 기르고 간교함을 키우는 도구가 된다. 그런데 지금 상제를 알 수 없으므로 믿지 않는다고 하였다. 설령 일정하여 변치 않는 윤리와 강상이 있다 하지만, 평소에 스스로 행함에 반신반의하고 욕심으로 굽히며 정(情) 때문에 혼란스러워서, 결연히 마음에 새겼어야 할 가르침을 받들고 따를 수 없을 때는 아무리 지혜가

---

2 『사기(史記)』 「회음후전(淮陰侯傳)」에 나오는, 여자의 하찮은 인정, 쓸데없는 자애심[婦人之仁]으로 사리분별에 어둡고 일의 경중에 대한 판단이 떨어짐을 이르는 말에 의거한다.

뛰어난 사람이라도 어느 정도는 갈등하며 순임금의 얼굴을 하였으나 걸임금의 마음을 가졌다거나, 공자의 모습을 하였으나 도적의 생각을 가진 부류가 될 수 있지 않겠는가? 지금 시골 노인이나 촌 아가씨가 조각상이나 그림 따위를 믿는 것은 원래부터 구차한 마음과 미력한 믿음으로, 대단히 수준이 낮고 잘못된 것이므로 누구나 가엾이 여기고 웃음거리로 삼곤 한다. 그러나 이런 믿음조차도, 악한 도깨비를 무시하고 신을 업신여기며 주색을 탐하고 도박에 빠져서 순사巡査가 아니면 두려워하지 않는다고 하는 자에 비한다면 어쨌든 보다 인간에 가깝다고 하겠다.

지금 서민에게 믿음이 있고 없음이 이미 그러한데, 하물며 현명하고 지혜로운 자의 믿음에 있어서는 어떠하겠는가. 생각건대, 현명하고 지혜로운 자의 믿음은 마음을 다하고 성性의 도리를 깨닫는 경지에 이르러,[3] 자신을 수양하고 남을 다스리는 도리[4]로부터 모든 덕과 온갖 행위에 이르기까지 모두 여기에서 비롯되지 않는 것이 없다. 아아, 세상 서민은 무지하고 하잘것없으니 무엇을 바랄 수 있겠는가? 그러므로 세상의 지위 높은 관리들께서 저 시골 노인과 촌 아가씨의 헛된 믿음을 보면 모두가 손가락질하고 배꼽을 쥐며 포복절도할 것이다. 그런데 그 평소 수양하는 바를 돌이켜 따져 보면 과연 어떠한가. 이익을 탐하고 영화를 부러워하며, 쾌락에 목을 매고 권세를 탐한다. 산해진미가 그릇에 그득하고 아름다운 여인들이 주위를 둘러

---

3 『맹자(孟子)』「진심(盡心)」상(上)의 "마음을 다하면 그 본성을 알게 된다[盡其心者知其性也]"에 의거한다.

4 『대학(大學)』의 "자신을 닦은 후에 남을 다스림[修己治人]"에 의거한다.

싼다. 밖으로 나가면 곧 양참장장兩驂鏘鏘[5]이요, 안에 머물면 곧 화려하게 치장하니, 의기양양하고 기고만장하다. 필생의 사업이 여기에 있다고 하는 자가 만일 믿음도 서지 않고 근본도 없다면 저 시골 노인과 촌 아가씨에 비해 얼마나 다르다고 할 수 있을까?

아아, 이러한 무리들로 풍습의 변화를 일으키고 문명을 부흥시키기를 바라는 것은 역시 어렵다. 그러므로 세상의 대인과 군자가 이런 폐해를 본다면, 뉘라서 분개하고 탄식하며 슬퍼하여 걱정하지 않겠는가? 그런데도 평소 생각하는 바를 돌이켜 물어보면 과연 어떠할까. 진충보국盡忠報國이니, 문명개화文明開化니, 흥리제해興利除害니, 부국강병富國强兵 등을 말하고, 우리 임금을 표트르, 나폴레옹처럼 만들고 우리 백성을 영국, 프랑스, 미국의 국민처럼 만들겠다고 한다. 또 이홍장李鴻章[6]과 비스마르크[7]보다 더 큰 공훈을 세우겠다고 하며, 사주四洲[8]를 횡행하며 세계를 탄병하겠다고 말한다. 아아, 그 뜻은 충성스럽고 장하다 할 것이다. 그런데 만일 큰 근본이 서 있지도 않고 기본적인 도리도 분명하지 않다면 저 지위 높은 관리와 무슨 차이가 있을까?

아아, 이러한 사람들이 하늘을 믿고 자신을 세우는 큰 근본을 알지

---

5 세 사람이 서는 마차에 올라 방울을 울리며 나아가는 모양. 즉 위세를 떨치며 화려하게 다니는 모습을 가리킨다.

6 19세기 후반 청(淸) 왕조의 정치가. 직예총독(直隸總督)을 지냈으며 부국강병을 위하여 양무운동 등을 주도했다. 동양 제일의 정치가로 간주되기도 했다.

7 오토 폰 비스마르크(Otto Eduard Leopold von Bismarck, 1815-1898). 독일 제국의 초대 재상. 독일 연방 통일을 이끌었던 정치가로 국민적 영웅으로 존경받았고, 강경한 정책으로 철혈 재상(Eiserner Kanzler)이란 별명으로 잘 알려져 있으며, 당시 서양 제일의 정치가로 간주되기도 했다.

8 아시아, 아프리카, 유럽, 아메리카 등을 가리킨다.

못하고 오리무중에 빠져 있다. 곧 재주와 지혜가 있고 학술과 공훈이 있으며 업적을 이루고 이름을 날린 이들조차 모두 똑같이 취해서 살다가 꿈꾸듯이 죽음을 맞이하니, 일단 처량히 부는 서풍에 만가 소리 처량하게 관 뚜껑을 덮고, 모든 것이 끝난 다음에 옛날을 그리워하며, 일평생 뜻을 세워 마음 졸이고, 열심히 노력하여 만들고 경영했던 일을 따져 본들, 저 시골 노인과 촌 아가씨와 무슨 차이가 있겠는가.

그러므로 믿음은 모든 덕의 근원이요, 모든 행동의 근본이자 자기를 수양하고 남을 다스리는 기초이니, 몸을 평강하고 안전하게 하며 나라를 정녕하고 강복하게 하는 일이 모두 큰 믿음을 세우는 데서 비롯된다. 지금 무릇 국가 치안의 기초가 아직 서지 않았고 인민 개화의 단서가 아직 이루어지지 않았으며 외국이 우리를 모욕하는 폐해가 아직 그치지 않아서 나라의 재산은 나날이 부족해지고 사람들의 기질과 습속은 나날이 투박해지고 있다. 상황이 이미 이와 같으니, 시간이 가면 갈수록 주체할 수 없는 지경에 빠져든다. 아아, 이렇게 수년이 지난 후에는 과연 어떠할까. 물이 쏟아지는 기세가 일단 이루어진다면 어찌 독립을 말할 수 있겠는가? 하늘과 사람의 관계는 마치 정원사와 초목의 관계와 같아서 심은 것은 북돋고 기우는 것은 바로 세우며, 썩은 가지와 마른 뿌리는 보살피지 않고, 오래되어 벌레 먹은 가지와 어지러이 뒤얽힌 그루는 보호하지 않는다. 어느 날 종을 불러 이르기를, "정원이 황무하게 우거지니 나는 이를 원치 않는다. 날을 잡아 개간해서 낡은 뿌리를 베어 내고 새로운 종자를 뿌려라. 내가 바야흐로 진기한 꽃들이 봄을 다투고 색다른 향이 정원에 가득한 것을 보려 한다"라고 말하는 것이다.

아아, 나라가 바야흐로 폐흥존망하려 하여 예언이 누차 일어나는데, 사제[9]와 장로가 그 말에 복종하지 않고 백성들은 회개의 도리를 알지 못하였다. 그 은감殷鑑[10]은 실로 저 이스라엘인의 사례[11]에서 찾을 수 있을 것이다.

---

9   제례를 관장하는 사람을 가리킨다.

10   『시경(詩經)』「대아(大雅)」편 탕장(蕩章)의 '은나라의 거울 먼 곳에 있지 않았으니, 바로 하나라였다殷鑑不遠, 在夏后之世'에서 유래한 것으로, 전대의 실패를 보아 오늘날의 귀감·경계의 사례로 삼는다는 말이다.

11   유대인이 조국을 잃은 것을 가리킨다.

✿
2. 정론 ③

쓰다 마미치

전 참의였던 소에지마副島[1] 씨 등이 민선의원의 건언을 한 이래로, 서로 간에 많은 논쟁이 오가면서 서로 공격하고 방어함에 힘을 쓰는데, 신문지상이 마치 일종의 전쟁터와도 같았다. 이어서 다시 지방관회의를 연다는 특별조칙[2]이 있었고, 또 화족회의[3]가 열린다는 설도 있다.

어떤 이는 묻기를, 구미 각국이 저렇게 부강한 까닭은 각종 의원들이 나라의 기본방침을 토론함으로써 정부의 독재를 막기 때문이고, 따라서 이제 우리 대일본제국에서도 세 종류의 의원[4]을 일으키고자 하는 것이니, 이는 국가의 가장 좋은 일이자 인민의 큰 복지라 하지 않을 수 없을 것이다. 곧 선생이 말씀하신 소위 어쩔 수 없는 시세, 그렇게 하지 않을

1   소에지마 다네오미[副島種臣, 1828-1905]. 메이지 시기의 관료이자 정치가이다.
2   1874년 5월 2일의 조서. 실제로 개최된 것은 이듬해인 1875년 6월 20일이었다.
3   1874년 6월 1일의 화족회관 설립으로 그 결실을 보았다.
4   민선의원, 화족회의, 지방관회의를 가리킨다.

수 없는 사정이 바로 이런 경우가 아니겠냐고 하였다. 이에 대해서, 나의 얕은 견해로는 약간 의견을 달리하는 바가 있으니 부디 시험 삼아 이를 논해 보고자 한다.

지체 높은 관리와 화족들이 함께 모여서 상의하며 영국 상원의 체제를 따라 황상皇上을 도우며 나라의 행복과 복지를 늘리고자 함에, 그 뜻은 선하고 바람은 가상하다고 할 것이다. 그렇지만 그 일이 가능할지 어떨지 나는 아직 알지 못하겠다. 모름지기 의원이 국가에 도움이 되는 바는 오로지 그 지식에 있는데, 현재 관리와 귀족들은 대개 모두가 옛날 봉건 시대의 번군藩君[5]들로서 간언을 받아들이는 데는 남들보다 뛰어난 점이 있다고 하더라도, 대개는 깊은 궁궐 안에서 성장하여 제반 사정에 대단히 어둡고 지식적으로는 매우 취약하다. 그런데 번을 없앤 이후 관리와 귀족들이 겨우 비천한 일에 익숙해지면서 자칫 교활해지거나 혹은 덕을 잃은 경우는 있었지만, 그들의 지식이 모자란 점은 바뀌지 않았다. 즉 여전히 지식이 짧은 사람들이 개미 떼처럼 모여서 쓸데없는 이야기를 나누는 것이 과연 국가에 무슨 도움이 되겠는가. 그것이 와해하지 않을 것이라 기대하기 어려울 뿐이다. 이것이 어찌 내가 말한 어쩔 수 없는 시세, 그렇지 않을 수 없는 사정이란 말인가. 차라리 그 엄청난 비용으로 화족 학교를 세우고 명사를 초빙하여 자제를 교육하며, 그 자제들로 하여금 유용한 학술에 뛰어나게 만들어 진정한 지식을 깨우치게 하는 데 쓰느니만 못하다. 이윽고 이렇게 될 때는 관리와 귀족들은 상원을 일으키거나 정부에 들어가 내각에 자리를 잡고 우뚝 솟은 나라의 기둥이 되며, 부강을 이루고 국가의 복을 늘리는 데 도움이 되어서 마치 명재상 중 다수가

---

5   에도 시대 막번체제(幕藩體制)하에서의 각 번 영주들을 가리킨다.

귀족 출신인 영국처럼 될 수 있을 것이다. 이것은 내가 여러 관리, 귀족들께 특히 장래를 기약하며 바라는 바이다. 대저 이전의 번군제공藩君諸公들께서는 이전에 용기를 내어 물러나시며, 봉토를 반환[6]함으로써 전국 군현일화郡縣一和의 정치를 이루었다는 점에서 오늘날 그 공이 적지 않다. 그러므로 또한 세상일에 개의치 마시고 오직 거문고와 책을 벗 삼아 산과 계곡을 노닐어도 마음속이 개운하고 깨끗하여 맑고 깨끗한 군자의 면모를 잃지 않을 것이다. 하물며 그 자제들을 교육하며 훗날의 더 큰 이익을 도모한다면 더욱 그러하지 않겠는가.

지방관은 천황 폐하를 대신하여 해당 부현府縣을 다스리고 정치를 행하는 자이다. 곧 천황 폐하를 대신하는 관리이다. 지금 이들을 한곳에 모아서 의원으로 삼는다면, 이것은 과연 천황 폐하를 대변하는 의원인가, 그렇지 않으면 인민을 대신하는 의원인가. 너무도 명실이 서로 부합하지 않고 사리에 맞지 않는 일이다. 각국에 파견 나간 대사들은 본국의 군주, 정부를 대신하는 관리이다. 지금 말하는 의원은 파견되어 나간 우리 나라의 대사들을 불러들여 각국 제왕을 대신하게 하는 것과 같다. 세상에 어찌 이런 이치가 있단 말인가. 공자께서 말씀하시길, 명분이 바르지 못하면 말이 순조롭지 못하고, 말이 순조롭지 못하면 일이 이루어지지 못한다[7]고 하셨다. 지방관회의가 성사되면 나라에 이로움이 있다는 말은 아직 내가 믿을 수가 없으니, 어찌 이것을 내가 말한 어쩔 수 없는 시세, 그렇게 하지 않을 수 없는 사정으로 인한 것이라 하겠는가.

---

6   근대 일본의 중앙집권 정책 중 하나로서, 각 번의 다이묘[大名]들이 토지와 백성을 메이지 천황에게 반환한 것. 1869년 3월부터 1870년 8월에 걸쳐 이루어졌다.

7   『논어(論語)』「자로(子路)」편의 "명칭이 바르지 못하면 말이 순조롭지 못하고, 말이 순조롭지 못하면 일이 이루어지지 않는다[名不正則言不順, 言不順則事不成]"에 전거를 둔다.

민선의원은 인민이 선거하는 것으로, 그야말로 국민의 대리인이라 할 것이다. 우리 제국의 3천만 인민 가운데, 그 선거를 담당할 만한 지식을 갖춘 자가 전혀 없다고는 말할 수 없겠지만, 이를 선택하는 자들 역시 상당한 지식을 가질 필요가 있다. 그 사람이 직접 나랏일을 논의하지는 않는다고 해도, 그 사람을 뽑는 것은 역시 나랏일에 관여하는 것이다. 그러므로 유럽 각국에서는 의원을 뽑을 권리를 일컬어 인민의 참정권이라고 한다. 저들 나라에서 행하는 의원 선거의 법칙을 조사하고 알아보건대, 부녀자, 어린이, 중병 환자 및 배우지 못하고 글자를 모르며 지식을 갖추지 못한 자는 모두 참정권을 가질 수 없는 것이 일반적인 법칙이다. 그러므로 선거를 통해 의원이 되는 자에게 제한을 두는 것이 아니라 도리어 선거를 하는 자에게 제한을 둔다. 이렇게 부녀자, 어린이, 중병인 등을 여기에서 제외하는 것은 어렵지 않으나, 문맹의 유무를 분별하는 일이 대단히 어렵다고 한다. 그러므로 일종의 규칙을 둘 필요가 있다. 저들 나라에서는 대개 조세를 납부하는 바의 많고 적음을 기준으로 삼아 그 경계를 나눈다. 대저 이것은 어쩔 수 없는 방책일 뿐이다. 그런데 이것 이외에 아직 다른 좋은 방법이 있음을 들은 바가 없다. 그러므로 우리 나라에서도 역시 대략 이에 따르고, 나아가 우리 나라의 풍속과 사정을 절충하여 그 규칙을 정해야 할 것이다.

사족土族은 원래 문자를 아는 자가 제법 많았고, 평민은 부자를 제외하면 책을 읽는 자가 드물었다. 그러므로 이제 의원을 뽑을 자격이 있는 사람을 정할 때, 모든 귀족, 사족과 평민 가운데 조세를 많이 납부하는 자로 정하고, 그 평민들의 경우 도회지에 사는 자는 가령 200엔 내지 1000엔 이상의 지권地券[8]을 가진 자로 한정하며, 촌락에 사는 자는 50엔 내지 100엔 이상의 지권을 가진 자로 한정해야 할 것이다. 물론 부녀자와 어린이, 중병인과 징역[9] 이상의 형벌을 받은 자는 말할 것도 없이 여기에서 제외해야 한다.

이런 기준으로 정한 선거자를 초선자初撰子라 명한다. 그리고 초선자 100명당 상당한 학식과 견문을 갖춘 자 한 사람을 선거로 뽑아 이자를 본선자本撰者라고 명한다. 이렇게 해서 이 본선자가 다시 선거한 사람을 의원으로 삼고, 이들을 의회에 모아서 전 국민을 대신하여 나랏일을 상의하는 사람으로 정한다.[10]

관리, 귀족과 화사족華士族, 문인, 군인, 호농, 부상, 빈민, 서생, 야인의 구별 없이 모두 선거로 뽑혀 의원이 될 수 있다. 다만 그 식견이 나랏일을 의논하기에 충분하기만 하면 될 것이다. 단, 징역 이상의 형벌에 처해진 자를 여기에서 제외해야 함은 물론이다.

의원의 숫자는 우리 대일본제국 통계 인구인 3천만 가운데서 60명 내지 120명을 선거로 뽑아야 할 것이다. 그렇게 하면 25만 명 내지 50만 명당 한 사람을 선거하는 것이 된다.

의원은 4년을 한 번의 임기로 하여 새롭게 교대해야 한다. 또 의원을 좌우 두 반班으로 나누어서 만 2년마다 반수를 일신할 필요가 있다. 가령 좌반左班은 갑甲의 해에 뽑고, 우반右班은 병丙의 해에 뽑는다.

앞에서 열거한 내용은 대략적인 것이다. 의장의 임명을 비롯하여 모든 상세한 조목은 유럽 각국의 선거법을 절충하고, 우리 제국의 인문정

---

8   지조개정에 의해서 발행된 토지 소유 증권이다.

9   원문은 도(徒). 1870년 제정된 '신율강령(新律綱領)'에 나오는 5형(五刑)의 하나로 징역에 해당한다.

10   여기에서는 유권자(초선자)가 중간선거인(본선자)을 고르고, 이 중간선거인이 다시 대표를 선출하는 간접선거를 상정하고 있다.

도에 맞추면 적당함을 얻을 수 있다. 단 이것은 사전에 수 명의 관리를 특별히 임명하여 법안을 기초하도록 해야 한다.

이와 같이 선거하여 뽑은 의원은 진정 우리 대일본 국민의 대리인으로서 그 명실名實이 정당할 것이니, 이렇게 해서 의원을 일으킬 수 있으리라 점쳐 볼 수 있을 뿐이다. 그런데 의원은 3천만 명 중의 60 내지 120명이니, 우리 나라에서 지식을 지닌 자는 빠질 수 없다. 이는 모름지기 정치상 중요한 일은 공론으로 정한다고 하신 어서문御誓文[11]의 뜻을 경장更張한 것이라 하겠다.

법을 논의하는 일은 의원의 직무이자 특권이다. 그렇지만 그들이 논의하는 법을 우리 제국에 널리 배포해 시행할지 여부는 오직 천황 폐하의 권한으로, 의원들에게는 절대 이런 권리가 없도록 한다.

의원은 또한 세입, 세출 등을 비롯하여, 국가의 큰일을 감독할 권리를 가질 수 있다. 여기에서 인민은 비로소 정부의 전횡을 방지하고, 정부가 정령을 그 정도에 맞고 개화의 자연스러운 운행을 가로막지 않게 할 수 있으니, 그 도움이 되는 바가 대단히 클 것이다. 이전에는 우리 나라 인민이 오랫동안 압정에 굴복하여 자유로운 인성의 기상이 꺾여 있었다. 이 기상이야말로 실은 나라의 원기이다. 나라의 원기가 위축되어 활기가 없으면, 국가의 위엄도 역시 활기가 없다. 이제 이를 진작하고 왕성하게 하는 방법은 다름 아닌 인민이 나랏일에 관여하도록 하는 것이다. 인민이 나랏일에 관여하려면 민선의원을 만드는 것만 한 것이 없다. 그렇다

---

11   1868년(메이지 원년) 4월 6일, 메이지 천황이 천지신명에게 서약하는 형식으로 귀족, 제후들에게 메이지정부의 기본방침을 5개조 어서문(五箇條御誓文)으로 제시하였다. 그 중 제1항은 "널리 회의를 열고 만사를 공정하게 논의하여 결정한다[広く会議を興し, 万機公論に決すべし]"이다.

면 이 일은 즉 아직 반드시 어찌할 도리가 없는 시세로 인해 이루어지는 일이 아니라고는 말할 수 없을 것이다. 또 아직은 꼭 그렇게 하지 않으면 안 되는 사정이 아니라고는 말할 수 없을 듯하다. 공의여론이 어디로 돌아가고 있는지 깊이 살펴야 할 것이다.

✿
3. 서학 일반 ③

나카무라 마사나오

루터보다 10년 전에 마키아벨리Machiavelli[1]라는 사람이 태어났는데, 한 분파의 학설을 만들어서 정치와 풍속을 크게 해쳤고, 이로 인해 참된 인륜학과 정법학政法學이 방해를 받았다. 마키아벨리의 학설은 오로지 군주의 권한을 강고히 하는 데만 주의를 기울이고, 인민의 지식을 발달시키는 데는 주목하지 않았다. 이탈리아에 그 학설이 행해지자 과연 풍속이 무너지고, 잔인한 살인이나 독살 등 인민의 악업이 옛날보다 심해졌다. 이리하여 참된 인도人道가 차츰 사라지고 민생, 교통, 보안의 도리마저 사라지게 되었다. 또 상제를 믿지 않는 자와 미신Superstition의 철학을 주창

---

1   니콜로 마키아벨리(Niccolò Machiavelli, 1469-1527). 16세기 르네상스기 이탈리아의 역사학자, 정치이론가. 이전까지의 정치 이론들이 지배자의 이상적인 모습을 논하는 당위론적 관점에서 쓰였다면, 마키아벨리의 정치 이론은 현실세계에서 정치가 어떻게 작동해야 하는지를 논했다는 점에서 차별화된다. 대표적 저서로 『로마사논고(*Discorsi sopra la prima deca di Tito Livio*)』(1531), 『군주론(*Il Principe*)』(1532) 등이 있다.

하는 자가 함께 부화附和하여 민심을 선동하고 현혹시키니 사람이 살아가는 의무duty에 관한 큰 도리가 이로 인해 덮이고 가려져 버렸다.

마키아벨리가 논한 정체는 오직 옛날의 정치풍속에 기초해서 논의한 것일 뿐, 정치학의 근본적인 이치first principles of political science를 깊이 연구하지 않았고, 인성이 본래부터 갖추고 있는 본체에 근거하지 않았으며, 치우치지 않고 바뀌지 않는[2] 한 진리에 부합하지 않았다. 그러므로 그 저서는 단지 학자들이 옛날의 진술을 아는 데 작은 도움이 될 뿐으로, 오늘날 활동하는 정치학자들이 보면, 이러한 학설을 규범으로 삼는다면 세상에서 지켜져야 할 도의에 큰 해를 끼칠 위험한 것이라고 생각할 것이다.

마키아벨리의 학설이 일시적으로 성행했으나, 학술이 점차 발전하면서 유럽 각국은 그 학설의 오류를 깨닫고 더 이상 중시하지 않게 되었다. 특히 흄Hume[3]의 학설은 마키아벨리의 편견을 깨뜨리기에 충분했다(마키아벨리는 군주가 정치를 행할 때 자기 이익을 목적으로 해야 하는 것이 중요하다고 주장했다. 이 밖에도 인민을 구속하고, 지식이 있는 자는 적고 우매한 자는 많은 것이 좋다고 하였다). 흄이 말하기를, "지금 세상에 여러 가지 정체가 있고 모두 나날이 완전하고 선한 것으로 바뀌고 있는데, 그중에서도 개화한 나라에서는 군주가 있으면서 국정을 행하는 것이 가장 잘 갖추어진 정체라고 말할 수 있다. 옛날 민정의 나라에서 말하기를, 민치民治[4]의 나라

---

2   『중용장구(中庸章句)』의 "치우치지 않는 것을 중이라 하고 바뀌지 않는 것을 용이라 한다. 중은 천하의 바른 도리이고, 용은 천하의 정해진 이치이다不偏之謂中, 不易之謂庸. 中者, 天下之正道, 庸者, 天下之定理"에 전리를 둔다.

3   데이비드 흄(David Hume, 1711-1776). 영국의 철학자. 경험론과 실험적 방법에 기초한 인간학을 주장하였다.

4   군주정과 대비되는 공화정체를 가리킨다.

는 공정한 율법으로 통치하지, 사람의 명령으로 통치하지 않는다고 하였다. 오늘날에 이르러서는 모든 나라의 군주가 설령 총명하고 남들보다 뛰어나다고 해도 자기 뜻대로 명령을 내리는 일이 없다. 모두 일정한 율법에 의해 정치를 하는데, 그 율법의 주도면밀함이 놀랄 만하다. 지금의 군주는, 인민의 산업(토지, 주택, 재화 등 인민이 의지하여 삶을 편안하게 하는 것을 산업이라고 한다)은 잘 보호하여 잃어버리지 않게 하고(나라는 군주 한 사람의 산업이 아니고, 이른바 천하는 천하의 천하이지 한 사람의 천하가 아니다.[5] 따라서 인민의 산업을 보호하고 위난을 막으며 이용후생의 도리를 열어서 인민으로 하여금 안녕을 얻고 복지를 받게 하는 일은 군주의 직분이다), 농업·공업과 관련이 있는 모든 일은 돕고 이해하여 그 활기를 왕성하게 하는 데 힘쓴다. 문예와 기술이 점차 일어나 왕성해지기를 기대한다. 또한 군주가 안온히 그 거처에 머무는 것이 마치 아버지가 여러 자식 사이에 있는 것 같다. 옛날에는 로마 황제 12명 가운데 폭군이 4명이 있었으나, 지금은 자신의 권위를 멋대로 휘두르며 인민을 압복하는 군주가 100명 중 1명도 없다"라고 하였다.

이상에서 말한 바와 같이, 옛날에는 군주가 권력을 마음대로 휘두르고 어리석은 인민은 그 속박을 받아 나라의 기초가 서지 않았지만, 지금은 군주 된 자는 인민의 부모가 되어 그 원하는 바를 이루어 주고 복지를 향유하게 하며, 인민과 함께 평화로운 세상을 마치 한 몸처럼 즐긴다. 그 이유는 무엇인가 하면, 다름 아니라 활판인쇄가 시작되면서 모두에게 널리 보급되어 지식이 발달했기 때문이다. 프리스테이트free states(인민이 자유

---

5   『맹자집주(孟子集註)』「만장(萬章)」상(上)의 "천하는 천하(만민)의 천하이지, 한 사람의 소유가 아니기 때문이다[天下者, 天下之天下, 非一人之私有故也]"에 전거를 둔다.

롭게 뜻하는 바를 이루기 위해 능력을 펼칠 수 있는 나라라는 뜻이다)에서는 활판인
쇄를 통해 군주의 폭정을 막는 불워크bulwark(성채라는 의미)가 되어 인민의
광휘와 정신을 일으킨다. 활판인쇄가 널리 행해지면서부터 나라의 근원
과 기초는 인민의 지식개명과 풍족한 재산 및 심신의 안녕에 있음을 깨
닫고는 여기에 주의를 기울이지 않는 군주가 없고, 또 군주 한 사람의 이
익을 꾀하기보다는 나라 전체의 영구한 이익에 주목하게 되었다. 그렇다
면 이후로는 천하가 점점 번영의 길로 나아가고, 인민이 점점 복상의 기
쁨을 크게 누리게 될 것인지 실로 상상하기 어려울 정도이다.

　　마키아벨리의 왜곡된 학설이 끊어진 후에 필로소피컬 리포머스philo-
sophical reformers(철학을 개혁하는 학자라고 번역한다)가 점차 세상에 나타났다.
니졸리우스Nizolius,[6] 파트리치Patricius,[7] 젠틸리Gentilis[8]처럼 뛰어난 자들이
다. 젠틸리의 책은 모국인 이탈리아에서는 중요하게 여겨지지 않았고,
오히려 영국과 독일에서 유행했다. 젠틸리는 개신교를 믿는다는 이유
로 이탈리아에서 추방당하여 영국으로 도망갔으며, 옥스퍼드에서(이것은
1580년, 즉 덴쇼天正[9] 15년의 일이다) 이율학사의 자리를 얻었다.[10] 젠틸리가 지
은 『데 유레 벨리 악 파키스de jure belli ac pacis』[11]는 마키아벨리의 학설을

6　　마리우스 니졸리우스(Marius Nizolius, 1488-1566). 이탈리아의 철학자. 수사학을 철학의
　　중심적 학문으로 여겼다.

7　　프란시스코 파트리치(Franciscus Patricius, 1529-1597). 16세기의 근대 철학자이자 과학
　　자. 당대 주류 학설이었던 아리스토텔레스주의에 대해 비판적 입장을 취했다.

8　　알베리코 젠틸리(Albericus Gentilis, 1552-1608). 이탈리아의 법학자. 국제법의 창시자로,
　　휘호 흐로티위스(Hugo Grotius, 1583-1645)에게 영향을 주었다. 신교도였기 때문에 이단
　　심문청(異端審問廳)의 압박을 받아, 나중에 영국으로 망명했다.

9　　일본의 연호. 1573년부터 1593년까지의 기간을 가리킨다.

10　　젠틸리는 영국 망명 이후 옥스퍼드대학의 흠정교수(Regius professor) 자격으로 로마법
　　을 가르쳤다.

반박하고 군주의 규계規戒가 되는 책으로, 학자들이 이 책을 매우 중요시했다. 그 후 이탈리아에서 캄파넬라Campanella[12]라는 철학의 대가가 출현했다. 라이프니츠Leibniz[13]가 이 사람을 베이컨Bacon과 비교하여 생각하기를, 이는 데카르트Descartes[14] 물리학Physics(천지만물체질天地萬物體質의 학)에서만큼, 또 홉스Hobbes[15] 윤리학Moral(윤리철학)에서만큼 논리가 정명하다. 다만 베이컨과 캄파넬라에 비한다면 매우 큰 차이가 있을 뿐만 아니라, 베이컨과 캄파넬라야말로 실로 학문의 가장 중요한 기초를 세웠다고 평가하였다(베이컨 철학의 개요는 후편에서 보기로 한다).

번역자 주. 서양에는 리버티liberty라는 말이 있다. 우리 나라에도 지나에도 분명 이에 해당하는 말이 있다. 모리슨Morrison[16]이 이를 자주自主

---

11 다만 이 저서명은 휘호 흐로티위스의 저작 『전쟁과 평화의 법(de jure belli ac pacis)』(1625)이다. 젠틸리의 저서로는 『전쟁법론(De Jure Belli Libri Tres)』(1598)이 있다.

12 톰마소 캄파넬라(Tommaso Campanella, 1568-1639). 르네상스기의 이탈리아 철학자, 수도사. 당시의 대표적 자연철학자 텔레시오(Bernardino Telesio, 1509-1588)가 아리스토텔레스에 반대해서 감각론, 경험론을 주장한 것에 강한 영향을 받아 스콜라주의에 반대하는 입장을 취했다. 『감각철학(Philosophia sensibus demonstrata)』(1591) 등의 저술을 남겼다.

13 고트프리트 라이프니츠(Gottfried Wilhelm Leibniz, 1646-1716). 독일 계몽철학의 서장을 연 철학자이며 객관적 관념론의 주창자. 라이프니츠 철학의 특징은 신과 자연, 목적론과 기계론, 정신과 물질, 선과 악 등을 조화적, 화합적인 관점에서 통합하려고 시도했던 것이다.

14 르네 데카르트(Rene Descartes, 1596-1650). 프랑스의 철학자, 수학자, 물리학자. '근대 철학의 아버지'라 일컬어지며, 합리주의 철학의 길을 열었다.

15 토머스 홉스(Thomas Hobbes, 1588-1679). 영국의 철학자. 경험철학의 입장을 취했다.

16 로버트 모리슨(Robert Morrison, 1782-1834). 스코틀랜드 출신. 중국에서 선교한 최초의 개신교 선교사. 플라카에 외국인에 의한 최초의 신학문 학교인 영화학당(英華學堂)을 세우고 인쇄소를 설립하여 정기간행물을 발행하였으며, 중국어로 성경을 번역하기

의 이理라고 번역했고, 로브샤이트Lobscheid[17]는 임의로 행위할 권리라고 번역했다. 다시 말해, 인민이 자기가 좋아하는 바에 따라 행위할 수 있는 권력이라고 말하는 것이다. 모든 공정한 이로움은 공동의 이익이 되는 율법을 따르는 것 이외에, 다른 압제구속을 받지 않을 인민의 권리를 시빌 리버티civil liberty라고 하여 서양 나라들에서는 이것을 개화치평의 기초로 삼고 있다. 따라서 릴리저스 리버티religious liberty라고 하면 인민이 자기 마음이 옳다고 믿는 종교에 따를 것을 허락하여 윗사람이 억지로 강요하여 그 뜻하는 바를 빼앗는 일이 없음을 말한다. 중세 시대에 서양 나라의 군주들은 진정한 다스림의 도리를 알지 못하고 인민으로 하여금 자기가 믿는 종교에 따르기를 바란 나머지, 엄격한 금지들을 통해 인민에게 마음을 강요하는 것과 같은 일이 근세까지도 많았다. 지금 유럽에서는 모두 군주가 권력을 제멋대로 휘두르는 풍습을 끊었으므로 인민이 리버티를 얻어 사람들이 자기 마음속에 선호하는 바에 따를 수 있고 무익한 지배와 속박을 받지 않고 각자 그 뜻한 바를 펼칠 수 있으니, 똑같이 공동의 이익을 도모하고 인심은 나날이 아름답고 선해져 문무를 겸비한 풍속이 이루어지고 있다고 한다.

도 하였고『영화사서(英華辭書)』(1817-1823) 등을 편찬하였다.

17 빌헬름 로브샤이트(Wilhelm Lobscheid, 1822-1893). 선교사로 1848년 중국으로 파송되어 활동했으며,『영화자전(英華字典)』(1866)을 편찬하였다.

메이로쿠잡지
제13호

1874년(메이지 7) 6월 간행

—

1. 미국의 정치와 종교 ③

가토 히로유키

제4장 종교(또는 교법이라고도 한다. 그러므로 어느 한 종교를 가리키는 것이 아니
라 여러 교법을 범칭하는 것이다)는 결코 죄를 덮거나 숨겨 없애기 위한 도
구가 되어서는 안 된다는 요지.

합중국 공화정치의 주장에서는 하늘이 내려 준 양심의 자유야말로 사
람이라면 일단 반드시 보유한 여러 권리 중 하나로서 인정된다. 그렇지
만 누구를 막론하고 자기가 믿는 종교를 자기 범죄를 덮거나 숨기는 도
구로 삼고자 하는 일은 절대로 용서되지 못한다. 어떤 이가 만일 종교 자
유의 이치에 따라서 마침내 형벌마저도 면하게 된다면, 종교에 빠져 있
는 무리들과 이단에 심취한 무리들이 제멋대로 국가의 법제를 훼손하게
될 것이며, 또 튀그스Thuggismus[1](인도에 있는 교단의 일종)는 제멋대로 사람을

1   칼리 여신을 신봉하는 비밀교단이다.

살해하면서 신에게 바치는 공양물이라고 주장하게 될 것이고, 또 교회의 법관들은 함부로 잔인한 방법을 써서 불신자의 죄를 묻는 법을 스스로 부활시키게 될 것임에 분명하다. ○ 자유의 나라에서는 교파 여하에 따라서 그 가부를 정하는 일은 절대로 있을 수 없다. 그렇지만 사람이 설령 종교의 취지에 부합한다고 하여 행한 일이라도, 만일 인민 교제상 윤리에 반하거나 또는 평화와 질서를 훼손하는 것이 명백할 경우에는 정부가 반드시 이를 금지하고 처벌할 권리를 갖지 않으면 안 된다. 가령 모르몬(합중국의 교회의 일종)교도가 아내를 여럿 맞이하거나, 지나인이 자기 자녀를 살해하고, 또 인도에서 부인이 기꺼이 자살하는(인도에서는 남편이 죽으면 아내가 스스로 불 속에 몸을 던져 순사하는 것을 정절로 여기는 풍습이 있다) 것 등이 바로 그런 경우이다.

그러므로 가령 종교에서 인정되고 허락되는 일이라도, 그 일이 만약 국가 안녕에 해가 된다면 정부는 특권을 써서 엄하게 이를 금지하는 법률을 제정할 수 있다. 결코 이러한 권한을 오인하여서 교회(암묵적으로 기독교회를 가리킨다)로부터 위탁받은 권한으로 해서는 안 된다. 대개 친척은 방국邦國의 기초를 이루는 것으로, 참된 교제는 그야말로 친족에서 기인한다. 그렇게 해서 서방의 각국(유럽 각국과 미국을 말한다)에서는 친척의 교제가 실로 일부일처의 혼인에서 시작된다. 이것이 서방의 개화가 동방의 여러 나라(아시아의 나라들을 말한다)보다 훨씬 앞선 이유이다. ○ 합중국의 법률에서는 혼인을 민법상의 약속으로 하지만, 인민은 또한 일반적으로 종교상의 일로 간주하고, 그리하여 종교 예식을 통해서 혼인을 행하는 것이 상례이다. 생각건대, 교회는 법률이 정한 바에 따라서 자기의 예식을 통해 그 신도들의 혼인을 행할 수 있기 때문에 쿼이커파(기독교의 일파)의 간소한 예식에서 가톨릭파의 엄숙한 예식에 이르기까지 모두 종교의 예식을 행할 수 있다. 그렇지만 혼인이 마땅히 도리에 맞는지 여부를 정하는 규율은 반드시 민법에 따라서 정하고, 또 사람들의 혼인을 맺도록 하는 일을 주관하는 교회 관리와 민사 관리를 설치하는 규율 및 혼인을 정도에 맞게 하기 위해서 필요한 규칙 등도 모두 민법에 따라 정하기 때문에(교회의 법으로써 정하는 것이 아니다), 가령 교회의 관리라고 해도 법률에 따라서 사람들의 혼례를 행하게 할 권한을 위탁받아 이에 관한 일을 할 때, 법률이 정하는 규칙을 완전히 준수하지 않으면 감히 참된 혼인을 행하게 할 수는 없다. 대개 교회 관리가 이러한 권한을 시행하는 일은 결코 당연하게 맡는 직무가 아닌 것이다. 다만 정부의 위임을 받아서 행하고 있을 뿐이다. 그 밖에 혼인명부 등도 결코 교회 관리가 아니라 완전히 정부 관리가 담당하는 일이다. 또 사람들이 만일 종교의 예식을 이용하지 않고 혼인을 행하고자 한다면 자유로이 할 수 있다. 그러므로 다만 종교의 예식을 이용하지 않는다는 이유로 이치에 맞지 않는 혼인이라고 말할 수 없는 것이다. ○ 정부는 혼인과 이혼의 경황을 감찰할 권한을 가지며, 또 공공 교제상의 평화에 착안하여 오직 일부일처의 혼인만을 허가하고, 남편이 아내 여럿을 들이거나 아내가 여러 남편을 맞이하는 경우, 또 간통의 소행을 저지르는 경우, 국가의 대죄로서 엄벌할 권한을 갖는다.

그런데 한편으로는 모르몬교의 경우, 남편 한 사람이 여러 명의 아내를 들이는 것이 종교상 허가된 일이라 하고, 또 한편으로는 자유연애당(부부 모두 그때의 연애하는 감정에 따라서 마음대로 배우자를 바꾸는 것을 진정한 자유라고 주장하는 무리가 있다. 이들은 최근에 합중국에서 나타났다)처럼 마음대로 배우자를 바꾸는 것은 사람이 가진 자유권의 하나라고 주장하는 경우도 있다. 그렇지만 정부는 이러한 일들에 조치를 취하고 다음과 같이 말할 권한을 갖는다. 즉 남녀 간 혼인의 옳고 그름은 반드시 언젠가 공중公衆의 이해와 관련되게 된다. 대개 자녀의 생산은 부부의 혼인으로부터 시작되는 것이므로, 반드시 법률로써 관련된 규율을 두지 않으면 안 된다는 것이다. ○ 그런데 남편이 여러 명의 처를 들이거나 부부가 배우자를 그때그때 바꾸는 것을 허락한다면 부모가 각각 그 자녀와 친척을 양육할 수 없게 되기 때문에 양육의 일을 생각한다면 결국 공공의 공무共務가 되지 않을 수 없게 될 것이다. 모름지기 한 남편이 여러 명의 아내를 들이거나 부부가 그때마다 배우자를 바꾸는 등의 나쁜 풍속은 허가할 수 없는 것이다. ○ 그러므로 가령 모르몬교도나 자유연애당일지라도, 한 남편이 아내 여럿을 들이거나 부부가 그때마다 배우자를 바꾸는 일이 설사 자기가 믿는 종교상 허락된 일이라고 할지라도, 정부는 공공의 일에 관련된 자신의 당연한 권리를 이용하고 또 윤리적 당위에 따라서 반드시 이러한 나쁜 풍속을 금지하는 법률을 설치하는 것이 본디 긴요한 일이라 말하지 않을 수 없다.

정부가 마땅히 윤리에 따를 의무를 가지는 연유에 대해서는 마지막 장(末款)으로 넘기고 여기서는 논하지 않기로 한다. 여기에서는 다만 종교상 자유의 진리를 논하여 사람들로 하여금 이 진리를 오해하지 않도록 하고자 하는 취지를 밝히는 데 그친다. 정부는 강제로 교회의 일에 관여해서는 안 되지만, 그러나 굳이 감히 윤리에 반하는 일을 방치해서는 안 된다. 정부는 반드시 종교상 자유의 권리를 인허認許해야 하지만, 그러나 굳이 인민의 부정불의를 방관하여서도 안 된다.

이하는 다음 호에서 논하고자 한다.

✿

2. 상상론想像論

쓰다 마미치

상상想像은 눈을 감고 생각할 때 우리가 만나는 형상이나 사물의 내력으로, 신기루와 매우 유사하다. 신기루는 공중에 실제로 누각이 있지 않지만 뚜렷이 그 형상을 드러내는, 공기를 거울 삼아 비치는 그림자와 같은 것이다. 우리 마음속은 결코 천지만물이나 인간만사에서 실제 일어난 사건의 흔적들이 아니지만, 눈을 감고 생각하면 만나지 못할 것이 없으니, 이는 모두 마음속의 투영, 즉 상영想影이라는 뜻으로, 오모카게おもかげ라고 발음한다. 사람들이 상상을 오모이야리おもいやり라고 새겨서 읽지만 이는 잘못이다. 오모이야리는 고어古語에서는 번민을 물리친다는 뜻으로, 일반적으로는 용서한다는 뜻이다.

상상과 기억은 다른데, 기억이란 과거 경험했던 일을 잊지 않는 것이고, 상상은 아직 예전에 경험하지 않은 일을 새로이 궁리해서 만드는 것이다. 단 예전에 경험했던 일과 조금도 관계없는 것은 없다. 그러므로 상상과 기억의 관계는 가장 친밀한 것일 따름으로, 일본 고유의 소설, 연극

등은 대개 작자의 상상이다. 유럽 각국에서 가장 유명한 시인의 시도 대개 모두 상상이다.

각국 태고의 역사, 조상들의 이어져 내려오는 이야기는 기억과 상상이 서로 뒤섞인 것이다. 다카마가하라高天原,[1] 황천黃泉, 용궁龍宮 등이나 인도·이집트·그리스·로마 등의 전설 등은 모두 황당무계하여 믿기 어렵다. 이런 것은 옛사람들의 상상이다. 다만 공자께서 책을 지으실 때 요순 시대(唐虞) 이전의 일을 전혀 채택하지 않은 이유는 그것이 사실이 아니거나 가르치기에 적절하지 않아서가 아니다. 공자는 식견이 매우 뛰어난 사람이라 할 수 있다. 석가와 예수는 모두 천당과 지옥을 말했다. 그 상상이 우연히도 모두 일치한다. 즉시 이것을 간파한 달마[2] 같은 이 역시 높은 견해를 가졌다고 말할 수 있다. 그렇다면, 즉 공자와 달마는 결코 상상을 사용하지 않는, 노자와 같이 소위 잠들어도 꿈꾸지 않는 경지에 이른 사람들의 부류[3]라 해야 할 것인가. 그것이 아니라, 말하자면 공자나 달마는 상상력을 많이 사용한 사람들이라 할 것이다. 공자가 말하는 역易이나 달마의 좌선관법坐禪觀法은 모두 일종의 커다란 상상(大想像)이다. 단, 그 상상하는 바가 다소 높고 옛사람과 다를 뿐이다. 후세에 기송記誦, 사장詞章, 오행五行, 성리학 등은 정밀하고 조악함, 얕고 깊음의 구별이 있을지언정 대개 상상이 아닌 것이 없다. 단, 청의 고증학, 최근 서양의 실증

---

1   일본 신화 속의 성지로, 신들이 사는 장소이다.

2   중국 선종(禪宗)의 시조. 좌선(坐禪)으로 잡생각을 배척하고 본래의 마음에 의해서 부처의 경지에 가까이 갈 것을 제창하였다.

3   도를 수행하여 그 궁극의 경지에 달한 사람은 꿈을 꾸지 않는다는 의미로, 여기에서 노자가 나오는 것은 『장자(莊子)』 「대종사(大宗師)」편에 "옛날의 진인(眞人)은 잠을 자도 꿈꾸지 않고, 깨어 있어도 근심이 없었다[古之眞人, 其寢不夢, 其覺無憂]"라고 하여 노자에 대해 이야기한 부분에 의거한다.

주의의 학문은 상상을 이용하는 것이 적다. 그렇지만 지구 궤도가 타원임을 알고, 새로운 행성을 발견하는 일들을 보면, 만사의 이치를 궁구하는 것이 대개는 처음에 상상에서 시작해서 이후 증거가 명확해지면 비로소 자연의 법칙이 된다.

인륜의 도리나 경제의 학문에서 법칙이라고 말하는 것들은 처음에는 상상에서 나온 것이 많다고 한다. 그것을 실제의 사물에 비추어 증거가 명확하면 그 법칙은 바뀌지 않는 자연의 법칙이 된다. 혹 사물에 비추어 증거에 어긋남이 있으면 그 법칙이 실제의 이치와 다르다는 것을 알게 된다. 그래서 물리와 같은 것은 증거를 찾기 쉽고 심리와 같은 것은 증거를 찾기 어렵다. 이것은 형이상학에서 모든 설이 서로 분분하여 일정하기 어려운 까닭이다. 저 혜성이나 일식 등과 같이 당연한 이치도 또한 종종 근거 없는 억측을 피하기 어려운데, 하물며 심리의 알기 어려움은 어떠하겠는가.

흑인은 흑색을 숭상한다. 백인은 여기에 동감하기 어렵다. 우리 일본은 인종이 황종이면서도 황색을 숭상하지 않고 도리어 피부가 하얗게 되면 기뻐한다. 아마도 천성인 듯하니, 그렇다면 본래 서양을 기꺼워하는 것이 천성일 것이다. 우리 나라가 쇄국의 정치를 변화시킨 지 이제 겨우 십수 년이 지났는데, 우리 나라 인민은 피복과 기구부터 문물과 제도에 이르기까지 모든 것에서 서양을 흠모한다. 이로써 나의 설이 단지 상상만이 아님을 증명할 수 있다. 특히 피복과 기구 등은 잠깐만 살펴보아도 바로 알 수 있을 정도이니, 결코 의심할 수 있는 여지가 없다. 문물과 제도 등은 수백 천 년을 연마하고 경험에 의하며, 수백 천 년의 논의를 더해 오늘에 이른 것으로, 우리가 잠깐 살펴서 알 수 있는 것이 아니다. 태국인은 얼음을 모르고, 아프리카 대륙의 사람은 백인을 모른다. 어쩌다

이를 아는 자가 있어서 얼음과 백인 등에 대해 말하는 것을 듣고 이것을 상상한다고 해도, 거의 장님이 코끼리 다리를 만지고 상상하는 것과 비슷하다. 지금의 소위 개화자開化者라는 사람들이 자유의 이치를 모르면서 자유를 상상하고, 법률과 경제의 학문을 강구하지 않으면서 무분별하게 프랑스법, 영국법, 미국 정치 등을 논하는데, 그것이 심한 경우에는 프랑스의 민법을 번역한 것을 채택하여 이를 즉시 우리 대일본제국의 민법으로 하자고 말한다.[4] 이것은 거의 태국인이 얼음을 오인하고 아프리카 대륙민이 백인을 상상하는 일과 비슷하니, 어찌 위험하지 않겠는가.

4   당시 에토 신페이[江藤新平, 1834-1874]는 프랑스 민법을 이용해 일본 민법의 모범으로 할 것을 주장했다. 그 번역은 미쓰쿠리 린쇼[箕作麟祥, 1846-1897]에 의해 이미 1873년 『불란서법률서민법(佛蘭西法律書民法)』으로 간행되어 있었다.

✿

3. 민선의원을 세우는 데 먼저 정체를 정해야 한다는 것에 대한 의문

사카타니 시로시

민선의원의 설이 한창 일어나고 계속해서 여러 전문가의 설도 많이 나와 있지만, 그중에 부정적인 내용은 하나도 없다. 다만 개명의 정도가 아직 이르기 때문에 이것을 일으키는 것이 시기상조라는 결론을 내리는 것이 있을 뿐이다. 내(小子) 생각으로도 그 시기가 실로 이르다. 그러나 이것을 시기상조라고 하는 것은, 그 시기가 오기를 기다리고 있다는 말이다. 기다리면, 즉 그동안은 대비하지 않으면 안 된다. 학교 등이 그중 하나라고 말할 수 있는데, 먼저 그 근본을 세워야 한다. 근본을 세우지 못한다면 민선의원도 역시 지엽에 지나지 않는다. 그러면 근본이란 무엇인가 하면, 나의 어리석은 생각으로는 정체와 목적을 세우는 일이 바로 그것이다. 고금을 통틀어 살펴보면 정체는 모두 나라가 본래 가진 성질로인해 정해진다. 그런데 그 변혁은 대개 치란에서 나온다. 치란은 하늘이 본래 가진 성질이며, 그로부터 일이 이루어지도록 돕는 것은 사람의 몫이다. 치란을 자연의 이치에 맡기고 살얼음판 위에서 유유자적을 즐기는 것은 경박한 소인이 할 일이다. 예전에 미국이 아직 합중국이 되지 못하였을 때 워싱턴을 비롯한 군자와 현인들이 번민하면서 수없이 만나 만사를 논의하는 데 힘썼다고 한다. 이것이 이른바 군자들의 일상이며, 지금 민선의원의 설이 일어나고 있는 까닭이다.

그러나 내가 가만히 생각해 보건대, 정체가 정해지지 않고서 민선의원이 어떤 쓸모가 있을지 의문이 든다. 그런데 논자들은 함부로 민선의원을 세워야 된다고 말하면서 정체에 대해서는 한마디도 언급하지 않는다. 어째서일까? 민선의원은 상하동치上下同治를 말하는 것이다. 지금 건백하여 정부가 민선의원을 세우기를 바라면서, 상하동치의 체제를 갖추지 않는다면 과연 거기에 어떤 이로움이 있단 말인가. 나는 배움이 얕아서 만일 상하동치의 체제를 갖추는 문제와는 별개로 민선의원이 잘 운영될 수 있다고 한다면, 내가 잘 모르기 때문일 수도 있으니, 정중하게 사과드리고 부디 가르침을 주시길 청한다. 만일 그렇지 않고 체제를 갖추는 문제와 별개가 아니라면, 민선의원을 세우려고 하면 마땅히 먼저 상하동치의 정체를 확립하는 문제부터 논의해야 할 것이다. 또는 그 뜻은 상하동치에 있지만 황실을 꺼려서 일단 당분간은 민선의원이라는 말을 앞세우는 것인가? 이것은 부인·여성들이 미신적 길흉을 믿는 행위나 마찬가지로, 오히려 황실을 속이는 일이다. 그렇다면, 즉 매우 불경한 일이 될 것이다. 마땅히 당당하게 존중하는 마음으로 해야 할 일인 것이다.

또한 내가 평소에 생각하건대, 이제야말로 황국을 부강개명하게 하고 황통을 보호하는 마음을 다하며 상하동치의 정체를 정하는 설을 진전시켜야 할 때이다. 무릇 일본은 국체가 처음 생긴 이래로 하나의 왕조가 다스려서 인심이 굳게 맺어진 점에서 여타 외국과는 다르다. 적어도 어느 정도 자각이 있는 사람들이라면 모두 이런 사실을 알고 있다. 예를 들어

미국, 스웨덴의 많은 현철과 같은 공평정대한 사람들이 일본에서 태어나 자랐다면, 그들은 인민의 보호를 위해서 자연적인 국체에 어긋나는 합중국 성립 같은 설을 세우지 않을 것임은 명백하여 의심할 여지도 없다. 지금 민선의원을 세우기를 원하거나, 시기상조라도 그릇된 것은 아니라는 사람들도 역시 그 마음속에서는 반드시 황국을 부강하게 하고 황통을 보호하려고 할 뿐이다. 모름지기 군주를 고르거나 바꾸는 일의 폐해는 그런 구습을 가진 나라의 현철들이 일찍이 그 단점에 대해 논한 바가 있으니, 이에 대해서는 더 이상 언급하지 않겠다.

그러나 혈통이 바뀌지 않아도 세상은 반드시 바뀐다. 군주의 덕을 계승하고 명확히 하는 방법을 아무리 경계한들, 오랜 세월 동안 그 덕이 왕성하고 쇠락하는 것 또한 자연스러운 일이다. 옛날 후지와라藤原씨[1]의 발호나 무신이 무력으로 패권을 잡는 변란은 모두 그런 식으로 일어난 일이다. 또 포악하고 어리석은 군주가 나올 때가 되면, 명군의 법과 제도가 한순간에 궤란 상태에 빠져 버린다. 현명한 군주가 다시 나와서 회복에 힘을 써서 간신히 재건한다고 해도, 나이를 먹고 죽음을 맞이해 버린다. 그리고 다시 그 뒤를 잇는 자가 현명하지 못하여 어리석은 군주가 계승하게 되면, 또 궤란 상태에 빠져서 그 후의 현명한 군주를 괴롭힐 뿐이다. 한 번 융성하고 한 번 쇠락하며 인순因循을 반복한다면, 나라는 어떻게 부강할 수 있고 정치는 어떻게 개명할 수 있다는 말인가. 일본과 지나는 항상 치란을 반복하면서 개명이 늦어졌으므로 이를 거울삼아야 할 것이다. 무릇 상하동치를 시행하여 군주의 혈통을 지킨다면, 어리석은 군

---

1   일본의 헤이안[平安] 시대를 대표하는 귀족 가문으로, 섭정(攝政), 관백(關白)을 독점하며 천황 이상의 권력을 누렸다.

주가 나오더라도 이전 시대에 개명된 기세가 약간 혼란해질지언정 쇠퇴하지는 않는다. 이렇게 현명한 군주와 재상이 나오면, 세월을 쓸데없이 회복하기에 쓰지 않아도 반드시 개명을 몇 단계 정도 진전시킬 수 있다. 최근의 프로이센이 이런 모습을 보인다. 이것은 자연스러운 이치이다. 하물며 지금은 옛날과 달리 욕심으로 무력을 써서 남을 침범하고, 먼 나라를 이웃 나라로 삼으며, 강자를 좋아하고 약자를 능멸하는 상태가 만국 공통의 정서가 되었다. 언젠가 우리가 약해졌을 때 마사카도[將門][2]나 다카우지[尊氏][3] 같은 무리가 외국에서 나타난다면, 과연 어떤 명분으로 이것을 거절하고, 어떤 계책으로 막을 수 있을 것인가. 이것은 실로 크게 두려워할 만한 일이다.

지금은 성스럽고 총명하신 천황이 계시고, 현명하고 뛰어난 인재들이 가득하여 지금까지 없었던 변혁이 이루어졌다. 바로 이럴 때 정체와 목적을 세우지 않는다면 언제 세울 수 있다는 말인가. 오늘날 개명했다고 하지만, 백성의 마음에 중심이 없고, 윗사람들을 곁눈질하며 믿지 않

---

2   다이라노 마사카도[平將門, 903?-940]. 헤이안 시대 중기의 무장. 천황 가문의 후손으로 938년 무사시국의 국사와 군사 사이에 발생한 분쟁에 개입하게 되면서 거병하였고, 939년 마침내 스스로 '신황'이라 칭하며 독립 왕국을 건설하였으나 50여 일 만에 조정에서 보낸 토벌군과 맞서 싸우다 전사하였다. 일본 역사상 처음으로 역성혁명을 꿈꾼 인물로 평가된다.

3   아시카가 다카우지[足利尊氏, 1305-1358]. 무로마치막부의 초대 쇼군. 고다이고 천황과 가마쿠라막부 사이의 싸움에서 처음에는 막부 측에 섰으나 이후 유배지를 탈출한 천황이 전국에 막부 토벌의 명령을 내리자 고다이고 천황 측으로 돌아서 가마쿠라막부를 멸망시키는 데 공을 세웠다. 그러나 공경 중심의 논공행상에 대한 불만이 쌓였고 결국 자신의 야심을 실현시키기 위해 천황의 겐무 신정에 반대하며 거병하였다. 고다이고 천황을 요시노로 내쫓고 북조에 고묘 천황을 세운 다음, 스스로 무로마치막부[室町幕府]를 세우고 쇼군의 자리에 올랐다.

고, 윗사람도 역시 논의가 무르익지 않아 일의 처치가 정해지지 않는 일이 종종 있으니, 이것은 모두 목적이 서지 않았기 때문이다. 그러고서는 민선의원을 세우자고 말한다. 이것은 과녁도 없이 총탄을 발사하는 꼴이 아닌가. 이렇게 된다면 시기를 맞아 세워진 민선의원도 단지 예전의 집의원集議院⁴이 무용한 장난감처럼 쓸데없이 소비되었던 것처럼 될 뿐만 아니라, 어쩌면 산산조각이 날 우려마저 생길 것이다. 특히 민선의원의 폐해에 그칠 뿐 아니라, 어쩌면 학교 등 개명으로 이끄는 모든 일이 인지人智를 발달시켜 간교함을 넓히고 큰 혼란을 키워서 황통을 위태롭게 만들지도 모른다. 각국은 옛날에 아래로 백성들을 억눌러서 무너졌다. 영국이 미국에 대해 했던 일을 보면 전부 명백하여 귀감이 된다. 그 대란을 거쳐 선한 정치가 열리는 것을 후세에 보면 대단히 오묘하다. 그러한데 오늘날 좌시하며 자연의 기세에 맡겨서야 되겠는가. 또 혼란은 국가에 큰 피해를 입히니, 이것을 좋아할 사람이 누가 있겠는가. 혼란에 빠지지 않고 개명 진보하는 일은 천하의 아름다운 일이며 또한 사람으로서의 큰 의무이다. 우리 나라가 대단히 아름다운 나라이기는 해도, 바다 가운데 있는 하나의 섬일 뿐이다. 만약 분발하며 노력하지 않고 사사로운 뜻에 맡기며 자연의 기세를 기다리기만 한다면, 백성들은 명령을 듣지 않고 함부로 경거망동하며 흉포하게 굴어 정신을 소홀히 하게 되고, 이 기회를 외국이 엿본다면 결코 몽골이나 폴란드와 같은 의외의 변을 당하지 않으리라고 말할 수 없다. 만약 그렇게 된다면, 이 나라에 태어나 오늘날을 살고 있는 사람은 영원히 그 의무를 소홀히 한 죄를 씻을 수 없을 것

---

4   1870년(메이지 3)에 공의소(公議所)를 개칭하여 설치한 태정관 소속의 의정기관. 태정관에서 제출한 의안을 심의하는 기능을 맡았다. 1873년(메이지 6)에 폐지되었다.

이다.

　그렇다면 오늘날 정체의 목적은 어떻게 정해야 할까. 우리의 옛 정체에 러시아의 장점을 받아들이는 것이 원래 내가 바라는 바이다. 그러나 시대도 나라도 다르며, 상황도 시세도 다르기 때문에 그렇게 할 수는 없다. 만약 한다고 하면 오직 네 가지 다른 점에 얽매이지 않는 영국 상하동치의 장점을 받아들일 수밖에 없다. 그렇지만 영국은 영국이고 우리는 우리다. 이미 나라가 다른데, 나라의 자주권부터 그것을 실시하는 세세한 조목들까지 하나같이 원래 비슷할 수가 없다. 오직 그 장점이 가진 좋은 부분과 뛰어난 부분을 내세우면서 모두의 큰 목적으로 삼아야 하는 것이다. 그런데 그런 일은 이미 메이지유신이 시작되면서 일어났다. "널리 회의를 열고 만사를 공정하게 논의하여 결정"한다는 말이 바로 그것이다. 이것은 상하동치의 목적이다. 그런데 이 말을 함부로 가져다 쓰면서 그 실질이 점차 희미해지고 모든 일이 흔들리며 사람들 모두가 마음의 중심을 잃어버렸다. 오늘날 민선의원의 설이 제기된 것은 이런 이유에서일지도 모른다. 이전 지방관회의 개최의 조서[5]와 오늘날 민선의원의 설은 의도하지 않았지만 모두 같은 목적을 가진다. 여기서 같은 목적이란 오직 상하동치뿐이다. 자연스러운 기세가 이와 같은데, 여전히 두렵고 거리끼는 것은 피해야 한다든가, 옛것을 고치지 말고 지키자고들 말한다. 낡고 허물어진 가옥이나 기울어 가는 건물 안에 있으면서도 수리

5　1874년(메이지 7) 5월 2일, 지방행정을 원활하게 한다는 목적으로 지방관회의를 매년 1회 개최한다는 조칙이 발포되었다. 이 시기 왕성하던 민선의원개설론의 영향을 받아 태정관(太政官)이 계획했던 것으로, 매년 개최되지는 못하고 1878년에 제2회, 1880년에 제3회까지 모두 세 차례가 열렸다. 메이지 초기 지방제도 개혁에 큰 역할을 했다고 평가받는다.

하지 않고 흘러가는 대로 내버려두는 것처럼 아슬아슬하고 위태로운 일이다. 그런데 상하동치라는 대업을 민선의원에서 시작하지 않는다면 어디서부터 시작할 것인가. 집을 지을 때는 먼저 기초를 견고하게 만들어야 하며, 민선의원은 기둥이자 들보인데, 기초를 다지지 않고서는 기둥과 들보를 정할 수 없다. 그렇다면 기초가 되는 상하동치의 모양은 무엇부터 착수해야 할까. 목적을 확립하여 우왕좌왕하지 말고 일진일퇴하면서 오직 과녁만을 겨누고 나서야 백발백중의 효과가 나타날 것이다. 적어도 목적이 분명하게 정해지면, 그에 따른 조치나 좋은 제도는 저절로 사람들이 논의하는 가운데서 나오게 될 것이다.

가령 그 한두 가지 예를 들어 보자. 먼저 대신大臣이 합의하고 협화하는 법을 엄격히 정하여, 한 번의 회의로 합의가 이루어지지 않으면 사표를 내거나 면직이 되거나 구구절절 추태를 부리지 말고 토론을 거듭하여 지당한 결론을 낸 이후에 실행함으로써 상하동치의 목적을 올바르게 한다. 여러 성省 또는 각 성이 자기주장만 고집하지 말고 각 성마다 각각 자기 몫만큼 분발하여, 공리公理를 우선시하고 반드시 계속 토론을 거듭해서 지당한 결론을 낸 이후에 실행함으로써 상하동치의 목적을 올바르게 한다. 대개 한 성은 한 성 안에서 상하가 함께 의논하고, 여러 성은 여러 성들이 함께 상하가 의논하며, 각 회의에서는 과제를 내서 의논하지 않으면 시행하지 않는다. 시행하려면 반드시 의논하매, 회의를 거쳐도 시행하기 어려운 일은 시행하기 어려운 일을 맡은 책임자가 더 깊이 의논하고 정함으로써 상하동치의 목적을 올바르게 한다. 대개 관원들이 분발하거나 격려하지 않고, 해이해지고 제멋대로 굴거나 아부하면서 서로 시기하고, 각자 단지 월급 나오기만 바라보는 일은, 만사를 공정하게 논의하여 결정하는 일의 실질을 분명히 할 수 없고, 번거로움을 꺼리며, 배우지 않는 일의 심각함을 우습게 여기고, 의논을 널리 하급관리까지 확대하여 정책 시행의 실정을 이해하게 하고 심사숙고하는 지혜를 발달하지 않게 만든다. 하급관리는 장관의 업신여김과 모욕에 분노하면서 시행되는 조치가 자주 바뀌고 불공평한 상황을 보고 들으면서, 뒤로는 그 어리석음을 비웃으며 관직이 높아질수록 사람은 어리석어진다고 말하게 되고, 어리석은 상사 밑에서 예전에 우리는 그 논의에 관여할 수 없었으며 의제에 올렸는지 안 올렸는지 우리가 알 바 아니니, 우리는 그냥 많은 월급을 받아 겨우 입에 풀칠하는 것으로 충분하다고 말하게 될 것이다. 매우 심할 경우는 원망하고 분노하며 불평을 아무 데나 흘리게 될 것이다. 그러면 우두머리 된 자는 저 사람은 불평이 많고, 이 사람은 포악무도하다고 말하게 된다. 위아래로 사람들의 마음에 중심이 없고, 눈에는 일정하게 자기주장을 가진 견해가 없으니, 서로 흩어지고 올바른 도리를 거슬러서 각자가 가는 방향을 달리하게 될 것이다.

관청이 이미 이러한데, 아래로 백성들의 수는 많고 광범하니, 그 심각함이 더하다는 것을 알아야 한다. 어떻게 개명의 풍습을 일으킬 수 있을 것이며, 또한 어떻게 민선의원을 실시할 수 있을 것인가. 그 폐단이 이 지경에 이르면 만사를 공정하게 논의하여 결정하는 일의 실질이 이루어지지 못하고, 상하동치의 목적은 분명해지지 못할 것이다. 따라서 반드시 폐해를 제거하고 실리를 일으켜서 그 목적을 확립해야 한다. 목적의 확립이 정말로 엄숙하게 되면 학교 교육은 더욱 왕성해지고 개명의 정치도 더욱 진행되기 쉬워질 것이다. 게다가 여러 도道와 여러 현縣의 유명하고 명망을 떨치는 사민士民이 공론에 따라 매년 관선官選하여 의원에 선출되면, 마침내 민선民選의 법이 시행되어 3년이 되면 효과가 생기고, 7년이 되면 작은 성취를 이룰 것이며, 10년이 되면 비로소 이른바 민선의원이 큰 성과를 이루어서 인민을 보호하는 도리를 밝히고 개명과 부강의 실리를 거두며, 황통이 영원토록 편안할 것임은 논할 필요도 없으리라고 어리석으나마 생각하는 것이다.

논의하는 내용 중에는 정부가 거리낄 만한 것도 있을 듯하나, 거리낌 없이 의견을 내라는 명령도 있었다. 의심해서 바로잡지 못한다면 마음을 안정시키기 어렵다. 또 나처럼 어리석은 사람은 목적을 정하기도 쉽지 않다. 여러 선생께서 이런 나를 가엾이 여기시어 가르쳐 주시기를 청하는 바이다.

『메이로쿠잡지』의 기고자들

❀

◎ **가시와바라 다카아키**柏原孝章(1835-1910)

의사, 계몽가, 양학자. 다카마쓰번高松藩의 의사 집안에서 출생하여 오가타 고안緖方洪庵의 데키주쿠適塾에서 난학을 공부했고, 이후 에도막부의 마지막 쇼군 도쿠가와 요시노부德川慶喜의 시의侍醫로 근무했다. 메이지유신 이후에는 의원을 개업하고 의학 관련 서적을 다수 집필·간행했다.

▲ 메이로쿠잡지 기고원고

종교론 의문(29-3, 30-3, 31-4), 일요일의 설(33-3)

◎ **가토 히로유키**加藤弘之(1836-1916)

무사, 관료, 교육자, 양학자. 다지마국但馬国의 병학사범가에서 출생하여 사쿠마 쇼잔佐久間象山, 쓰보이 이슌坪井為春 등에게서 서양식 병법과 난학을 배웠다. 이후 반쇼시라베쇼蕃書調所에 들어가 독일어를 익혔고, 메이지유신 이후에는 주로 학교, 연구와 관련된 부서 등에 근무하였으며, 특히 1869년부터 메이지 천황에게 서양학을 가르치기도 했다. 이후 도쿄대학 총리, 제국대학 총장, 원로원 의관 등을 역임했다.

▲ 메이로쿠잡지 기고원고

후쿠자와 선생의 논의에 답하다(2-1), 블룬칠리 씨 『국법범론』 발췌 번역 민선의원 불가립의 설(4-2), 미국의 정치와 종교(5-5, 6-3, 13-1), 무관의 공순(7-2), 국가를 가볍게 여기는 정부(18-2), 부부동권 유폐론(31-1, 31-2)

◎ **간다 다카히라**神田孝平(1830-1898)

정치가, 관료, 양학자. 미노국美濃国의 무사 집안에서 태어나 마쓰자카 고도松崎慊堂에게 한학漢学을, 스기타 세이케이杉田成卿 등에게 난학을 배웠다. 반쇼시라베쇼 교수, 가이세이쇼開成所 교수 등을 역임하였고, 메이지유신 이후에는 서양의 제도 등을 연구하고 수립하는 관료로 활약했다. 이후 원로원 의관, 도쿄학사회원 회원, 귀족원 의원 등을 지냈다.

▲ 메이로쿠잡지 기고원고

재정 변혁의 설(17-1), 국악을 진흥해야 한다는 주장(18-6), 민선의원의 시기는 아직 도래하지 않았음을 논한다(19-2), 지페인체간원록(22-5), 정금외출탄식록(23-2), 지폐성행망상록(26-3), 화폐병근치료록(33-4), 화폐사록 부언(34-2), 철산을 개발해야 함을 논한다(37-3)

◎ **나카무라 마사나오**中村正直(1832-1891)

교육자, 계몽사상가. 에도江戸에서 막부의 유관儒官 집안에서 태어났다. 어려서부터 유학을 배웠고, 본인도 막부의 유학 담당 관료로 근무하는 한편 서양 학문에도 관심을 가졌다. 1866년 막부의 유학생 담당

으로 영국에 유학했다. 귀국 후 사립학교 동인사同人社를 개설했고, 새
뮤얼 스마일즈의 *Self help*를 『서국입지편西國立志編』으로, 밀의 『자유론』
을 『자유지리自由之理』로 번역했다. 이후 도쿄학사회원 회원, 도쿄대학
교수, 원로원 의관 등을 지냈다.

▲ 메이로쿠잡지 기고원고

서학 일반(10-3, 11-3, 12-3, 15-2, 16-3, 23-3, 39-3), 인민의 성질을 개조하는 것에
대한 설(30-4), 선량한 어머니를 만드는 일에 대한 설(33-1), 지나를 경시해서는 안
된다(35-1), 상벌훼예론(37-2)

◎ 니시무라 시게키西村茂樹(1828-1902)

계몽사상가, 교육자, 관료. 사쿠라번佐倉藩의 무사 집안에서 태어나 어
려서부터 야스이 솟켄安井息軒 등에게 한학을 배웠다. 이후 사쿠마 쇼
잔에게 병학을, 데즈카 리쓰조手塚律蔵에게 난학과 영어를 배웠다. 문
부성, 궁내성 등에서 근무했고, 메이지 천황의 시독侍讀을 담당하기도
했다. 1876년 도쿄수신학사(훗날 일본홍도회로 개칭)를 설립하여 도덕교
육의 보급에 힘썼고, 『일본도덕론日本道德論』 등의 저술을 남겼다. 도쿄
학사회원 회원, 궁중고문관, 귀족원 의원 등을 역임했다.

▲ 메이로쿠잡지 기고원고

개화의 정도에 따라 문자를 개량해야 한다(1-2), 진언일칙(3-2), 정체삼종설(28-2,
28-3), 자유교역론(29-2), 수신치도비이도론(31-3), 적설(33-2), 서어십이해(36-2,
37-1, 42-1), 정부와 인민이 이해를 달리하는 것에 대한 논의(39-2), 전환설(43-1)

◎ **니시 아마네**西周(1829-1897)

계몽사상가, 교육자, 관료. 이와미국石見国의 의사 집안에서 태어나 어려서부터 주자학을 공부했다. 반쇼시라베쇼의 조교로 근무하다가 1862년 네덜란드 레이던대학으로 유학을 떠나 약 4년간 서양의 근대 학문을 배웠다. 귀국 후 가이세이쇼 교수로 근무하며 네덜란드에서 공부한 강의록을 정리하여 『만국공법萬國公法』으로 간행했다. 이후 병부성, 육군성, 문부성 등에서 근무하였고, 군인칙유軍人勅諭를 기초하기도 했다. 도쿄학사회원 회원, 원로원 의관 등을 역임했다.

▲ 메이로쿠잡지 기고원고

서양 글자로 국어를 표기하자(1-1), 비학자직분론(2-4), 옛 상공들의 주장을 반박한다(3-6), 종교론(4-4, 5-2, 6-2, 8-5, 9-3, 12-1), 벽돌 건물에 관한 설(4-5), 지설(14-1, 17-3, 20-5, 22-1, 25-1), 애적론(16-4), 정실에 관한 설(18-5), 비밀에 관한 설(19-1), 내지 여행(23-1), 망라의원의 설(29-1), 국민기풍론(32-1), 인세삼보설(38-1, 39-1, 40-1, 42-2)

◎ **모리 아리노리**森有礼(1847-1889)

정치가, 외교관, 계몽사상가, 교육자. 사쓰마국薩摩国의 무사 집안에서 태어났다. 어려서 한학과 영어를 배웠고, 1865년 사쓰마번의 제1차 영국유학생으로 런던으로 건너가 약 3년간 유학했다. 귀국 후 외국 관련 사무에 종사했고, 1870년 외교관으로 미국에 부임했다. 다시 일본으로 돌아와 미국에서의 경험을 바탕으로 메이로쿠샤 결성을 주도했고, 본인은 계속 외무성 관료로 근무했다. 1875년 특명전권공사로 청나라에 부임하여 조선 문제를 두고 이홍장과 회담했다. 미국에서의 교육

에 관심을 가지고 관련 자료와 서적을 수집했으며, 이토 히로부미伊藤
博文 1차 내각에서 초대 문부대신이 되어 학교령을 제정하는 등 근대
일본의 교육제도 확립에 종사했다.

▲ 메이로쿠잡지 기고원고

학자직분론에 대하여(2-2), 개화 제1화(3-1), 민선의원설립건언서에 대한 평(3-3),
종교(6-4), 독립국 권의(7-1), 처첩론(8-2, 11-2, 15-1, 20-2, 27-1), 메이로쿠샤 제1년
차 역원 개선에 대한 연설(30-1)

◎ **미쓰쿠리 린쇼**箕作麟祥(1846-1897)

양학자, 법학자, 관료. 쓰야마번津山藩의 무사 집안에서 태어났다. 어려
서 아즈미 곤사이安積艮斎에게 한학을, 조부인 미쓰쿠리 겐포箕作阮甫에
게 영어와 프랑스어, 난학을 배웠다. 반쇼시라베쇼 교수로 근무하며
막부에서 통번역 관련 일에 종사했다. 1867년부터 1년간 프랑스에 유
학 후 가숙家塾을 열고 학생들을 가르쳤는데, 이때 나카에 조민中江兆民,
오이 겐타로大井憲太郎 등이 여기에서 배웠다. 문부성, 사법성 등에 근
무했고, 프랑스민법의 번역에 종사했다. 사법 차관, 행정재판소 장관
등을 역임했다.

▲ 메이로쿠잡지 기고원고

인민의 자유와 토지의 기후는 서로 관련이 있다(4-1, 5-4), 개화를 앞당기는 것은
정부가 아니라 인민의 중론이다(7-3), 리버티설(9-2, 14-2)

◎ 미쓰쿠리 슈헤이箕作秋坪(1826-1886)

교육자, 계몽사상가. 빗추국備中国의 의사 집안에서 태어나 청소년기에 고가 도안古賀侗庵에게 한학을, 미쓰쿠리 겐포에게 난학을 배웠다. 막부의 통번역직으로 근무하였으며, 퇴직 후에는 모리 아리노리, 후쿠자와 유키치와 협력하여 상법학교商法學校(현재 히토쓰바시대학의 전신)를 설립했다. 도쿄학사회원 회원, 교육박물관 관장을 역임했다.

▲ 메이로쿠잡지 기고원고

교육담(8-3)

◎ 사카타니 시로시阪谷素(1822-1881)

한학자, 교육자, 관리. 빗추국의 무사 집안에서 태어나 오시오 주사이大塩中斎, 고가 도안古賀侗庵 등에게 한학을 배웠고, 육군성과 문부성, 사법성 등에서 관료로 근무했으며, 도쿄학사회원 회원이기도 했다. 주자학에 심취한 한학자이면서 서양 학문에 대한 관심으로 메이로쿠샤에 참가했고, 최고령자이면서 모임의 회원들과 다수의 논쟁을 벌였다.

▲ 메이로쿠잡지 기고원고

질의일칙(10-4, 11-4), 민선의원을 세우는 데 먼저 정체를 정해야 한다는 것에 대한 의문(13-3), 조세의 권한은 상하가 함께 관여해야 한다는 설(15-3), 화장에 관한 의문(18-4), 존이설(19-3), 호설에 대한 의문(20-3), 호설의 넓은 뜻(20-4), 여성의 치장에 대한 의문(21-4), 정교에 대한 의문(22-3), 정교에 대한 나머지 의문(25-2), 민선의원 변칙론(27-2, 28-1), 처첩에 관한 설(32-2), 천강설(35-2, 36-1), 전환접교설(38-2), 양정신일설(40-2, 41-3), 존왕양이설(43-2)

◎ 스기 고지杉亨二(1828-1917)

관료, 계몽사상가, 통계학자. 나가사키長崎의 의사 집안에서 태어났고, 의학 공부를 하던 중 서양 학문에 관심을 가지고 난학을 연구했다. 이후 반쇼시라베쇼 교수조교를 거쳐 가이세이쇼 교수를 역임했으며, 도쿠가와 가문의 교수역으로 근무하기도 했다. 메이지유신 이후 민부성에 출사하여 태정관, 좌원, 정원, 통계원 등에서 관료로 활약했으며 도쿄학사회원 회원을 역임했다. 특히 서양의 통계학을 본격적으로 소개·연구하여 정부의 업무에 통계를 이용한 각종 기법을 도입하고 활용한 인물로 유명하다.

▲ 메이로쿠잡지 기고원고

러시아 표트르 대제의 유훈(3-4), 프랑스인 '쉴리' 씨의 국가가 쇠미하게 되는 징후를 든 조목은 다음과 같다(4-3), '북아메리카합중국의 자립'(5-3), 남북아메리카 연방론(7-4), 공상에 관해서 기록하다(8-4), 참된 위정자에 관한 설(10-2), 화폐의 효능(14-3), 인간 공공의 설(16-2, 18-3, 19-4, 21-3), 무역개정론(24-2), 상상 쇄국설(34-1)

◎ 쓰다 마미치津田真道(1829-1903)

무사, 관료, 정치가, 양학자. 미마사카국美作国의 하급 무사 집안에서 태어나 한학과 병학, 국학 등을 익혔다. 사쿠마 쇼잔에게 난학을 배우고 반쇼시라베쇼 조교로 근무하다가 1862년 네덜란드의 레이던대학으로 유학하여 약 4년 간 근대 학문을 배웠다. 이후 가이세이쇼 교수, 사법성 및 육군성의 관료 등을 거치며 근대적 학문과 제도의 이식에 종사했으며, 원로원 의관, 도쿄학사회원 회원, 고등법원 배석재판관,

중의원 의원, 초대 중의원 부의장 등을 역임했다.

학자직분론에 대한 평(2-3), 개화를 진전시킬 방법에 대해 논하다(3-5), 보호세가 잘못이라는 주장(5-1), 출판의 자유가 이루어지기를 바란다(6-1), 고문론(7-5, 10-1), 복장론(8-1), 근본은 하나가 아니다(8-6), 운송론(9-1), 정론(9-4, 11-1, 12-2, 15-4, 16-1), 상상론(13-2), 덴구설(14-4), 지진의 설(17-2), 서양의 개화는 서행한다는 설(18-1), 신문지론(20-1), 삼성론(21-2), 부부유별론(22-2), 내지여행론(24-1), 괴설(25-3), 무역균형론(26-2), 인재론(30-2), 정욕론(34-3), 부부동권변(35-3), 사형론(41-1), 폐창론(42-3)

◎ **쓰다 센**津田仙(1837-1908)

농학자, 계몽가. 시모우사국下総国의 무사 집안에서 태어났으며, 페리 내항 시에 포병으로 출진한 경험이 있다. 젊어서 난학과 영어를 배우고 막부의 통역관으로 활약했으며, 일찍부터 서양 농업에 관심을 가지다가 빈 박람회에 참가한 것을 계기로 오스트리아의 농학자 다니엘 호이브렝크에게 농법을 배웠다. 이후 농학사농학교農學社農學校를 개설하는 등 농업 분야에서 활약하였고, 『영화화역자전英華和譯字典』을 간행하기도 했다.

화화매조법지설(41-2)

◎ **시미즈 우사부로**淸水卯三郞(1829-1910)

실업가. 무사시국武蔵国에서 양조업을 경영하던 집안에서 태어나 한학과 난학 등을 익혔다. 어려서 러시아의 일본 외교관이었던 푸탸틴 Putyatin을 만난 경험을 계기로 국제정세와 서양학 공부에 관심을 가졌다. 막부 말기부터 통역 담당으로 외교 방면에서 활약했고, 파리 만국박람회에 참가한 경험을 바탕으로 서양 물품의 수입과 유통, 개발에 종사하는 등 실업가로 활약했다.

▲ 메이로쿠잡지 기고원고

히라가나의 설(7-6), 화학 개혁의 대략(22-4)

◎ **시바타 마사요시**柴田昌吉(1842-1901)

영어학자, 관리, 교육자. 나가사키의 관리 집안에서 태어나 의사 집안의 양자로 들어갔고, 나가사키영어전습소에서 영어를 익혔다. 이후 영어 통번역 관련 일에 종사하면서 외무성 역관, 가나가와양학교神奈川洋学校 교수, 외무성 관료 등을 역임했다. 『영화자휘英和字彙』, 『증보정정영화자휘增補訂正英和字彙』 등의 영어사전을 편찬 간행했으며, 나가사키에 영어학교를 열어 영어 교육에 종사했다.

▲ 메이로쿠잡지 기고원고

필리모어 『만국공법』 중 종교를 논하는 장(6-5)

◎ **후쿠자와 유키치**福澤諭吉(1835-1901)

계몽사상가, 저술가, 교육자, 언론인. 나카쓰번中津藩의 하급 무사 집안

에서 태어났다. 서양 포술을 배우고자 나가사키로 나와 네덜란드어를 공부했고, 오가타 고안 문하에서 난학을 배웠다. 이후 에도에서 난학 숙蘭学塾을 열어 운영하다가 1860년 미국에 방문한 일을 계기로 영어로 된 서적들을 수입해 번역하여 가르치기 시작했고, 학숙이 성장하면서 그 이름을 게이오기주쿠慶應義塾(현재의 게이오대학)로 개칭했다. 특히 그는 일본을 문명 부강국으로 이끌고자 하는 목표를 표방하고, 이를 위해 서양 문명을 철저히 가르치는 '양학'의 교육을 우선시했다. 정부에 출사하지 않고 주로 교육과 신문 발행에 집중했으며, 서양 문명을 소개하는 내용의 『서양사정西洋事情』, 『학문의 권유学問のすすめ』, 『문명론의 개략文明論の概略』 등을 저술한 당대 최고의 베스트셀러 작가이기도 했다.

▲ 메이로쿠잡지 기고원고

정대화의에 대한 연설(21-1), 내지 여행에 관한 니시 선생의 설을 반박한다(26-1), 남녀동수론(31-5)

역자 후기

　이 잡지를 처음 만난 것은 기억조차 까마득한 대학원 석사 시절이었다. 대학원에서 석사과정을 밟던 나는 뭔가 사람들과 함께 공부할 공간을 찾아 헤매고 있었고, 우연히 이 잡지를 읽는 모임을 알게 되어 이것이 어떤 텍스트이고 어떤 의미가 있는 것인지조차 알지 못한 채로 읽어 나가기 시작했던 것 같다. 지금 함께한 공동 역자들 역시 모두 이 시기에 만난 인연들로, 그것이 지금까지 이어져 온 것을 생각해 보면 감개가 무량할 정도이다.

　나중에 알게 되었지만, 당시에는 이 까다로운 텍스트를 오역과 오류 투성이인 채로 읽고 이해하며 의미를 부여하고 있었다. 이 잡지는 한 차례 완독하는 일조차 쉽지 않았는데, 양도 적지 않았지만, 메이지 초기, 아직 글쓰기의 형태나 규칙이 완전히 자리 잡히지 않았던 시기에 다양한 개성을 지닌 필자들이 나름의 논리 구조 안에서 문장을 작성하던 시대의 전환기에 나온 텍스트였던 탓에 좀처럼 읽기에 속도를 내기 어려운 것이 하나의 이유였다. 또 잡지이다 보니 자기 관심에 맞는 것을 찾아서 읽게 될 뿐, 완독할 생각 자체를 하지 않았던 것 역시 하나의 이유가 되었다. 그만큼 다양하고 언뜻 번잡해 보이기도 하는 이 백과전서식 지식의 향연장에 익숙해지는 데에 제법 오랜 시간이 필요했던 것이다.

　그럼에도 불구하고, 이 잡지를 완역해 보자고 마음먹게 된 것은 역시 여기에 나오는 지식의 단편들이 때로는 지적 자극을 제공해 주었고, 때로는 막연하게 가지고 있는 의문들을 해소해 주는 단서를 제시해 주곤 했기 때문이다. 우리가 당연히 생각하는 교양, 상식들이 애초에 어디에서 왔으며, 그 기원을 확인하는 것이 어떤 의미를 주는지와 같은 지적 성취와 즐거움을 이 잡지에서 발견하는 일이 가능했다. 또한 우리의 전통과 현재 사이를 가로막고 드러누워 있는 '식민지'로 인해 온전히 사고해 볼 수 없었던 '근대'의 생생함을 여기에서 조금이나마 맛볼 수 있었다. 즉 이 잡지는 너무나 거대하고 막막한 근대, 일본, 나아가 동아시아라는 수수께끼를 풀기 위한 일종의 지도 같은 것이었던 셈이다.

『메이로쿠잡지』가 21세기의 대한민국에서 번역되는 것은 어떤 의미가 있을까. 이 잡지는 근대 초기 일본이 '서양'이라는 존재와 마주하면서 그것을 어떻게 받아들이고 변용變容했는지 그 생생한 모습을 살펴볼 수 있는 텍스트이다. 일본의 근대에 대한 우리의 평가는 오랫동안 방치되었거나, 평가하더라도 '식민지'라는 문제의식과 맞물려 논의되어 왔던 만큼 객관성을 유지하기 어려웠다는 사정도 존재했다. 그러나 일본의 근대가 우리의, 나아가 동아시아의 근대—가령 '계몽'의 문제와 같은—에 큰 영향을 끼쳤음을 또한 부정하기 어렵다. 근대를 둘러싼 우리의 사유는, 현재의 세계 대부분을 구성하고 있는 서구적 근대가 어떻게 동아시아의 지식장 안에서 재구성되었는지에 대한 어쩌면 가장 기초적인 탐색과 고민을 건너뛴 채로 식민지의 경험에만 천착해 온 감이 있다. 그러다 보니 그것이 서구적 근대이건, 전통적 근대이건, 식민적 근대이건 정작 '근대' 자체를 어떻게 평가할지에 대한 균형감각을 잃어버리고 있었던 것은 아닌가 생각해 보게 된다. 일본의 근대 자체를 확인해 보는 작업은 바로 이런 지점에서 의미를 가질 수 있다. 메이지 초기의 양학자洋學者들은 대부분

동아시아의 지적 세계에서 생산된 지식과 가치관을 바탕으로 서양을 이해하고 취사선택했으며, 그 선택 기준들의 상당수는 다시 우리의 근대를 구성하는 기준으로 작동했다. 또 그 안에서 분출한 다양한 의견들은 우리가 역사적으로 익히 알고 있는 제국주의적 방향성이 아직 설정되기 이전의 것들로, 근대가 가졌던 다양한 가능성들 역시 이 잡지 안에서 확인해 볼 수 있다. 『메이로쿠잡지』는 바로 그러한 일본의 근대가 처음에 어떤 시선으로 서양을 바라보고 수용하면서 구성되었는지를 보여 주는 절호의 텍스트이다. 메이지 당대 최고의 석학들이 모여서 고민하고 토론하며 자신의 의견을 기탄없이 내비쳤던 이 잡지야말로 일본의 근대, 나아가 그 영향(긍/부정을 떠나)을 받은 동아시아 근대의 문제의식을 엿보기 위해 검토할 가치가 충분한 사료이자 지적 원천을 풍부히 제공해 줄 만한 것이라고 말해도 결코 과장은 아닐 것이다.

마지막으로, 잡지가 완역되기까지 많은 어려움이 있었다. 이 어려움의 상당 부분은 부족한 능력에도 여러 가지로 고집을 부렸던 책임 번역자로부터 기인한 문제들이었다. 그럼에도 불구하고 이 지난한 과정을 함께해 준 우리 공동 번역자들께 이 지면을 빌려 진심으로 송구하고 고마운 마음을 전하고 싶다. 또한 이 오랜 시간을 인내심으로 기다려 주신 세창출판사 관계자 여러분께도 진심으로 감사하다고 말씀드린다.

역자들을 대표하며
김도형 적음

찾아보기

편저자 소개

메이로쿠샤 동인明六社同人

메이로쿠샤 동인은 1873년, 즉 메이지 6년에 설립된 근대 일본 학술단체 메이로쿠샤明六社에서 함께 활동했던 지식인들을 가리킨다. 여기에 참가한 서양학, 유학 등 각 분야의 전문가들은 이후 일본에서 근대적인 형태의 '학술계'가 성립하는 데 지대한 영향을 끼쳤는데, 이전까지의 학술모임은 각 분야 안에서 무리를 지어 교류하는 것이 일반적이었던 만큼 각 분야의 벽을 넘어서 하나의 학술단체를 결성한 일 자체가 특이한 현상이었다고 말할 수 있다.

니시 아마네, 후쿠자와 유키치, 쓰다 마미치, 나카무라 마사나오, 니시무라 시게키, 가토 히로유키, 모리 아리노리, 사카타니 시로시 등 여기에 참가한 이들은 모두 근대국가 일본이 만들어지는 과정에서 나름의 족적을 남겼는데, 흥미로운 점은 이들이 생각한 근대 일본의 방향성이 모두 달랐다는 것이다. 그런 양상은 이 잡지 안에서 확인할 수 있어서, 이들은 서로의 의견에 대해 기탄없이 논평하고 때로는 비판하거나 대안을 제시하였다. 지금의 시점에서 예정조화적으로 필연적 결과에 이른 것처럼 보이는 근대 일본의 모습이, 어쩌면 다양한 가능성과 모색의 과정 안에서 우연적으로 도출된 결과일 수도 있다는 점을 이 잡지 기사의 내용과 논쟁을 통해 확인해 보는 것은 이 잡지를 읽는 하나의 재미가 될 것이다.

역주자 소개

김도형金度亨

세종대학교 국제학부 일어일문학전공 조교수. 성균관대학교 철학과를 졸업하고 동 대학교 동아시아학술원에서 박사학위를 받았다. 근대 일본의 사상을 중심으로 연구하고 있으며, 특히 서양 사상의 수용과 재구축 과정 및 양상에 대해 관심을 가지고 있다. 논문으로 「3·1운동 이후 일본 언론매체의 보도양상 분석: 의친왕 탈출사건 관련 기사를 중심으로」, 「COMPETITION AND HARMONY Kato Hiroyuki's Naturalism and Ethics for Modern Japan」, 「일본의 로봇문화: 친밀함, 생명, 공존의 상상력」 등을 발표했고, 공저로 『메이지유신의 침략성과 재인식의 문제』, 『근현대 동아시아 지식장과 정치변동』, 『근대 일본과 번역의 정치』 등이, 번역서로 『입헌정체략·진정대의』, 『번역된 근대: 문부성 〈백과전서〉의 번역학』(공역) 등이 있다.

역주자 소개

박삼헌朴三憲

건국대학교 일어교육과 교수 겸 아시아콘텐츠연구소 소장. 고려대학교 일어일문학과를 졸업하고 고베대학 대학원에서 일본사회문화사 전공으로 박사학위를 받았다. 근대 일본의 국가체제를 중심으로 연구하고 있으며, 최근에는 메이지 시대 이후, '메이지'를 둘러싼 역사 인식과 정치에 관심이 많다. 저서로 『근대 일본 형성기의 국가체제: 지방관회의·태정관·천황』, 『천황 그리고 국민과 신민 사이』 등이, 공저로 『한중일이 함께 쓴 동아시아 근현대사』, 『동아시아 도시 이야기』, 『일본사 시민강좌』, 『벌거벗은 세계사: 사건편 2』 등이, 번역서로 『천황의 초상』, 『천황 아키히토와 헤이세이 일본사』 등이 있다.

역주자 소개

박은영朴銀瑛

성균관대학교 동아시아학술원 연구교수. 일본 근대사, 일본 기독교사
를 전공했다. 근대국가와 전쟁, 종교 문제에 관심이 있으며, 최근에는
일본 여성사의 관점에서 근대 일본 여성의 사상 형성 문제를 분석하고
있다. 공저로『일본사 시민강좌』,『근대 일본인의 국가인식: 메이지 인
물 6인의 삶을 관통한 국가』,『근현대 동아시아 지식장과 정치변동』 등
이, 번역서로『환경으로 보는 고대 중국』,『서양을 번역하다』,『번역된
근대』(이상 공역),『한중일 비교 통사』 등이 있다.

메이로쿠잡지
明六雜誌